Wetterfest und robust!

Für die Innenseiten dieses Buches haben wir uns etwas Besonderes einfallen lassen. Die Seiten bestehen aus hochwertigem Landkartenpapier, welches mit einer robusten und wasserabweisenden Beschichtung versehen wurde. Somit übersteht es unbeschadet auch mal ein Regenwetter.
Bitte beachten Sie: wetterfest und wasserabweisend bedeutet nicht wasserfest! Die Seiten sind gut gegen Spritzwasser geschützt und kleben, wenn sie feucht werden, nicht aneinander. Dennoch darf das Buch nicht komplett durchnässt werden.
Bitte verwenden Sie bei Dauerregen zusätzlich einen Regenschutz.

wetterfest
reißfest

NiederRheinroute

Radwandern zwischen Ruhrgebiet und holländischer Grenze

Ein original *bikeline*-Radtourenbuch

Esterbauer

bikeline®-Radtourenbuch NiederRheinroute

A-3751 Rodingersdorf, Hauptstr. 31
Tel.: ++43/2983/28982-0, Fax: -500
E-Mail: bikeline@esterbauer.com
www.esterbauer.com
3. überarbeitete Auflage, Sommer 2011
ISBN: 978-3-85000-133-5

Bitte geben Sie bei jeder Korrespondenz die Auflage und die ISBN an!

Dank an alle, die uns bei der Erstellung dieses Buches tatkräftig unterstützt haben, im besonderen an: K. u. N. Münks; F. König; L. Wachsmuth u. R. Paulsen, Köln; K. Taut; H. Husmann, Haren; K.-H. Schmitz, Willich; Dr. H. J. Spicher, Kleve; M. Berger, Viersen; H.-J. Spicher, Kleve; R. u. H. Storm, Büdelsdorf; N. Deckers; J. Grundmann, Hagen-Haspe; A. Coenen; N. u. K. Münks

Das *bikeline*-Team: Heidi Authried, Beatrix Bauer, Markus Belz, Michael Bernhard, Michael Binder, Veronika Bock, Stefan Diringer, Sandra Eisner, Roland Esterbauer, Gabi Glasstetter, Dagmar Güldenpfennig, Tobias Klein, Martina Kreindl, Bettina Müllauer, Eveline Müllauer, Gregor Münch, Karin Neichsner, Niki Nowak, Carmen Paradeiser, Julia Pelikan, Petra Riss, Christian Schlechte, Erik Schmidt, Mandy Schwalbe, Martina Specht, Matthias Thal, Martin Wischin, Wolfgang Zangerl.

Umschlagbilder: Altrhein-Touristik Agentur; Kreis Viersen/Herbert Tichy;
Bildnachweis: AFX Xanten: 38; AFX Xanten/Peter Friese: 34, 36; Annegret Gossens:16; Archiv: 28; Birgit Albrecht: 20, 24, 47, 58; Barbara Wollborn: 78, 90, 96, 98, 106, 123, 130; Fotoservice Mörsen Kalkar: 29; Gemeinde Bedburg-Hau: 31; Gemeinde Hünxe: 48, 53; Gemeinde Kranenburg: 19; Gemeinde Schwalmtal: 112, 114; Gemeinde Weeze: 140, 142; H. Clever/Heinsberger Tourist-Service e.V.: 108; Heinsberger Tourist-Service e.V.: 112; Herbert Tichy, Kreis Viersen: 124, 128; MGMG - Marketing Gesellschaft Mönchengladbach: 96, 116, 117, 118, 120; Neusser Tagungs & Tourismus GmbH: 80, 82, 84, 85, 87; Norbert Schinnes: 44; NRW-Tourismus e.V.: 60; N. Schinner/Touristik-Agentur NiederRhein GmbH: 70; Stadt Erkelenz: 99, 100, 101; Stadt Hamminkeln: 48; Stadt Kaarst: 80; Stadt Kleve: 14; Stadt Korschenbroich: 94; Stadt Krefeld: 63, 72, 75, 76; Stadt Moers: 64, 66, 68; Stadt Straelen: 132, 133, 134; Stadt Tönisvorst: 78; Stadt Voerde: 54; Stadt Wegberg: 98; Stiftung B.C.Koekkoek-Haus: 16; TI Xanten: 37; Touristik Agentur NRH: 144

Kartografie erstellt mit axpand
(www.axes-systems.com)

bikeline

Was ist bikeline?

Wir sind ein Team von Redakteuren, Kartografen, Geografen und anderen Mitarbeitern, die allesamt begeisterte Radfahrerinnen und Radfahrer sind. Ins „Rollen" gebracht hat das Projekt 1987 eine Wiener Radinitiative, die begonnen hat Radkarten zu produzieren. Heute tun wir dies als Verlag mit großem Erfolg. Mittlerweile gibt's bikeline® und cycline® Bücher in fünf Sprachen und in vielen Ländern Europas.

Um unsere Bücher immer auf dem letzten Stand zu halten, brauchen wir auch Ihre Hilfe. Schreiben Sie uns, wenn Sie Unstimmigkeiten oder Änderungen in einem unserer Bücher entdeckt haben.

Wir freuen uns auf Ihre Rückmeldung (redaktion@esterbauer.com),

Ihre bikeline-Redaktion

Vorwort

Der Niederrhein ist ein Radfahrerland, wie es im Buche steht: Fast ganz ohne Steigungen und größtenteils auf asphaltierten Wirtschaftswegen weit ab von Verkehrswegen geht es durch die Börde und das Niederrheinische Flachland zwischen Ruhrgebiet und holländischer Grenze. Links und rechts des Niederrheins gibt es Naturparks, saftig grüne Wiesen mit bunt gescheckten Kühen. Wälder und Felder wechseln sich mit schmucken historischen Städten und beschaulichen Dörfern, Schlössern, Burgen und „Motten" ab. Die NiederRheinroute mit Hauptroute und Nebenrouten ergibt eine Gesamtlänge von über 2.000 Kilometern und lädt ein zu einer Reise durch die abwechslungsreiche Kulturgeschichte des Niederrheins von der Römerzeit bis zur Industriekultur des 19. und 20. Jahrhunderts.

Präzise Karten, zahlreiche Stadt- und Ortspläne, Hinweise auf das kulturelle und touristische Angebot der Region und ein umfangreiches Übernachtungsverzeichnis – in diesem Buch finden Sie alles, was Sie zu einer Radtour am Niederrhein benötigen – außer gutem Radlwetter, das können wir Ihnen nur wünschen.

Kartenlegende

Radrouten

Hauptroute, wenig KFZ-Verkehr

- asphaltiert (main cycle route, low motor traffic)
- nicht asphaltiert (main cycle route, unpaved road)
- schlecht befahrbar (main cycle route, bad surface)

Radweg / Hauptroute, autofrei

- asphaltiert (cycle path, without motor traffic, paved road)
- nicht asphaltiert (cycle path, unpaved road)
- schlecht befahrbar (cycle path, bad surface)

Ausflug od. Variante
(excursion or alternative route, low motor traffic)

- asphaltiert (excursion or alternative route, paved road)
- nicht asphaltiert (excursion, unpaved road)
- schlecht befahrbar (excursion, bad surface)

Ausflug od. Variante, autofrei / Radweg
(excursion or alternative route, without motor traffic /cycle path)

- asphaltiert (excursion or alternative route, paved road)
- nicht asphaltiert (excursion, unpaved road)
- schlecht befahrbar (excursion, bad surface)

- sonstige Radrouten (other cycle routes)
- Radweg in Planung (planned cycle path)
- Radweg gesperrt (closed cycle path)
- Fährverbindung (ferry connection)

KFZ-Verkehr (vehicular traffic)

- Radroute auf mäßig befahrener Straße (cycle route with moderate motor traffic)
- Radroute auf stark befahrener Straße (cycle route with heavy motor traffic)
- Radfahrstreifen (cycle lane)
- mäßig befahrene Straße (road with motor traffic)
- stark befahrene Straße (road with heavy motor traffic)

Steigungen / Entfernungen (gradient / distance)

- starke Steigung (steep gradient, uphill)
- leichte bis mittlere Steigung (light gradient)
- 3,2 Entfernung in Kilometern (distance in km)
  Durch Rundungen können Differenzen zu den tatsächlich gefahrenen Kilometern entstehen.
- Kopfsteinpflaster (cobbled street)
- Tunnel (Tunnel)
- 374 5424 UTM-Gitter (2 km) (UTM-grid)
- Routenverlauf (cycle route direction)
- Stadt- /Ortsplan (city map)
- 5 Wegpunkt (waypoint)

Radinformationen

- Fahrradwerkstatt* (bike workshop*)
- Fahrradvermietung* (bike rental*)
- überdachter Abstellplatz* (covered bike stands*)
- abschließbarer Abstellplatz* (lockable bike stands*)
- Gefahrenstelle (dangerous section)
- Text beachten (read text carefully)
- Treppe* (stairs*)
- Engstelle* (narrow pass, bottleneck*)

Nur in Ortsplänen

- P Parkplatz* (parking lot*)
- Parkhaus* (garage*)
- Post* (post office*)
- Apotheke* (pharmacy*)
- H Krankenhaus* (hospital*)
- F Feuerwehr* (fire-brigade*)
- Polizei* (police*)
- Theater* (theatre*)

* Auswahl (* selection)

Maßstab 1 : 75. 000

1 cm ≙ 750 m   1 km ≙ 13,3 mm

0 1 2 3 4 5 6 7 8 9 10 11 12 13 14 15 km

Wichtige bzw. sehenswerte thematische Informationen

- Schönern sehenswertes Ortsbild (picturesque town)
- Einrichtung im Ort vorhanden (facilities available)
- Hotel, Pension (hotel, guesthouse)
- Jugendherberge (youth hostel)
- Campingplatz (camping site)
- Naturlagerplatz* (simple tent site*)
- Tourist-Information (tourist information)
- Einkaufsmöglichkeit* (shopping facilities*)
- Kiosk* (kiosk*)
- Gasthaus (restaurant)
- Rastplatz* (resting place*)
- Unterstand* (covered stand*)
- Freibad (outdoor swimming pool)
- Hallenbad (indoor swimming pool)
- Kirche, Kloster (church, monastery)
- Schloss, Burg (palace, castle)
- Ruine (ruins)
- Museum (museum)
- Ausgrabungen (excavation)
- andere Sehenswürdigkeit (other place of interest)
- Tierpark (zoo)
- Naturpark, -denkmal (nature reserve, monument)
- Aussichtspunkt (panoramic view)

Topographische Informationen

- Kirche (church)
- Kapelle (chapel)
- Kloster (monastery)
- Schloss, Burg (castle)
- Ruine (ruins)
- Turm (tower)
- Funk- und Fernsehanlage (TV/radio tower)
- Kraftwerk (power station)
- Umspannwerk (transformer)
- Windmühle; Windkraftanlage (windmill; windturbine)
- Wassermühle (water mill)
- Wegkreuz (wayside cross)
- Höhle (cave)
- Bergwerk (mine)
- Leuchtturm (lighthouse)
- Sportplatz (sports field)
- Denkmal (monument)
- Flughafen (airport, airfield)
- Schiffsanleger (boat landing)
- Quelle (natural spring)
- Kläranlage (water treatment plant)
- Staatsgrenze (international border)
- Landesgrenze (country border)
- Kreisgrenze, Bezirksgrenze (district border)
- Wald (forest)
- Felsen (rock, cliff)
- Vernässung (marshy ground)
- Weingarten (vineyard)
- Friedhof (cemetary)
- Garten* (garden)
- Gewerbe-, Industriegebiet (commercial area)
- Steinbruch*, Tagebau* (quarry, open cast mining)
- Gletscher (glacier)
- Düne (dunes)
- Watt (shallows)
- Damm, Deich (embankment, dyke)
- Staumauer (dam, groyne)
- Autobahn (motorway)
- Hauptstraße (main road)
- untergeordnete Hauptstraße (secondary main road)
- Nebenstraße (minor road)
- Fahrweg (carriageway)
- Weg (track)
- Straße in Bau (road under construction)
- Eisenbahn m. Bahnhof (railway with station)
- Schmalspurbahn (narrow gage railway)
- Höhenlinie 100m/50m (contour line)

Inhalt

Stadtpläne

NiederRheinroute

Es scheint fast unmöglich, den Niederrhein auf einen einzigen Nenner zu bringen. Sollte man diesen westlichsten Teil Deutschlands wegen seiner Naturdenkmäler und -parks hervorheben oder der zahlreichen kulturhistorischen Spuren wegen, welche verschiedene Völker und Religionen hier hinterließen?

Die verschlungene Strecke der NiederRheinroute scheint stellvertretend für die verflochtenen Pfade der niederrheinischen Geschichte und Kultur zu stehen. So verspielt und herrlich verschlungen diese Route verläuft, so vielfältig sind auch die umliegenden Orte und Landschaften.

Im gesamten Gebiet stößt man immer wieder auf Naturidylle, sei es an Flussläufen, in kleineren Wald- und Wiesenstücken oder in den zahlreichen ausgewiesenen Naturschutzgebieten. Weite Teile der Strecke im Südwesten ziehen sich durch den grenzüberschreitenden Naturpark Maas-Schwalm-Nette, im Nordosten durch Teile des Naturparks Hohe Mark. Auch in kleineren geschützten Gebieten erlebt

man eine unbeschreibliche Vielfalt bedrohter Pflanzen und Tiere, Moore und natürliche Wälder sowie ursprüngliche Auenlandschaften wie die Bislicher Insel.
Im Laufe der Jahrhunderte hat der Niederrhein unter dem wechselnden Einfluss von Römern, Franken, Spaniern, Holländern, Preußen und Franzosen gestanden. Von überall kamen die Menschen an den Niederrhein, haben diese Region bevölkert, bekriegt und bewirtschaftet, haben ihre Spuren hinterlassen, die man in vielen Orten entlang der Strecke entdecken kann. Alle prägten Land und Leute auf eben ihre Weise. So gehen die ältesten Siedlungen am Niederrhein auf römische Siedlungen zurück, die auf der linksrheinischen Seite für eine frühe „Zivilisierung" des Lebens sorgten und neue Techniken einführten, so z. B. die Steinarchitektur. So hat auch ein großer Zustrom von Glaubensflüchtlingen im 16. Jahrhundert die Textilindustrie entscheidend belebt und zu einer religiösen und kulturellen „Vervielfältigung" im Niederrhein beigetragen.
Baugeschichtlich bietet der Niederrhein ein entsprechend buntes Bild. Industriearchitektur, Herrschaftshäuser, sakrale Gebäude, Arbeitersiedlungen und alte Befestigungsanlagen in allen denkbaren Baustilen schmücken die Stationen der Strecke. Motten sind plötzlich nicht mehr ein Beispiel der tierischen Artenvielfalt, sondern eine besondere Art von Wehrturm, die sich im Laufe der Jahrhunderte zum Teil zu größeren Burganlagen weiterentwickelt haben. Neben der eindrucksvollen Industriearchitektur am östlichen Niederrhein bestimmen Mühlen aller Art viele Stadtsilhouetten.

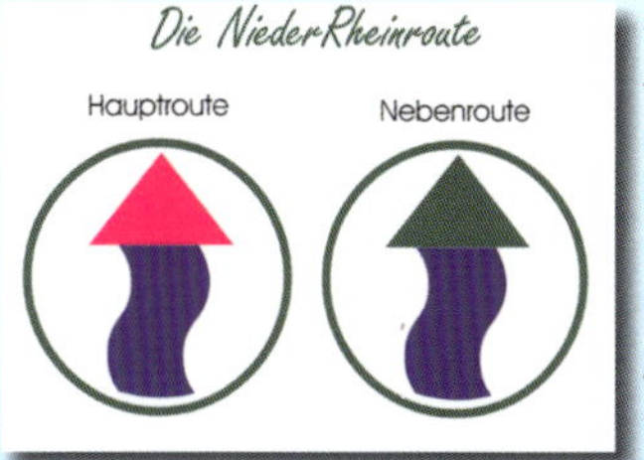

Neben den historischen Bauten ist auch das Angebot an kulturgeschichtlichen Ausstellungen überaus vielseitig. Bedeutende Sammlungen zeitgenössischer Kunst, traditionelles sakrales und bäuerliches Kunsthandwerk und viele kleine Museen mit liebevoll zusammengestellten und manchmal ungewöhnlichen Ausstellungen finden sie an der Strecke, u. a. das Beuys-Archiv auf Schloss Moyland, die Kunsthalle in Kleve, ein Konditoreimuseum in Xanten, das Plakatmuseum in Emmerich, die große Feuerwehrsammlung in Erkelenz oder das Narrenmuseum in Dülken – um nur einen kleinen Teil zu nennen.
Für eine Pause vom Drahtesel bietet der Niederrhein darüber hinaus eine Vielzahl von Abwechslungen – an vielen Orten können Sie paddeln, hoch zu Ross Ausritte unternehmen oder einfach nur die Fröhlichkeit der Rheinländer genießen.
Alles in allem erwartet Sie auf der NiederRheinroute ein abwechslungsreicher und zugleich erholsamer Radurlaub.

Streckencharakteristik

Länge

Die Gesamtlänge der NiederRheinroute beträgt knapp **1.280 Kilometer**. Die reichlich 100 Nebenrouten ergeben zusammengerechnet eine Gesamtlänge von etwa **800 Kilometern**.

Wegequalität & Verkehr

Die NiederRheinroute verläuft überwiegend auf ruhigen Wirtschaftswegen, befestigten, selten auch unbefestigten Radwegen durch die niederrheinische

Landschaft. In den Ortslagen und entlang von Bundesstraßen fahren Sie auf straßenbegleitenden Radwegen. Eher selten sind Abschnitte auf stark befahrenen Straßen ohne Radweg, die nicht länger als zwei bis drei Kilometer sind.

Die Oberflächenqualität der Wege und Straßen ist gut bis sehr gut. Alle Wege sind gut befahrbar, und fast die gesamte NiederRheinroute verläuft auf Asphalt.

Steigung

Das Radeln auf der NiederRheinroute ist ein fast steigungsfreies und deshalb sehr gemütliches und erholsames Vergnügen. Die wenigen stärkeren Steigungen beschränken sich auf die Sonsbecker Schweiz zwischen Xanten und Sonsbeck und auf die Vollrather Höhe bei Grevenbroich, mit gehäuft auftretenden leichteren Steigungen müssen Sie im Kreis Heinsberg und im Naturpark Maas-Schwalm-Nette rechnen.

Beschilderung

Es gibt zwei Beschilderungen für die NiederRheinroute: eine für die Hauptroute sowie eine für die zahlreichen Nebenrouten, welche die zahlreichen Schleifen der Hauptroute miteinander verbinden. Die Beschilderung zeigt grün umkreist einen geschwungenen blauen Pfeil mit roter (Hauptroute) oder grüner (Nebenroute) Spitze. Die Nebenrouten beinhalten zusätzlich eine Nummerierung.

Die NiederRheinroute ist durchgängig beschildert, allerdings variieren Ausführung und Aufstellungspraxis von Landkreis zu Landkreis erheblich. So haben die Schilder keine einheitliche Größe, sind mal von weitem erkennbar, manchmal an Abzweigen gerade noch im Vorbeifahren, mal gibt es nur einen kleinen Aufkleber auf einem Verkehrsschild oder sehr große Richtungsweiser mit angehängter Beschilderung der regionalen und überregionalen Radrouten. Dies ist zu Beginn der Route sicherlich verwirrend, mit der Zeit gewöhnt man sich jedoch an diesen ständigen Wechsel und findet sich gut zurecht.

Tourenplanung

Zentrale Infostellen

Niederrhein Tourismus GmbH,
Willy-Brandt-Ring 13, 41747 Viersen, ✆ 02162/817903, Fax: 02162/8179180, info@niederrhein-tourismus.de, www.niederrhein-tourismus.de

Heinsberger Tourist-Service e. V.,
Valkenburger Str. 45, 52525 Heinsberg, ✆ 02452/131415, Fax: 02452/131419, info@hts-info.de, www.hts-info.de

An- & Abreise mit der Bahn

An den Niederrhein gelangen Sie über die großen Bahnhöfe Duisburg und Düsseldorf aus jeder größeren Stadt und jedem Ort in Deutschland. Von dort geht es dann mit dem Regional-Express oder der Regionalbahn sowie der S- und U-Bahn zu den regionalen Bahnhöfen.

Aufgrund der sich ständig ändernden Preise und Bedingungen für Fahrradtransport bzw. -mitnahme empfehlen wir Ihnen, sich bei nachfolgenden Infostellen über Ihre ganz persönliche Anreise mit der Bahn zu informieren.

Informationsstellen

Reise Service Deutsche Bahn AG: ✆ 01805/996633 (€ 0,14/Min. aus dem Festnetz, Tarif bei Mobilfunk ggf. abweichend), Mo-So 8-20 Uhr, Auskünfte über Zugverbindungen, zur Fahrradmitnahme (Tastenwahl: 15 oder Stichwort: Fahrrad), Fahrpreise im In- und Ausland, Buchung von Tickets und

Reservierungen, www.bahn.de, www.bahn.de/bahnundbike

Automatische DB-Fahrplanauskunft:
✆ 0800/1507090 (gebührenfrei aus dem Festnetz), ✆ 0180/5221100 (gebührenpflichtig aus dem Mobilfunknetz, den jeweiligen Tarif erfahren Sie bei Ihrem Netzbetreiber)

ADFC, Allgemeiner Deutscher Fahrrad-Club e.V.: weitere Infos und aufgeschlüsselte Einzelverbindungen unter www.adfc.de/bahn

Fahrradtransport

Hermes-Privat-Service:
✆ 0900/1311211 (€ 0,60/Min.)
www.privatpaketservice.de
Unter der Rubrik „Koffer/Fahrradversand" erfahren Sie die genauen Zustellzeiten und die aktuellen Preise für den Fahrradversand.

An- & Abreise mit dem Auto

Jede Stadt und jeder Ort am Niederrhein sind über das gut ausgebaute Autobahn- und Straßennetz schnell und mühelos erreichbar. Die wichtigsten Autobahnen sind die in Nord-Süd-Richtung verlaufende **A 3** (rechter Niederrhein: Oberhausen-Wesel-Emmerich-Arnhem), die **A 57** (linker Niederrhein: Dormagen-Neuss-Krefeld-Moers-Goch) sowie **A 61** (linker Niederrhein: Mönchengladbach-Nettetal). Beide Rheinseiten werden durch die **A 40** (Dortmund – Venlo), die **A 46** (Iserlohn – Heinsberg) und die **A 52** (Niederkrüchten-Elmpt – Düsseldorf) miteinander verbunden.

Anreise & Abreise mit dem Flugzeug

Insgesamt drei Flughäfen stehen Ihnen für die Anreise an den Niederrhein zur Verfügung. Vom Flughafen Düsseldorf besteht über den Hauptbahnhof Düsseldorf eine S-Bahn-Verbindung nach Neuss und Mönchengladbach, wo Sie Ihre Radtour auf der NiederRheinroute beginnen können.
Von den beiden anderen Flughäfen, die nahe an der NiederRheinroute liegen, können Sie sich direkt aufs Fahrrad schwingen.

Flughafen Düsseldorf, Flughafenstr. 120, 40474 Düsseldorf, ✆ 0211/421-0 Fax: 0211/421-6666, www.duesseldorf-international.de

Flughafen Düsseldorf Mönchengladbach, Flughafenstr. 95, 41066 Mönchengladbach, ✆ 02161/6898-0, Fax: 02161/6898-22, www.flughafen-mgl.de

Airport Weeze, Flughafen Niederrhein GmbH, Flughafen-Ring 60, 47652 Weeze, ✆ 02837/667001, Fax: 02837/667060, www.airport-niederrhein.de

Rad & ÖPNV

Es gibt am Niederrhein ein sehr gut ausgebautes Nahverkehrsnetz, sodass Sie immer wieder die Möglichkeit haben, vom Rad auf die Bahn (Regional-Express), die S-Bahn, die U-Bahn und den Schnellbus umzusteigen. Informationen zu Fahrverbindungen und -preisen sowie zum Fahrradtransport erhalten Sie beim **Verkehrsverbund Rhein-Ruhr (VRR),** Augustastr. 1, 45879 Gelsenkirchen, VRR CallCenter ✆ 01803/504030 (€ 0,09/min Festnetz), info@vrr.de, www.vrr.de

Übernachtung

Das Übernachtungsangebot ist vielseitig. Vom Heuhotel über Jugendherbergen und Pensionen bis zum Luxushotel gibt es die richtige Unterkunft für jeden Geldbeutel und Erholungsanspruch. Der Niederrhein ist eine begeisterte Radfahrerregion und deshalb wundert es nicht, dass es hier auch zahlreiche Bett&Bike-Unterkünfte gibt (s. u.).

Generell ist es empfehlenswert, die Unterkünfte im Voraus zu buchen, denn auch außerhalb der Saison sind Hotel- und Pensionzimmer häufig an Vertreter und Montagearbeiter vermietet.

Bei unseren Recherchen haben wir eine größtmögliche Auswahl für Sie zusammengestellt. Für alle, die Alternativen oder einfach noch mehr Anbieter suchen, gibt es nachfolgende Internet-Adressen, die auch Beherbergungen der etwas anderen Art anbieten:

Der ADFC-Dachgeber funktioniert nach dem Gegenseitigkeitsprinzip: Hier bieten Radfreunde anderen Tourenradlern private Schlafplätze an. Mehr darüber unter www.dachgeber.de.

Das **Deutsche Jugendherbergswerk** stellt sich unter www.djh.de mit seinen vierzehn Landesverbänden vor.

Auch die **Naturfreunde** bieten mit ihren **Naturfreundehäusern** eine Alternative zu anderen Beherbergungsarten an, mehr unter www.naturfreunde.de.

Unter www.camping-in.de oder www.campingplatz.de finden Sie flächendeckend den **Campingplatz** nach Ihrem Geschmack.

Weiters bietet **Bett & Bike** unter www.bettundbike.de zusätzliche Informationen zu den beim ADFC gelisteten Beherbergungsbetrieben in ganz Deutschland.

Mit Kindern unterwegs

Das Radfahren mit Kindern ist auf der NiederRheinroute für Kinder ab 8 Jahren wegen der überwiegend leichten Steigungen und den geringen verkehrsreichen Straßenabschnitten sehr gut möglich – Kondition und Verkehrssicherheit vorausgesetzt.

Das Rad für die Tour

Radfahren gehört am Niederrhein zur weit verbreiteten Fortbewegungsart. Wer sich tradi-

tionell wie die Einheimischen fortbewegen will, fährt auf einer „Fiets“. So ein Hollandfahrrad hat mehrere Vorteile. Es ist nicht nur bequem – aufrecht fahrend haben Sie den Blick frei für die schöne niederrheinische Landschaft. Und dass Hollandfahrräder schlecht ausgerüstet sind, gehört nun wirklich der Vergangenheit an.
Als Fahrrad für die NiederRheinroute reicht aber auch jedes einfache Tourenrad mit 3 bis 5-fach-Gangschaltung völlig aus. Interessant ist die NiederRheinroute auch für Radrennfahrer, da sie fast ausschließlich asphaltiert ist. Die wenigen unbefestigten Stellen lassen sich in der Regel leicht auf Landstraßen umfahren.

Radreiseveranstalter

Die regionalen Tourismusstellen bieten ausführliche Programme mit mehrtägigen Pauschalradreisen zu verschiedenen Themenrouten an. Übersichten enthalten die Broschüren der zentralen Infostellen „Freizeit – am NIEDERRHEIN“, „2-LAND-Kurzreisen“ und „Freizeit-Region Heinsberg“, die kostenlos bestellt werden können. Weitere Informationen finden Sie auch auf den Internetseiten www.niederrhein-tourismus.de, www.2-LAND-Reisen.de und www.hts-info.de

Die Niederrhein Tourismus GmbH bietet über den Radreiseveranstalter „2-LAND“ Pauschalradreisen am Niederrhein an:

Eurobike, Mühlstr. 20, A-5162 Obertrum am See, ✆ 0043/6219/7444, Fax: 8272, eurobike@eurobike.at, www.eurobike.at

2-LAND Reisen, Willy-Brandt-Ring 13, 41747 Viersen, ✆ 02162/8179306, Fax: 02162/8179330, info@2-LAND-Reisen.de, www.2-LAND-reisen.de

Pauschalradreisen am südlichen Rhein:

Heinsberger Tourist-Service e. V., Valkenburger Str. 45, 52525 Heinsberg, ✆ 02452/131415, Fax: 02452/131419, info@hts-info.de, www.hts-info.de

Weitere Radreiseveranstalter:

Velociped GmbH & Co. KG, Alte Kasseler Str. 43, 35039 Marburg, ✆ 06421/88689-0, Fax: 06421/88689-11, info@velociped.de, www.velociped.de

France Bike, Theodor-Heuss-Ring 1, 47623 Kevelaer, ✆ 02832/977855, Fax: 02832/970993, france-bike@france-bike.com, www.france-bike.com

Zu diesem Buch

Dieser Radatlas enthält alle Informationen, die Sie für den Radurlaub auf der Nieder-Rheinroute benötigen: Exakte Karten, ein ausführliches Übernachtungsverzeichnis, Stadt- und Ortspläne und die wichtigsten Informationen zu touristischen Attraktionen und Sehenswürdigkeiten.
Und das alles mit der ***bikeline*-Garantie**: die Routen in unseren Büchern sind von unserem professionellen Redaktionsteam vor Ort auf ihre Fahrradtauglichkeit geprüft worden. Um höchste Aktualität zu gewährleisten, nehmen wir nach der Befahrung Korrekturen von Lesern bzw. offiziellen Stellen bis Redaktionsschluss entgegen, die dann jedoch teilweise nicht mehr an Ort und Stelle verifiziert werden können.
Die Radtour ist nicht in Tagesetappen, sondern in logische Abschnitte aufgeteilt, weil die Tagesleistung zu sehr davon abhängt, wie sportlich oder genussvoll Sie die Strecke in Angriff nehmen möchten.

Konzept

Die NiederRheinroute ist ein Rundkurs, der sich auf einer verschlungenen Strecke mal rechts-, mal linksrheinisch durch das Niederrheinische Flachland schlängelt. Daher können Sie von jedem Ort an der Route Ihre Radreise beginnen. Dieser Radatlas beginnt in Kleve, im Norden der NiederRheinroute. Die zahlreichen Nebenstrecken sind als Verbindungen zwischen den zahlreichen Schleifen der Route gedacht und erlauben so die Zusammenstellung einer ganz individuellen Radtour beliebiger Dauer und Länge. Die Nummerierung der Nebenstrecken finden Sie in den Karten jeweils zu Beginn bzw. am Ende einer orange dargestellten Nebenroute.

Die Karten

Eine Übersicht über die geographische Lage des in diesem Buch behandelten Gebietes gibt Ihnen die Übersichtskarte auf der vorderen inneren Umschlagseite. Hier sind auch die Blattschnitte der einzelnen Detailkarten eingetragen.

Diese Detailkarten sind im Maßstab 1 : 75.000 erstellt. Dies bedeutet, dass 1 cm auf der Karte einer Strecke von 750 Metern in der Natur entspricht. Zusätzlich zum genauen Routenverlauf informieren die Karten auch über die Beschaffenheit des Bodenbelages (befestigt oder unbefestigt), Steigungen (leicht oder stark), Entfernungen sowie über kulturelle und gastronomische Einrichtungen entlang der Strecke. Beachten Sie, dass die Hauptroute immer in Rot bzw. Lila, die Nebenstrecken hingegen in Orange dargestellt sind. Die genaue Bedeutung der einzelnen Symbole wird in der Legende auf den Seiten 4 und 5 erläutert.

Der Text

Der Textteil besteht im Wesentlichen aus der Beschreibung der wichtigsten Städte und Dörfer. Gibt es interessante Sehenswürdigkeiten in einem Ort, so finden Sie unter dem Ortsbalken die jeweiligen Adressen, Telefonnummern und Öffnungszeiten.

Die Beschreibung der einzelnen Orte, historisch, kulturell oder naturkundlich interessante Gegebenheiten entlang der Route tragen zu einem abgerundeten Reiseerlebnis bei. Diese Textblöcke sind kursiv gesetzt und unterscheiden sich dadurch auch optisch von der Streckenbeschreibung.

Wegpunkte

Ortschaften entlang der Strecke sind in dichteren Abständen als Wegpunkte **1**, **2**, **3**, ... durchnummeriert und – zur besseren Orientierung – mit demselben Symbol in den Karten wieder zu finden.

Übernachtungsverzeichnis

Auf den letzten Seiten dieses Radtourenbuches finden Sie zu fast allen Orten entlang der Strecke eine Vielzahl von Übernachtungsmöglichkeiten vom einfachen Zeltplatz bis zum 5-Sterne-Hotel.

Von Kleve nach Wesel

238,5 km

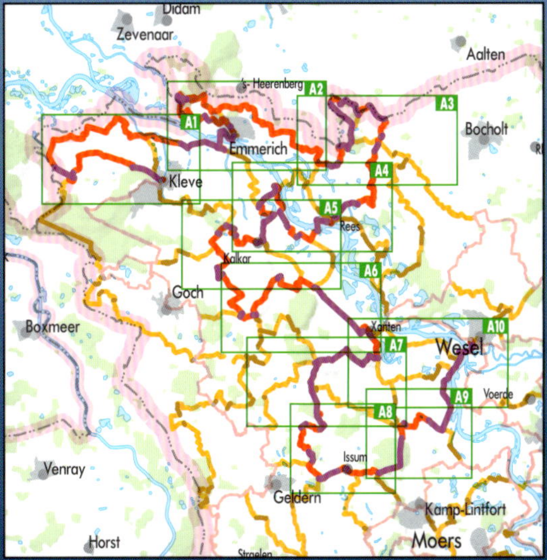

Die erste Etappe führt Sie von Kleve schon bald über den Rhein „up de schäl Sick". Auf der falschen Seite des Rheins zu wohnen bestätigen sich übrigens die Links- und Rechtsrheiner immer wieder gerne gegenseitig – mit einem verschmitzten Lächeln, versteht sich. Kultur und Natur pur erwarten Sie links und rechts des Niederrheins: z. B. ein Abstecher in die „Anholter Schweiz", die Kunsthalle in Kleve und das Beuys-Archiv auf Schloss Moyland sowie der Archäologische Park Xanten. Endstation der ersten Etappe ist die einstige Hanse- und Residenzstadt Wesel.

Die erste Etappe der NiederRheinroute verläuft bis zur Anholter Schweiz überwiegend auf ruhigen Nebenstraßen und Wirtschaftswegen, dann auch häufiger auf befestigten und unbefestigten Radwegen, teils straßenbegleitend, teils auf dem Rheindamm und durch Wälder. Nennenswerte Steigungen gibt es nur zwischen Xanten und Sonsbeck. Stärker befahrene Straße gibt es nur zwischen Kranenburg und Rees-Grieth.

Von Kleve nach Kranenburg 13 km

1 Kleve

PLZ: 47533; Vorwahl: 02821

Stadtmarketing Kleve, Werftstr. 1, ✆ 89509-0, www.kleve-tourismus.de

Museum Kurhaus – Ewald-Mataré-Sammlung, Tiergartenstr. 41, ✆ 75010, ÖZ: Di-So/Fei 11-17 Uhr, Führungen. In dem einstigen Kurhaus wird in wechselnden Abschnitten die Sammlung zeitgenössischer Kunst von den 1960er Jahren bis heute gezeigt. Darunter befinden sich Arbeiten von Balkenhol, Christo u. v. a. Das Museum ist im Besitz einer großen Sammlung von Werken des Malers, Bildhauers und Graphikers Ewald Mataré (1887-1965), einer Gruppe mittelalterlicher Holzskulpturen und einer Kollektion frühneuzeitlicher Graphiken.

B. C. Koekkoek-Haus, Kavarinerstr. 33, ✆ 768833, ÖZ: Di-Sa 14-17 Uhr, So/Fei 11-17 Uhr. Barend Cornelis Koekkoek (1803-1862) war der wichtigste und erfolgreichste Maler der niederländischen Romantik. Sein klassizistisches Klever Stadtpalais wurde am 4. Oktober 1997 als B. C. Koekkoek Haus mit einer großen Ausstellung seines Werkes eröffnet. Zu sehen sind Gemälde des Malers sowie Werke aus seinem Umkreis, seiner Schüler und Verwandten. Außerdem vermittelt das Museum mit seiner zeitgenössischen Einrichtung einen Eindruck von der Wohnkultur des 19. Jhs.

Fotogalerie im Schwanenturm, Schlossberg 1, ✆ 22884, ÖZ: April-Okt., Mo-Fr 11-17 Uhr, Sa, So 10-17 Uhr, Nov.-März, Sa, So 11-17 Uhr. Gezeigt werden wechselnde Ausstellungen zum Thema Fotografie.

Geologisches Museum im Schwanenturm, Schlossberg 1, ✆ 22884, ÖZ: April-Okt., Mo-Fr 11-17 Uhr, Sa, So 10-17 Uhr, Nov.-März Sa, So 11-17 Uhr. Im Museum können Sie sich über die Geologie der Region informieren.

Schwanenburg, Kleve

Propsteikirche St.-Mariä-Himmelfahrt, ÖZ: April-Sept., Mo-Fr 7.45-12.30 Uhr u. 14-19 Uhr, Sa 7.45-12.30 Uhr und 14-17 Uhr, So 7.45-13 Uhr und 15-19 Uhr, Okt.-März tägl. bis 18 Uhr, Sa bis 17 Uhr. Graf Dietrich VII. verlegte sein Kollegialstift vom Monterberg bei Kalkar im 14. Jh. nach Kleve, im Jahr 1426 war dann der Bau des Stiftes vollendet. Nach verschiedenen Zerstörungen im Laufe der Jahrhunderte wurde die Kirche Mitte des 20. Jhs. wieder errichtet. Heute beeindruckt sie vor allem mit ihren mächtigen Trachytpfeilern, die das Gewölbe und die Bögen stützen und gleichzeitig den großen Kirchenraum in ein Hauptschiff und zwei Seitenschiffe teilen. Der Kreuzaltar im rechten Seitenschiff entstand Mitte des 16. Jhs. Weiterhin sind sehenswert der Marienaltar, das Epitaph im Chor, die Herzoggruft und der Zelebrationsaltar.

Pfarrkirche St. Mariä Empfängnis, ÖZ: n. V. mit dem Pfarramt, ✆ 24372. Im 15. Jh. erbaut, Prunkstücke der Einrichtung sind das Chorgestühl und die Barockkanzel.

Haus Schmithausen, im 18. Jh. erbautes Rokokoschlösschen, heute Sitz der Geschäftstelle der Euregio Rhein-Waal.

Schwanenburg Kleve, Schlossberg 1, ✆ 22884, ÖZ: April-Okt., Mo-Fr 11-17 Uhr, Sa, So 10-17 Uhr, Nov.-März Sa, So 11-17 Uhr, Führungen auf Anfrage. Die Schwanenburg ist unbestreitbar das Wahrzeichen der Stadt. Hoch oben auf einem Berg überragt sie die Niederrheinische Ebene. Zu besichtigen sind neben dem Schwanenturm auch der Spiegelturm mit dem Gewölbekeller und der Rittersaal.

Tierpark Kleve, Tiergartenstr. 74, ✆ 26785, ÖZ: Mitte März-Mitte Okt., tägl. 9-18 Uhr, Mitte Okt.-Mitte März, tägl. 10-17 Uhr. Der Tierpark, der gegenüber des sogenannten Amphitheaters liegt, setzt die Tradition des Tiergartens fort. Hier leben kleine Panda- und Nasenbären, Wölfe, Kegelrobben, Wisente etc.

Gartenanlagen, Tiergartenstr., ÖZ: ganzjährig zugänglich. Die barocken Gartenanlagen gegenüber dem Tierpark standen Pate für den Tiergarten und die Straße Unter den Linden in Berlin. Angelegt wurden sie im 17. Jh. vom Klever Statthalter Prinz Johann Moritz von Nassau-Siegen.

Der **Forstgarten** wurde im Jahr 1782 angelegt und ist mit seinen exotischen Bäumen, Teichen und Kanälen ein besonderer Ort der Erholung. Im Sommer (Mai-Sept.) finden hier die Forstgartenkonzerte statt.

Klever Berg, mit 99 m die höchste Erhebung in Kleve und am unteren Niederrhein. Vom Aussichtsturm bietet sich ein weiter Rundblick ins Klever Land.

Freizeitbad Sternbusch, Am Freudenberg, ✆ 40630, ÖZ: Mitte Mai-Mitte Sept., Mo-Fr 13-20 Uhr (Sommerferien 6-20 Uhr), Sa, So/Fei 10-18 Uhr

Hallenbad Kleve, Königsgarten 46, ✆ 593290, Mo-Fr 6-8 Uhr, 9.30-11 Uhr, Di, Do 14.30-18 Uhr, Mi, Fr 14.30-21 Uhr, Sa 8-17 Uhr, So 8-14 Uhr (während der Sommerferien geschlossen)

Fahrradhaus Daute, Riswicker Str. 186, ✆ 974190

Radsport Thiel, Triftstr. 26, ✆ 18985

The Rilano Hotel, Tichelstr. 11, ✆ 7170

Akzent City Hotel, Lindenallee 37, ✆ 72630

Café im Gärtchen, OT Keeken, Spicker 45, ✆ 30638

Café Königsgarten, Königsgarten 53, ✆ 13667

Museum Kurhaus Kleve

Kleve – die grüne Insel zwischen Rhein und Maas – liegt in einer sehr reizvollen Landschaft. Kleve selbst bietet dem Reisenden ein unerwartetes Panorama. Auf einem steil nach Osten abfallenden Hügel erhebt sich die Schwanenburg – das Wahrzeichen der Stadt. Diese morphologische Besonderheit gab zuerst der Burg, dann der Stadt ihren Namen: „Clive", das Kliff. Der Moränenwall bildet einen beeindruckenden Kontrast zur weiten Rheinaue.

Schon im 13. Jahrhundert erhielt Kleve die Stadtrechte unter den damaligen Herren, den Herzögen von Kleve. Diese weiteten ihre Herrschaft bis ins 16. Jahrhundert aus, zu Beginn des 17. Jahrhunderts fällt die Grafschaft und die Stadt Kleve an den Kurfürsten von Brandenburg.

Eine prägende Zeit für die Stadt Kleve begann in der zweiten Hälfte des 17. Jahrhunderts unter dem Fürsten Johann Moritz von Nassau-Siegen. Noch heute sind für Kleve vor allem die Park- und Gartenanlagen dieses kunstbegeisterten Statthalters charakteristisch, die sogar als Vorbilder für den Berliner Tiergarten und die Gärten von Versailles dienten. Aber auch die Schwanenburg hat Fürst Johann Moritz nachhaltig beeinflusst, indem er sie im Stil des holländischen Barocks umgestalten ließ. Das Prinz-Moritz-Grabmal in der Nähe von Qualburg erinnert an den einstigen Förderer der Stadt. 1678 wurde das Grabmal angelegt und durch den Aufbau einer halbrunden Exedra, in deren Nischen zwölf römische Steindenkmäler der klevischen Antikensammlung eingelassen waren, schon bald als „Römische Ruine" aufgefasst. Das 1979 restaurierte Grabmal hat bis heute mit Hilfe von Abgüssen der im Original im Rheinischen Landesmuseum zu Bonn befindlichen Denkmäler nichts von seiner Ausstrahlung verloren. Zu bewundern ist u. a. eine Kopie der Grabstele des Marcus Caelius, der als Angehöriger der 18. Legion den Tod im Jahre 9 n. Chr. in der Varusschlacht fand.

Schon seit etwa tausend Jahren kann man vom Turm der Burg bis in die heutigen Niederlande hinüberblicken, damals nannte sich

Koekkoek-Haus, Kleve

A1
Nederland
Deutschland
Rhein
Leuth
Keeken
Schenkenschanz
Salmorth
Zyfflich
Niel
Düffelward
Johanna-Sebus-Denkmal
Wardhausen
Brienen
Griethausen
Haus Zelem
Kleyen
Mehr
Kranenburger Bruch
St. Willibrord
Rindern
Museum Forum Arenacum
Mühle Donsbrüggen
Schloss Gnadenthal
Forstgarten
Haus Schmithausen
Tiergarten
Kurhaus
Hist. Parkanlagen
Donsbrüggen
Kranenburg
St. Peter und Paul
Draisinenbahnhof
Kellen
Stemberg
Nütterden
Ehrenfriedhof
Draisinenstrecke Kleve-Groesbeek
Klever Berg
Schwanenburg
Riswick
Kleve
Prinz-Moritz-Park
Tütthees
Maselberg
Heidberg
Verbindung A1 zu F12
De Horst
Drüller Berg
Brandenberg
Stoppelberg
Materborn
Schottheide
St. Martinus
Quadriburgium
Qualburg
Prinz-Moritz-Grabmal
Hauptwässerung
Große Wässerung
Rindernsche Wässerung
Frister Wässerung
Kellener Altrhein
Griethauser Altrhein
Kranenburger Bach
Groesbecker Bach
Kermisdahl
Spoykanal
Grüner Weg
Wetering
Hamm

die Burg noch „Het Hof van Cleef". Zur Schwanenburg wurde sie erst, als 1453 das heutige Klever Wappentier auf die Turmspitze gesetzt wurde: der Schwan, der den Ritter Lohengrin nach Kleve geführt haben soll. Von diesem Schwanenritter leiteten die Klever Fürsten ihre Abstammung her.

Im 18. Jahrhundert wurde in Kleve am Springenberg die Stahlquelle entdeckt. Mit diesem Zeitpunkt beginnt der Ruhm Kleves als Badestadt, der bis zum Beginn des Ersten Weltkriegs andauerte. Heute zeugt von diesem regen Kur- und Badeleben nur noch das ehemalige Kurhaus, das erst kürzlich zu einem Museum umgestaltet wurde.

Der Zweite Weltkrieg setzte Kleve dann sehr stark zu, mit viel Mühe wurde die in Schutt und Asche gelegte Stadt nach Kriegsende wieder aufgebaut und zählt heute mit seinen knapp 50.000 Einwohnern zu einem der wichtigsten Zentren am Niederrhein.

AUSFLUG Hier lohnt es sich, einen 4 km langen Ausflug ins etwas nördlich gelegene Rindern zu unternehmen.

Rindern

PLZ: 47533; Vorwahl: 02821

Touristinformation Kleve, Werftstr. 1, ☎ 895090

Museum Forum Arenacum, Hohe Str. 16, ☎ 3370 od. 3168, ÖZ: So/Fei 10.30-13 Uhr. In dem Museuem werden keltische, römische und fränkische Funde aus Rindern und Umgebung präsentiert.

Pfarrkirche St. Willibrord, Kirche im neugotischen Stil aus dem 19. Jh., besonders interessant ist der römische Weihestein für Mars Camulus, der heute als Altar dient.

Wasserburg Rindern, 1654 errichtetes Herrenhaus im holländischen Barockstil.

Im Klever Stadtteil Rindern wird seit langem das römische Kastell Harenatium vermutet, das in mehreren schriftlichen Quellen erwähnt wird, so z. B. auch in der Tabula Peutingeriana, einer römischen Straßenkarte aus dem vierten Jahrhundert n. Chr. Die römischen Funde in Rindern beschränken sich bisher auf den Kirchen- und Friedhofsbereich. Hier wurden u. a. die Reste eines römischen Gebäudes mit Fußbodenheizung entdeckt. Einen eindeutigen Hinweis auf eine militärische Siedlung haben die wissenschaftlichen Forschungen bisher noch nicht erbringen können, sodass das Kastell Harenatium immer noch nicht lokalisiert werden kann. Sehenswert und sehr interessant ist die Verwendung eines römischen Weihealtars als Hochaltar im Chor der Kirche St. Willibrord zu Rindern.

Donsbrüggen

PLZ: 47533; Vorwahl: 02821

Touristinformation Kleve, Werftstr. 1, Kleve, ☎ 895090

Mühlenmuseum, Mühle Donsbrüggen, ☎ 28882, ÖZ: Mitte März-Mitte Febr., Sa 10.30-13 Uhr.

Schloss Gnadental (1704). Der langgestreckte zweigeschossige Bau wird heute vor allem als Tagungs- und Bildungsstätte genutzt.

Die achteckige Holländermühle wurde von einem privaten Förderkreis und der Bäckerinnung Kleve in ein Mühlenmuseum umgewandelt. Samstags kann hier frisch gebackenes Mühlenbrot gekauft werden. Die zwischen 1824 und 1828 vom Rossmüller W. Fallier erbaute Mühle ist komplett aus Eichenholz, selbst die Außenhaut besteht aus Eichenschindeln.

2 Mehr

PLZ: 47559; Vorwahl: 02826

Verkehrsverein Kranenburg e.V., Klever Str. 4, ✆ 7914, www.kranenburg.de

Haus Zelem

Kräuter- und Bauerngarten

3 Kranenburg

PLZ: 47559; Vorwahl: 02826

Verkehrsverein Kranenburg e.V., Klever Str. 4, ✆ 7914

Heimatmuseum Mühlenturm, Mühlenstraße 11, ✆ 623, ÖZ: n. V. Ausstellung zum Thema: Altes Handwerk und bäuerliches Gerät.

Museum Katharinenhof, Mühlenstr. 9, ✆ 679 od. 623, ÖZ: März-Okt., Di-So 14-17 Uhr, So 11-12 Uhr, Mo n. V. Neben religiöser Volkskunst sind Gemälde des 16.-20. Jhs., Skulpturen des 15.-19. Jhs. und Zeichnungen des 17-20. Jhs. zu sehen. Außerdem zu sehen: Zeitgenössische Kunst und Kunst vergangener Epochen, Wechselausstellungen, Werke von Joseph Beuys, Sammlungen zur Stadtgeschichte.

Stifts- & Wallfahrtskirche St. Peter und Paul, ✆ 226. Die Kirche beherbergt das „Wundertätige Kreuz" (1308) und wertvolle Kunstschätze.

Historischer Stadtkern mit Stadtmauer und Wehrtürmen. Zu sehen ist der spätgotische Giebelbau **Katharinenhof**, der begehbare Mühlenturm und die Stadtscheune. Führungen können beim Verkehrsverein erfragt werden.

Grenzland-Draisine, Bahnhofstr. 15, ✆ 9179900, ÖZ: April-Okt. Hier können Sie nach Kleve (20 km) oder über die Grenze nach Groesbeek (11 km) fahren. Es gibt auch Komplettangebote mit Mittagstisch etc.

„De Gelderse Poort" – Besucherzentrum Kranenburg, Bahnhofstr. 15, ✆ 92094. Moderne Ausstellung zur Natur, Rheinniederung und Reichswald.

Erholungsgebiet „Wyler Meer", an der B 9 Richtung Nijmegen gelegen.

Kranenburger Bruch, Infos: NABU-Naturschutzstation Kranenburg e. V., Bahnhofstr. 15, ✆ 802655. Naturpfad durch eines der letzten großen Niedermoorrelikte am Niederrhein.

Rhododendron-Garten, ✆ 207 od. 7914

Auto- und Fahrradreperatur van Endern, Klever Str. 5, ✆ 5378

Zweiradhandel Gertzen, Lindenstr. 23, OT Nütterden, ✆ 27453

Kranenburg liegt am Übergangsbereich zwischen der feuchten Rheinaue und einem ursprünglich ganz bewaldeten Hügelzug.

Kranenburg wurde nicht, wie eigentlich zu erwarten, am Rand der Moräne und somit in trockener Lage gegründet, sondern in der versumpften Niederung. Den Klever Grafen gelang es schließlich, Holländer, die auf die Trockenlegung von Brüchen spezialisiert waren, für die Urbarmachung des Gebietes zu gewinnen. Somit stand einer Ausdehnung der Siedlung nichts mehr im Wege.

Zu Beginn des 13. Jahrhunderts gründete der Klever Graf Dietrich VI. die „Kranichenburg" zum Schutz der Rodungssiedlungen im Reichswald. Schon Ende des gleichen Jahrhunderts wird dann die Stadt Kranenburg erstmals urkundlich erwähnt. Zu ungefähr derselben Zeit entwickelte sich Kranenburg zu einem Wallfahrtsort. Laut der Sage spuckte ein Hirte eine Hostie in eine Baumhöhle. Dort verblieb sie, bis 28 Jahre später der Baum gespalten wurde und ein Holzkorpus herausfiel. Das sogenannte Wundertätige Kranenburger Kreuz befindet sich heute in der Stifts- und Wallfahrtskirche St. Peter und Paul. In der Folge wurde Kranenburg als einer der ältesten deutschen Kreuzwallfahrtsorte bekannt. Auch landschaftlich hat die Gegend um Kranenburg einiges zu bieten, so z. B. das durchschnittlich nur zehn bis zwölf Meter über Normalnull gelegene Naturschutzgebiet „Die Düffel". In den Wintermonaten ist es Rast- und Äsungsplatz für große Scharen überwinternder Blesshühnern und Saatgänse.

Von Kranenburg nach Griethausen **23,5 km**

4 Zyfflich

PLZ: 47559; Vorwahl: 02826

- **Verkehrsverein Kranenburg e. V.**, Klever Str. 4, Kranenburg, ✆ 7914
- **St. Martin Kirche**, Kirchpl. 1, ✆ 226. Die Kirche besitzt ein bedeutendes Atlantenkapitel und den sogenannten „Rheinischen Schützwechsel".

5 Keeken

6 Griethausen

- **Pfarrkirche St. Martinus**, im 14. Jh. erbaut, in den darauffolgenden Jahrhunderten immer wieder erweitert, so dass die Kirche sich heute als dreischiffige Basilika vorstellt.
- **Eisenbahnbrücke** über den Altrhein, älteste erhaltene Flussüberbauung Westdeutschlands aus der Mitte des 19. Jhs.

Von Griethausen nach Elten **20,5 km**

7 Emmerich am Rhein

PLZ: 46446; Vorwahl: 02822

- **infoCenterEmmerich**, Rheinpromenade 27, ✆ 931040, www.emmerich.de
- **Rheinische Personenschifffahrt GmbH**, Rheinpromenade 31, ✆ 976891
- **PAN kunstforum niederrhein**, Agnetenstr. 2, ✆ 537010, ÖZ: Di-So 11-18 Uhr, Bistro: Di-Fr 11-18 Uhr. Das Museum beherbergt eine Sammlung von 90.000 Plakaten.
- **Rheinmuseum Emmerich**, Martinikirchgang 2, ✆ 75400, ÖZ: So-Mi 10-12.30 Uhr und 14-16.30 Uhr, Do 10-

A2
's-Heerenberg
Elten
Hoch Elten
Gerritzens Mühle
Steintor
Hof van Bergh
Duffels Möll
Gendrin
Wieken
Wals
Beenenberg
Netterden
Eikelenbo
Schlösschen Borghees
Borghees
Hüthum
Spijk
Emmerich
am Rhein
Heilig-Geist-Kirche
Klein-Netterden
Fotoapparatesammlung
Rheinmuseum
Vrasselt
Steegh
Praest
Berg
Dornick
Griethausen
Warbeyen
Haus Schmithausen
Salmorth
Rhein
Netterdenscher Kanal
Die Wild
Tote Landwehr
Löwenberger Landwehr
Kellener Altrhein
Bienener Altrh
Schipperwardsgraben
Zuggraben
Kalflack
Oraniendeich
Emmericher Straße
B220
B8
A3
N816
15

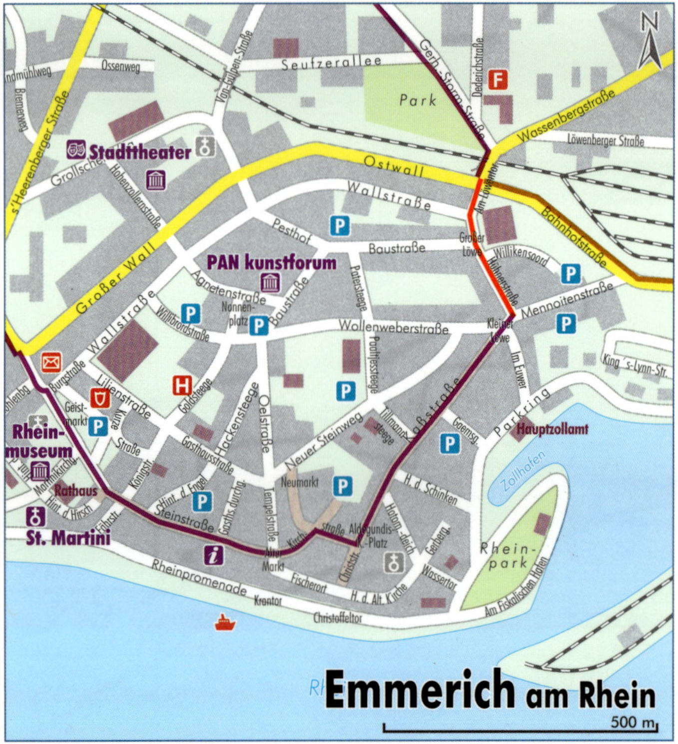

12.30 Uhr und 14-18 Uhr, Fr 10-12.30 Uhr, Führungen. Das Museum beschäftigt sich mit der Stadtgeschichte im Zusammenhang mit der Entwicklung der Rheinschifffahrt. Zu sehen sind über 120 Schiffs- und Fährmodelle, nautische Geräte, die stadtgeschichtliche Sammlung, eine überlebensgroße Christophorusfigur u. v. m.

Galerie „Haus im Park", Rheinpromenade/Rheinpark, ✆ 2691 od. 731270, ÖZ: Fr, Sa 15-17 Uhr, So 11-17 Uhr. Ausstellungen namhafter internationaler Künstler.

Museum für Kaffeetechnik, Reeser Str. 94, ✆ 9120, ÖZ: Besichtigung während der Bürozeiten des Unternehmens. Hier wird nostalgisches rund um den Kaffee sowie die Geschichte der Kaffee-Rösttechnik gezeigt.

St. Martini-Kirche (1040). Stiftskirche mit romanischem Chor und einem reichen Kirchenschatz.

Stadttheater, Grollscher Weg 6, ✆ 93990. Neben Theater, Musical und Oper auch Ausstellungen und Kleinkunst.

Embricana Freizeit- und Sport GmbH, Nollenburger Weg, ✆ 914210. Freizeitbad mit Saunen, Babybecken und Kinderspielplatz.

HK Zweirad GbR, Alte Heerenbergerstr. 44, ✆ 538281

P. Messink, Wassenbergstr. 49, ✆ 51956

Fahrradecke am Löwentor, Am Löwentor 8, ✆ 539327

8 Elten

PLZ: 46446; Vorwahl: 02828

infoCenterEmmerich, Rheinpromenade 27, Emmerich, ✆ 02822/931040

St. Vituskirche. Der Turm und das Langhaus der Stiftskirche auf dem Eltenberg wurden 1129 geweiht. Hier finden Konzerte mit namhaften Künstlern statt.

Gerritzens Mühle, gut erhaltene gemauerte Windmühle

Drususbrunnen auf dem Eltenberg, Freiheit, ✆ 931040, ÖZ: Sa, So/Fei 14-18 Uhr, Gruppen außerhalb der ÖZ n. V. Der 57 m tiefe Drususbrunnen versorgte das 967 gegrün-

A3
Dinxperlo
Suderwick
Anholt
Isselburg
Vehlingen
Millingen
Bienen
Werth
Mussum
Herzebocholt
Haus Hardenberg
Zwaneburg
Huize Landfort
Wasserburg Anholt
Haus Pennekamp
Wildpark Anholter Schweiz
Schloss Hueth
Ponyhof Leiting
Windmühle
Breedenbroek
Hogespork
Wieken
Wals
Eikelenboom
Dwarsefeld
An der Regniet
Regniet
Megchelen
Berg
Heelden
Burg
Luisendorf
Empel
Herken
Androp
Wertherbruch
Schüttenstein
Liedern
Willinghook
Venhorsthook
Boytinkhook
Wielshook
Brömminghook
Fischershook
Loakerhook
Lägespork
Lübbershook
Wolfssee
Bocholter Aa
Issel
Nebenissel
Oude IJssel
Holtwicker Bach
Alte Aa
Millinger Meer
Hütter Meer
Am Kruden Baum
Verbindung A3 zu B2
Verbindung A3 zu B2

dete Damenstift und bis 1931 auch die Bevölkerung auf dem Eltenberg mit Wasser.

Führungen durch Hochelten veranstaltet die Touristinformation

Eltener Fahrrad-Profi, Klosterstr. 2, ✆ 902111

Der Eltenberg ist ein Relikt eines eiszeitlichen Gletschervorstoßes. Der geschwungene Geländeanstieg zeichnet noch heute den Rand der ehemaligen Gletscherzunge nach. Hoch oben und weithin sichtbar befindet sich die St. Vituskirche. Die Kirche gehörte zu einem einstigen Damenstift, das um das 10. Jahrhundert gegründet worden war.

Von Elten nach Millingen 24 km

9 Borghees

PLZ: 46446; Vorwahl: 02822

Schlösschen Borghees, Hüthumer Str. 180, ✆ 18144, ÖZ: bei Ausstellungen So 11-17 Uhr. Das Kulturzentrum bietet bekannten und unbekannten Künstlern ein Forum.

10 Praest

11 Millingen

PLZ: 46459; Vorwahl: 02851

Stadtinformation Rees, Markt 1, ✆ 51200

Schloss Anholt

Romanische **Basilika des Hl. Quirinius**, später spätgotischer Umbau.

Von Millingen nach Isselburg 21 km

12 Anholt

PLZ: 46419; Vorwahl: 02874

Isselburger Verkehrsverein e. V., Markt 9, Isselburg, ✆ 942344

Schlossmuseum Anholt, Besichtigung: n. V. unter ✆ 45353. Der bedeutendste Teil des Museums ist die Gemäldegalerie, die hauptsächlich Werke niederländischer Meister aus dem 16./17. Jh. umfasst.

Die **Pankratiuskirche** ist eine Basilika mit reichen Wand- und Deckengemälden.

Schloss Anholt. Die Wasserburg wurde auf zwei Inseln erbaut. Der älteste Teil der im niederländischen Barock gehaltenen Burg stammt aus dem 13. Jh.

13 Isselburg

PLZ: 46419; Vorwahl: 02874

Isselburger Verkehrsverein e. V., Markt 9, ✆ 942344, www.isselburg.de

Biotopwildpark Anholter Schweiz, Pferdehorster Str. 1, ✆ 45355, ÖZ: Mitte März-Okt., tägl. 9-18 Uhr, Nov.-Mitte März, Sa, So. In dem der Landschaft des Vierwaldstätter Sees nachempfundenen Wildpark leben 40 verschiedene Tierarten in ihrer natürlichen Umgebung.

Von Isselburg nach Rees 14 km

14 Haldern

PLZ: 46459; Vorwahl: 02850

Stadtinformation Rees, Markt 1, ✆ 02851/51200

Battenbergturm, Wertherbrucher Str. 1, ✆ 02850/7206, ÖZ: April-Sept., 1. So im Monat 15-18 Uhr u. n. V. In dem

A4
Millingen
Bienen
Grietherort
Bylerward
Haus Grieth
Sa-So 10-19 Uhr
Grieth
Wissel
St. Clemens
Stiftsmuseum
Till
Wissler See
Kalflack
Wunderland Kalkar
Wisselward
Haus Hönnepel
Hönnepel
Mühlenfeld
Niederdorf
Kalkar
Hochend
Düffelsmühle m. Technikmus.
Freier Golfplatz Niederrhein
Haus Horst
Beginenhof
Rathaus
Lohwindmühle
St. Antonius
Kalkaberg
Altkalkar
Hanselaer
Oybaum
Kiers
Niedermörmter
Oberdorf
Husen
St. Petrus
Rees
Esserden
Klein-Esserden
Speldorp
Hetter
Im Lohr
Androp
Luisendorf
Empel
Heelden
Burg
Herken
Heeren
Schapdick
Groin
Aspel
Haus Aspel
Haldern
Bergswick
Reeser Altrhein
Rhein
Reeser Meer
Biotop See
Haffen
Mehrbruch
Schloss Bellinghoven
Verbindung A4 zu B2
Verbindung
Bienener Altrhein
Millinger Meer
Hütter Meer
Volksgatt
Entensumpfgraben
Mühlenstraße
Rheinuferstr.
Griether Str.
Alte Heerstraße
Weseler Straße
Wardstraße

erhaltenen Wehr- und Wohnturm befindet sich die Heimatstube und eine Dokumentation der Ortsgeschichte von Haldern.

Zweiräder Gissing, Klosterstr. 25, 02850/212

15 Rees

PLZ: 46459; Vorwahl: 02851

Stadtinformation Rees, Markt 1, 51200, www.stadt-rees.de

Reeser Personenschifffahrt, Dellstr. 16, 7004. Tagesfahrten auf dem Rhein nach Duisburg, Kleve und in die Niederlande bis Nijmegen, teils mit Stadtaufenthalt.

Personenfähre Rääße Pöntje, Kalkar-Reeserschanz - Rees-Stadtmitte, Fischerwall 11, 02824/6171, Fährzeiten: Ostern-letzter So im Okt., Mi, Sa, So/Fei 10-19 Uhr, Sonderfahrten auf Anfrage.

Koenraad Bosman Museum, Am Bär 1, 51187, ÖZ: ganzjährig, Sa 14-17 Uhr, So 11-13 und 14- 17 Uhr. Ausstellung rund um die Stadtgeschichte und Volkskunde. Das Stadtmodell zeigt die Stadt mit ihrer Festung um 1650.

Heimatmuseum Haffen-Mehr, Velthysenstraße, 02857/80230, ÖZ: 1. So im Monat 10-12 Uhr u. n.V. Zu sehen sind volkskundliche und lokalhistorische Exponate.

Bienener Altrhein, Wisseler Dünen und Siepheide, Führungen: Naturschutzzentrum im Kreis Kleve e. V., Niederstr. 3, 96330.

Stadtbad, Grüttweg, 7274, Hallen- und Freibad, Wasserspielgarten.

Fahrrad Motorrad-Handlung Fels, 6600

Zweiräder Kempkes, Grüttweg 45, 1278

Zweiräder Arentsen, Vor dem Delltor 5, 1448

Von Rees nach Wissel — 15 km

Niedermörmter

PLZ: 47546; Vorwahl: 02824

Touristik-Information Kalkar, Markt 20, Kalkar, 13-120

Mühlenhof freier Golfplatz GmbH, Greilack 29, 924092. Der Golfplatz steht ohne Clubmitgliedschaft jedem offen.

Düffelsmühle, wechselnde Kunstausstellungen

Im 12. Jahrhundert diente der Vorgängerbau der Düffelsmühle als Wehrturm für das Haus Boetzelaer, das in südöstlicher Richtung im Kalkarer Ortsteil Appeldorn liegt. Erst im 17. Jahrhundert wurde der Turm zur Windmühle umgebaut. Seit 1985 dient die Mühle der Stromerzeugung.

16 Hönnepel

Wunderland Kalkar

PLZ: 47546; Vorwahl: 02824

Touristik-Information Kalkar, Markt 20, Kalkar, 13-120

Wunderland Kalkar, Griether Str. 110-120, 9100, ÖZ der Außenanlagen: April-Nov., Hotel und andere Einrichtungen, ganzjährig, auch

Wunderland Kalkar

Dem nie in Betrieb genommenen Kernkraftwerk Kalkar, der „Schnelle Brüter", wurde 1991 nach zwanzigjähriger Bauzeit das endgültige Aus erklärt. 1996 kaufte der Niederländer Henny van der Most die Anlage und errichtete in den vorhandenen Gebäuden und auf dem Gelände einen großen Freizeit- und Erlebnispark mit Hotel und weiteren Wohlfühleinrichtungen.

17 Grieth

PLZ: 47546; Vorwahl: 02824

Touristik-Information Kalkar, Markt 20, Kalkar, 13-120

Heimatmuseum Grieth, Markt 47, 7126, ÖZ: So/Fei 14-17 Uhr, Sa n.V. unter § 02825/910386. Themen sind Schifffahrt und Fischfang am Rhein. Zudem werden jährlich wechselnde Sonderausstellungen gezeigt.

18 Wissel

PLZ: 47546; Vorwahl: 02824

Touristik-Information Kalkar, Markt 20, Kalkar, 13-120

Stiftsmuseum Wissel am Kirchhof, Köstersdick 7, 6108,

A5
Hasselt
Wissel
St. Clemens
Stiftsmuseum
Esserden
Till
Haus Rosendal
Markus
Schneppenbaum
Schloss Moyland
Moyland
Eselsberg
Wissler See
Kalflack
Wunderland Kalkar
Wisselward
Haus Hönnepel
Hönnepel
Mühlenfeld
Niederdorf
Rhein
Niedermörmter
Kalkar
Höchend
Düffelsmühle u. Technikmus.
Freier Golfplatz Niederrhein
Oberdorf
Haus Horst
Beginenhof
Rathaus
Lohwindmühle
St. Antonius
Hanselaer
Oybaum
Kalkaberg
Altkalkar
Louisendorf
Verbindung A5 zu F11
Burg Boetzelaer
Kiers
St. Petrus
St. Lambertus
Gocher
Appeldorn
Osterwick
Heidkamp
Gesthuysen
Neulouisendorf
Röm. Reiterlager Burginatium
Kehrum
Verkält
Heimat- und Wallfahrtsmuseum
St. Maria Himmelfahrt
Gocher Heide
Landwehr
Marienbaum
27

ÖZ: Sa, So 16-18 Uhr u. n. V., Führungen: n. V., Wechselausstellungen mit Künstlern vom Niederrhein. Das Museum informiert über Geschichte, Kunst und Kultur der Kirche und des Stifts Wissel sowie über das Dorf und die Region und den Tabakanbau.

St. Clemens-Kirche. Die um 1150 erbaute romanische Kirche gehört zu den ältesten Gewölbebasiliken des Rheinlandes.

Freizeitpark Wisseler See, Zum Wisseler See 15, ✆ 96310, mit Campingplatz, Naturfreibad und vielen Wassersportmöglichkeiten.

Naturschutzgebiet Wisseler Düne mit Flussdünen, Naturlehrpfad etc.

Stadtwindmühle im Herzen Kalkars

Das Naturschutzgebiet Wisseler Düne

Vermutlich im Spätmittelalter wehten West- und Südwestwinde feinen Flugsand aus den nahegelegenen Flussbetten bis zu acht Meter hohe Dünen auf. Die trockenen, nährstoffarmen Flugsande ermöglichen nur wenigen Pflanzenarten das Überleben. Neben Silbergras sind hier auch Arten der sogenannten Rheintalflora feststellbar, die durch Überschwemmungen hierher gelangt sind. Seit dem ausgehenden Mittelalter diente das Dünengebiet als Gemeinschaftswiese. 1950 wurde das Gebiet unter Naturschutz gestellt und somit die Weidenutzung aufgegeben. Bei archäologischen Ausgrabungen wurden mittelalterliche Baureste und Keramik unter dem Sand entdeckt.

Von Wissel nach Schloss Moyland 12 km

19 Kalkar

PLZ: 47546; Vorwahl: 02824

Touristik-Information, Markt 20, ✆ 13-120, www.kalkar.de

Personenfähre Inseltreue II, Kalkar-Grieth – Rees-Grietherort, Fischerwall 11, ✆ 6171, Fährzeiten: Ostern-letzter So im Okt., Sa, So/Fei 10-19 Uhr, Sonderfahrten auf Anfrage.

Personenfähre Rääße Pöntje, Kalkar-Reeserschanz – Rees-Stadtmitte, Fischerwall 11, ✆ 6171, Fährzeiten: Ostern-letzter So im Okt., Sa, So/Fei 10-19 Uhr, Sonderfahrten auf Anfrage.

Städt. Museum, Grabenstr. 66, ✆ 13-118, ÖZ: Di-So 10-13 und 14-17 Uhr. Das Museum zeigt nicht nur Ausstellungen zur Stadtgeschichte. Zu sehen sind Malerei und Skulpturen des 19./20. Jhs. (Janssen, Moshage, Teuber u. v. m.) sowie wechselnde Ausstellungen zeitgenössischer Kunst. Das angegliederte Stadtarchiv ist eines der bedeutendsten Archive des Rheinlandes.

St.-Nicolai-Kirche mit 9 weltberühmten Eichenholzschnitzaltären und gotischen Malereien. Pfarramt St. Nicolai, Jan-Joest-Str. 14, ✆ 2380, ÖZ: April-Okt., Mo-Fr 10-12 Uhr und 14-18 Uhr, Sa 10-12 Uhr und 14-16 Uhr, So 14-18 Uhr, Nov.-März, Sa 14-16 Uhr, So-Fr 14-17 Uhr.

Die **St. Antoniuskirche Hanselaer** gilt aufgrund ihrer drei kunstvollen Schnitzaltäre als die schönste Dorfkirche am Niederrhein.

Schloss Boetzelaer, OT Appeldorn

Mittelalterlicher Stadtkern mit zahlreichen Bürgerhäusern aus dem 14.-16. Jh. Hierzu zählt auch das gotische **Rathaus** (1445)

mit mächtiger **Linde** (1545) auf dem mit Rheinkieseln besetzten Marktplatz.

Stadtwindmühle, Mühlenstege 8, Am Hanselaertor, ✆ 4709, ÖZ der Mühle: April-Okt., Di-Fr 15-17.30 Uhr, Sa-So 12-17.30 Uhr, ÖZ des Backhauses: Di-Do, Sa, So 11-16 Uhr. Die mehr als 200 Jahre alte Mühle wurde 1996 restauriert. Sie gilt mit 8 Böden als eine der höchsten Mühlen Deutschlands. Das gesamte Ensemble aus Mühle, Scheune und Müllerhaus steht seit 1985 unter Denkmalschutz. Hier wird regelmäßig Korn gemahlen, Brot gebacken und in der Scheunengaststätte selbstgebrautes Mühlenbier ausgeschenkt.

Beginenhof, Kalkar

Beginenhof, Kesselstr. 20, ✆ 3081. Alte Wand- und Deckenmalereien aus der Zeit der Renaissance zieren das Innere des spätgotischen Gebäudes. Das Gebäude – heute eine Familienbildungsstätte – ist für Gruppen im Rahmen der Stadtführung zu besichtigen.

Radsport Giltjes, Hanselaerstr. 31-35, ✆ 2203

Brauhaus Kalkarer Mühle, Mühlenstege 8, ✆ 93230

In den 1970er und 1980er Jahren ist Kalkar nicht aufgrund seines reichen kunsthistorischen Erbes überregional bekannt geworden, sondern die Stadt geriet durch den Bau vom „Schnellen Brüter" und durch die anhaltende Diskussion sowie die zahlreichen Demonstrationen im Zusammen-

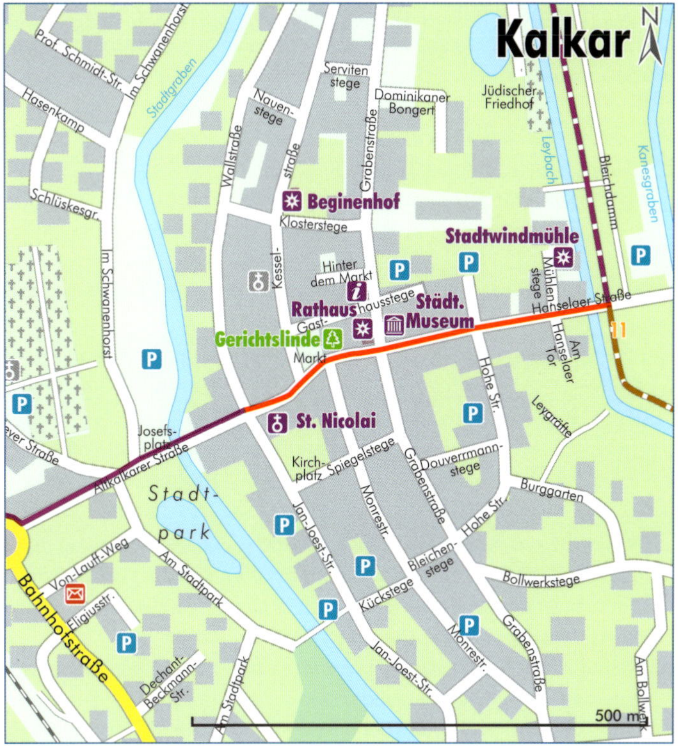

hang mit diesem Bau in die Schlagzeilen. Das Kraftwerk ging nie ans Netz und wird seit einigen Jahren erfolgreich als „Wunderland Kalkar" geführt.
Wendet man sich dem Ortskern Kalkars zu, dann wird man von den schmucken Treppengiebelhäusern und den harmonischen Ensembles des Marktplatzes geradezu bezaubert. Durch eine gezielte Stadterneuerungspolitik wurden und werden Teile des Stadtkerns restauriert und erneuert und somit der mittelalterliche Charakter des historischen Zentrums unterstrichen.
Am 20. Oktober 1230 wurde Kalkar gegründet und nach einem planmäßigen Grundriss erbaut. Im Jahre 1242 erhielt Kalkar die Stadtrechte. Das Rathaus entstand im 15. Jahrhundert und ist heute das größte erhaltene mittelalterliche Rathaus im Rheingebiet nördlich von Köln. Von besonderer architektonischer Bedeutung ist die Pfarrkirche St. Nicolai, die derselben Zeit wie das Rathaus entstammt. Der charakteristische Backsteinbau ist wohl die ausgedehnteste Hallenkirche am Niederrhein und beherbergt neun gotische Eichenschnitzaltäre, gotische Skulpturen und Malereien von einzigartiger Bedeutung und eine überaus beeindruckende Sammlung von bedeutenden Kunstschätzen.
Aber nicht nur die Kirche hat Kalkar bedeutende Kunstschätze gebracht, auch das Bürgertum hat seinen Wohlstand offen zur Schau gestellt. Das beweisen die zahlreichen Bürgerhäuser aus dem 14. bis 16. Jahrhundert, die teilweise mit kostbaren Wandmalereien ausgestattet sind.
Eine Besonderheit ist auch das Mühlenensemble um die Kalkarer Mühle. Im Jahr 1770 wurde das baufällige Hanselaer Tor vom Lederfabrikanten Guerin abgebrochen, aus diesen Steinen errichtete er eine achtstöckige Windmühle. Anfangs wurde die Mühle zur Ledererzeugung genutzt, Eichenrinde zum Gerben von Leder wurde gemahlen. Ab 1800 wurde sie dann der Bestimmung des Mehlmahlens zugeführt. Bis zum heutigen Zeitpunkt sind zur Mühle noch eine Scheune und ein Müllerhaus hinzugekommen, hier wird auch heute noch gemahlen, gebacken und gebraut.
Ein weiterer Baustein der touristischen Infrastruktur im Raum Kalkar ist der Wisseler See im Ortsteil Wissel, wie die meisten Seen der Region ein Baggersee. Zum Freizeitpark Wisseler See gehören ein Naturfreibad, Wassersportmöglichkeiten und ein Campingplatz.
Auch römische Geschichte hat die Stadt Kalkar vorzuweisen. Südöstlich des Monreberges entstand in der ersten Hälfte des 1. Jahrhunderts n. Chr. das Auxiliarkastell Burginatium, das zwischen der Limesstraße im Süden und Westen und einem heute verlandeten Rheinarm im Norden lag. Das u. a. im Itinerarium Antonini, einem römischen Straßenverzeichnis aus dem dritten nachchristlichen Jahrhundert, überlieferte Burginatium bestand vermutlich bis zum Abzug der meisten römischen Truppen aus Germanien am Anfang des 5. Jahrhunderts. Inschriften und Funde von Pferdegeschirr belegen, dass Reitereinheiten der römischen Hilfstruppen in Burginatium stationiert waren. Westlich, südlich und ostwärts des Lagers erstreckte sich eine Zivilsiedlung (vicus), und an den Hängen des Monre- und Pierenberges

wurden zahlreiche Gräber gefunden. Da es bisher keine umfangreichen Ausgrabungen gegeben hat, ist die römische Vergangenheit südlich des Monreberges für den Laien nicht mehr auf Anhieb sichtbar. Einige Kostbarkeiten aus dieser Zeit sind im Städtischen Museum in Kalkar aufbewahrt.

20 Schloss Moyland

PLZ: 47551; Vorwahl: 02821

- **Info-Center-Moyland**, Am Schloss 5, ✆ 01805/669526, www.bedburg-hau.de
- **Museum Schloss Moyland**, Am Schloss 4, ✆ 9510-60 od. -62, ÖZ: April-Okt., Di-Fr 10-18 Uhr, Sa, So 10-19 Uhr, Nov.-März, Di-So 10-17 Uhr, Führungen, Kräutergarten Kräuterey, Skulpturenpark. Das Museum stellt die einstige Privatsammlung der Brüder van der Grint aus, die weltweit größte Sammlung mit Arbeiten des Künstlers Joseph Beuys. Hier ist das Joseph-Beuys-Archiv und eine Forschungsstätte untergebracht.

Die zu Bedburg-Hau gehörende Wasserburg Schloss Moyland wurde im 14. Jahrhundert erstmals erwähnt. Die Anlage wurde in den vergangenen Jahrhunderten mehrfach umgestaltet. An das einstige Kastell mit den vier Ecktürmen wurde innen ein spätgotischer

Schloss Moyland, Bedburg-Hau

Palast angebaut. Eine Kapelle aus dieser Zeit ist bis heute erhalten geblieben. Im 17. Jahrhundert wurde es zu einem barocken Wohnsitz umgebaut. Letztmalig wurde Schloss Moyland im 19. Jahrhundert im englischen Tudor-Stil umgebaut, Windsor Castle und Hampton Court Palace waren die Vorbilder.

Während des Zweiten Weltkrieges und der Nachkriegswirren erlitt das Schloss schwere Beschädigungen. Beim Einmarsch der Alliierten 1945 wurde das Schloss hart umkämpft, vieles wurde zerstört, vieles fiel Plünderungen zum Opfer. Unter anderem ging damals eine bedeutende Gemäldesammlung mit Werken von Rubens, van Dyck, Frans Hals, Jan Breughel und anderen Niederländern in Flammen auf. Mehrere Jahrzehnte war das Schloss dem Verfall preisgegeben. Nach den umfassenden Renovierungs- und Restaurierungsarbeiten in den 1990er Jahren wurde das Schloss äußerlich in altem Glanz und im Innern mit der bedeutenden Sammlung van der Grinten als Museum Schloss Moyland eröffnet. Besonders sehenswert sind neben dem Museum für moderne Kunst die Außen- und Grabenanlagen und vor allem die historische Gartenanlage sowie der Kräutergarten.

Im 18. Jahrhundert fand auf Schloss Moyland ein besonderes Treffen statt: Friedrich der Große empfing 1740 zum ersten Mal den französischen Philosophen Voltaire, eine Be-

gegnung, die den Anfang für einen lebenslang währenden regen Austausch zwischen Kurfürst und Philosoph setzte.

AUSFLUG Die Gemeinde Bedburg-Hau bietet einiges Sehenswerte, das nicht an der Hauptroute liegt, aber auf der Nebenroute H 12 erreicht werden kann.

Bedburg-Hau

PLZ: 47551; Vorwahl: 02821

- **Info-Center-Moyland**, Am Schloss 5, ✆ 01805/669526, www.bedburg-hau.de
- **Museum der Rheinischen Kliniken**, Nördlicher Rundweg 8, ✆ 811061, ÖZ: Mo, Di 8-16 Uhr, Mi 10-18 Uhr, Do 8-17 Uhr, Fr 8-13 Uhr, an Wochenenden n. V. für Gruppen, Sinne-Garten. Das Museum zeigt eine Ausstellung rund um die Geschichte der Klinik, deren Bau 1908 begonnen wurde.
- **Ehem. Klosterkirche St. Markus,** Ortsteil Schneppenbaum. Aus einer 780 n. Chr. errichteten Einsiedlerklause auf dem Betberg entstand im 12. Jh. ein Praemonstratenserkloster mit einer Kirche im romanischen Stil. Im 15. Jh. gotische Umgestaltung, bis ins 18. Jh. Zerfall des Klosters, Wiederaufbau zu Beginn des 20. Jhs.
- **Wasserburg Haus Eyl**, Ortsteil Huisberden
- **Spätrömische Siedlung Quadriburgium** (361), Ortsteil Qualburg.
- **Rathaus**, Ortsteil Hasselt, Kalkarer Str. 19, ✆ 6600
- **ArToll-Kunstlabor e. V.**, Haus 6, Zur Mulde 10, ✆ 811500, ÖZ: Mo-Do 9.30-16 Uhr, Fr 9.30-13 Uhr, Führungen n. V. ArToll ist ein Labor für Kunst zwischen Dialog, Energie und Bewegung: „ein Forum im Heute für Morgen".
- **Haus Rosendal** (15. Jh.) im Ortsteil Hasselt war ursprünglich eine Landwehrbefestigung und wurde erst in der Folge zum Herrensitz umgebaut. Ende des 18. Jhs. wurde das Haus durch französische Truppen zerstört, seit dem Wiederaufbau ist die äußere Bauform bis in die heutige Zeit unverändert geblieben.
- **Grabmal des Prinzen Moritz von Nassau** (1678)
- **Geburtenwald**, Ortsteil Qualburg. Hier wird von der Gemeinde für jedes Neugeborene ein Baum gepflanzt.
- **Gerichtslinde**
- **Bedburger NASS**, Rosendaler Weg 10a, ✆ 60090. Spaßbad für Kinder mit Wasserrutsche.
- **Robin's Radshop**, Breite Str. 42, ✆ 74734
- **Gemeindeverwaltung Bedburg-Haus**, Kalkarer Str. 19, ✆ 66066
- **Hotel Berg und Tal**, Uedemer Str. 23, ✆ 6432
- **Gasthof Schwanenhof**, Mühlenstr. 71, ✆ 60037

Die Gemeinde Bedburg-Hau setzt sich aus sieben Ortsteilen mit zirka 13.000 Einwohnern zusammen. Das Gemeindezentrum befindet sich im Ortsteil Schneppenbaum, ebenso wie das ehemalige Praemonstratenserkloster St. Markus. Gleich anschließend daran der Ortsteil Hau mit dem Areal der Rheinischen Kliniken, die ein kulturelles Angebot im ArToll-Kunstlabor und Freizeitgestaltung im Sinne-Garten oder auf der Minigolf- und Schachgroßfeldanlage bieten. Im Sternbuschwald erwarten Sie dann das Freizeitbad Sternbusch und die Reitsportanlage.

Etwas verstreut liegen die restlichen fünf Ortsteile: das Pfälzerdorf Louisendorf und Till-Moyland mit dem Museum Schloss Moyland. Das Rathaus residiert in Hasselt (B 57) ebenso wie der alte Herrensitz Haus Rosendal und in Qualburg kommen Sie den Römern auf die Spur (Schautafel vorhanden). Im Norden der Gemeinde, nicht direkt an der Via Romana, liegt der landschaftlich reizvolle Ortsteil Huisberden mit dem ehemaligen Rittergut Haus Eyl.

A6
Gesthuysen
Neulouisendorf
Röm. Reiterlager Burginatium
Kehrum
Heimat- und Wallfahrtsmuseum
St. Maria Himmelfahrt
Marienbaum
Vynen
Verbindung A6 zu B1
Roosenhofsee
Xantener Nordsee
Keppeln
Hollen
Wardt
St. Willibrord
Uedemer Hochwald
Paulsberg
Düsterfeld
Kloster Mörmter
Mörmter
Xantener Südsee
Rhein
Uedem
Hohe Mühle
Uedemerfeld
Haus Kolk
Colonie Ulpia Traina
Lütting
Archäologischer Park Xanten
Amphitheater
Römermuseum
Dom St. Viktor
Rother Berg
Steinbergen
Uedemerbruch
Hochbruch
Gochfortzberg
Labbeck
Xanten
Castra Vetera I
Die Hees
Weyen
Ursel

Von Schloss Moyland nach Uedem 15,5 km

21 Louisendorf

PLZ: 47551; Vorwahl: 02821

Info-Center-Moyland, Am Schloss 5, ✆ 01805/669526

historischer Aussiedlerort

Seit dem Jahr 1820 besteht der planmäßig angelegte pfälzische Aussiedlerort Louisendorf, dessen Namenspatronin die preußische Königin Luise war. Eine Besonderheit dieser Siedlung ist zum einen ihre Architektur. Die Elisabethkirche steht einsam mitten auf einer Wiese, die umgeben wird von vier rautenförmig angeordneten Straßen. Gesäumt werden die Straßen von schönen alten Bauernhäusern, die unter Denkmalschutz stehen. Eine weitere Besonderheit ist die Sprache. Die Einwohner haben sich bis zum heutigen Tag ihre pfälzische Mundart bewahrt.

22 Uedem

PLZ: 47589; Vorwahl: 02825

Bürger Büro, Mosterstr. 2, ✆ 8837, www.uedem.de

Ausstellung „Hohe Mühle", Mühlenstr. 101, ✆ 7918, ÖZ: Sa, So 14.30-17 Uhr, Aussichtsturm. Zu sehen ist eine Schuhmacherausstellung.

Kunst auf dem Stieferhof, Steinbergen 45, ✆ 7622, ÖZ: Sa, So 11-17 Uhr. Hier können Sie eine Ausstellung von Plastiken in Bronze und Ton besuchen.

Heuken Omnibus-Reisedienst GmbH, Am Hochwald 12, ✆ 360

Von Uedem nach Xanten 21 km

23 Kehrum

24 Marienbaum

PLZ: 46509; Vorwahl: 02804

Tourist-Information Xanten (TIX), Kurfürstenstr. 9, ✆ 98300

Wallfahrtsmuseum Marienbaum, Emil-Underberg-Str. 3, ✆ 370, Besichtigung n. V.

Marienbaum ist der älteste Wallfahrtsort am Niederrhein. Nach der Überlieferung soll eine kleine Marienstatue in einem Baum wundersame Kräfte besessen haben, zu der die Gläubigen seit dem 15. Jahrhundert pilgern. Am Ort der Marienverehrung steht heute eine gotisch-barocke Wallfahrtskirche.

Stadtansicht Xanten

25 Kloster Mörmter

26 Xanten

PLZ: 46509; Vorwahl: 02801

Tourist-Information Xanten (TIX), Kurfürstenstr. 9, ✆ 98300, www.xanten.de

Personenfähre Keer Tröch II, Wesel-Bislich – Xanten-Beek, ✆ 02857/2725, Fährzeiten: Karfreitag-September, Mi, Fr, Sa, So/Fei 10-19 Uhr, Okt. nur bis 18 Uhr, Sonderfahrten auf Anfrage.

Museum Nibelungen(h)ort, Kurfürstenstr. 9, ✆ 9820896, ÖZ: tägl. 10-18 Uhr. Vertonte Diashow, Wechselausstellungen. Archäologisches Museum, Museum zur römischen Siedlungsgeschichte.

Konditorei Museum, Westwall 82, ✆ 2068, ÖZ: Di-So 11-17 Uhr, Schokoladenprobe vom Schokoladenbrunnen, Fabrikverkauf. Das Museum zeigt Maschinen, Formen und Modelle, mit denen die Chocolatiers und Konditormeister ihr Handwerk ehemals ausübten und heute ausüben.

LVR – Römer-Museum im Archäologischen Park, Siegfriedstr. 39, Führungen und Infos unter ✆ 9889213/14. Einzigartige Kombination aus archäologischem Schutzbau und moderner Museumsarchitektur, die eine spannende Reise in die Antike bietet.

Dom St. Viktor, Kapitel 21, ✆ 98300, ÖZ: April-Okt., Mo-Sa 10-18 Uhr, So 14-18 Uhr, Nov.-März, Mo-Sa 10-17 Uhr, So 13-17 Uhr, Führungen n. V. Der bedeutende romanisch-gotische Dom beherbergt Flügelaltäre mit kostbaren Schnitzereien und Tafelgemälden und das älteste erhaltene Chorgestühl des Rheinlandes. Infos bei der Tourist-Information.

LVR – Archäologischer Park Xanten, Am Rheintor/Wardter Str. 2, ✆ 2999, ÖZ: März-Okt., tägl. 9-18 Uhr, Nov., tägl. 9-17 Uhr, Dez.-Feb., tägl. 10-16 Uhr, Führungen und Infos unter ✆ 9889213/14, Restaurant Römische Herberge ✆ 3415. Auf den ausgegrabenen Fundamenten der einstigen Römerstadt Colonia Ulpia Traiana wurden Gebäude rekonstruiert oder teilrekonstruiert, sodass der Besucher einen interessanten Eindruck von einer römischen Stadt erhält. Auf dem Gelände befindet sich auch ein Amphitheater, das während der Sommermonate eine wunderschöne Open-Air-Kulisse für Konzerte, Oper und Ballett

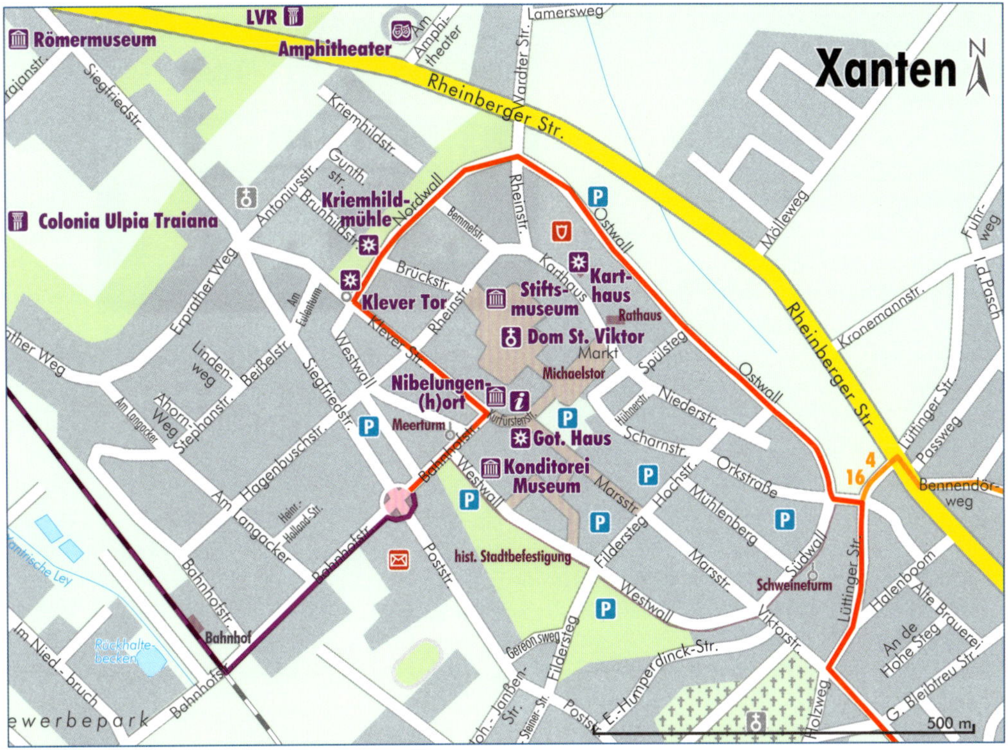

ist. In der Römerschenke wird Essen und Trinken wie vor 2000 Jahren angeboten.

- **Große Thermen**, Siegfriedstr. 39, ✆ 706918, ÖZ: März-Okt., tägl. 9-18 Uhr, Nov., tägl. 9-17 Uhr, Dez.-Feb., 10-16 Uhr, Führungen und Infos unter 9889213/14. Das Hauptbad der römischen Stadt nahm eine Fläche von mehr als 10.000 m^2 ein und umfasste neben Heiß-, Warm- und Kaltbad auch Schwitzräume, Sportplatz und Latrinen. Seit 1999 sind die Räume des Badetraktes zugänglich. Der Schutzbau gibt in seiner Form das antike Gebäude wieder.
- **Mittelalterlicher Stadtkern** und **Stadtbefestigung**
- **Gotisches Haus**
- **Karthaus**
- Das **Klever Tor** (1393) ist eine der ältesten erhaltenen Doppeltoranlagen des Rheinlandes.
- **Kriemhildmühle** (1804), Nordwall 5, ✆ 6556, ÖZ: Mo 14-19.30 Uhr, Di-Fr 8.30-19.30 Uhr, Sa 8.30-18 Uhr, So 10-18 Uhr. Die Windmühle ist noch immer in Betrieb.
- **Freizeitzentrum Xanten**, Info-Center: Strohweg 2, ✆ 715656, Xantener Nord- und Südsee mit Strandbad. Hier gibt es alles rund um den Wassersport, wie Wasserski-Seilbahn, Bootshäfen, Surfen, Segeln etc. Mit Finn Well-Saunalandschaft.
- Mobil-Fun X, Europapl. 2, ✆ 0173/2725775. Vermietungen von Planwagen mit Oldtimer-Traktoren und Rikschas.

Burginatiumtor, Xanten

- **Naturschutzgebiet Bislicher Insel** und **Altrhein Xanten**, Natur Forum Bislicher Insel, Bislicher Insel 11, ✆ 98823-0, ÖZ: April-Okt., Di-So 10-18 Uhr, Nov.-März, Di-So 10-17 Uhr
- **Zweirad Reineke**, Marsstr. 19, ✆ 1474

Der staatlich anerkannte Erholungsort Xanten ist über 2.000 Jahre alt. Bekannt geworden ist die charmante Stadt vor allem durch die bedeutenden archäologischen Grabungen. Auf dem Gelände der „Colonia Ulpia Traiana" wird heute im Archäologischen Park Xanten römische Geschichte zu einem lebendigen Erlebnis. Aber nicht nur die Römer machten Geschichte in Xanten. Auch für den Kölner Erzbischof als Landesherr am Niederrhein gaben strategische Gründe den Ausschlag dafür, Xanten auszubauen und zu fördern. Und so erlebte die kleine Stadt im Mittelalter eine weitere Blütezeit. Vieles davon ist – nach Kriegszerstörungen und einfühlsamem Neuaufbau – heute wieder zu sehen.

Das Herz des mittelalterlichen Xanten stellen der Dom St. Viktor und die ihn umgebende Stiftsimmunität dar. In seiner Bedeutung für das Rheinland stand der Dom St. Viktor gleich hinter dem Kölner Dom. Dementsprechend aufwendig und wertvoll fiel daher die Ausstattung des Xantener Domes aus, ein Beweis unter anderem auch für den Wohlstand der Bürgerschaft Xantens im 13. Jahrhundert. Das ruhige und stimmungsvolle Ensemble, das den Dom umringt, ist die ehemalige Stiftsimmunität. Diese Stadt in der Stadt ermöglichte der Klostergemeinschaft ein komfortables, wenn nicht gar herrschaftliches Zusammenleben. Neben dem Studium alter Schriften in der Bibliothek blieb den Stiftsherren auch manches Mal Zeit zum Kegelspiel unter den alten Bäumen.

Namensgebend für den Dom war der Heilige Viktor, dem auch die Stadt selbst ihren Namen zu verdanken hat. Zu römischen Zeiten ließ sich der Heilige Viktor für den christlichen Glauben hinrichten und wurde vor den Toren der römischen Stadt beigesetzt. Bald pilgerten Gläubige zu seinem Grab, „ad sanctos" (zu den Heiligen). Aus „ad sanctos" wurde mit der Zeit, vereinfacht ausgesprochen, Xanten – Deutschlands einzige Stadt, die mit einem „X" beginnt.

Prägend für das heutige Antlitz der Stadt sind neben dem Dom und der Stiftsimmunität vor allem die Kriemhildmühle an der Stadtmauer und das Klever Tor, ein eindrucksvolles Doppeltor aus dem 14. Jahrhundert.

Typisch für das Straßenbild einer niederrheinischen Stadt sind die Pumpen, die auch in Xanten vielfach zu sehen sind. Sie symbolisieren mehr als eine gemeinsame Wasserquelle und Hilfe im Brandfall, hier treffen sich Nachbarn, werden Püttfeste gefeiert und die Pumpenkirmes begangen.

Legionäre im APX

LVR – Archäologischer Park Xanten

Die zivile Bevölkerung im römischen Xanten wohnte in der Colonia Ulpia Traiana, die um 100 n. Chr. gegründet wurde. Als zweitgrößte Stadt der Provinz Niedergermanien beherbergte sie 10-15.000 Einwohner und war somit kaum kleiner als das römische Köln. Nachdem die verkleinerte Colonia Ulpia Traiana noch im 3. Jahrhundert infolge der Frankeneinfälle mit einer starken Mauer und einem Doppelgraben gesichert wurde, war sie spätestens ab dem 5. Jahrhundert dem Verfall preisgegeben. Da sie als einzige römische Kolonie nördlich der Alpen kaum überbaut wurde, ist die Colonia Ulpia Traiana heute eine Fundgrube für Archäologen. Auf dem Ostteil der antiken Stadt befindet sich in heutiger Zeit der Archäologische Park Xanten. Zu den zahlreichen, hier rekonstruierten Bauwerken, die ein sehr anschauliches Bild von der römischen Vergangenheit liefern, gehören u. a. der sogenannte Hafentempel, das Burginatium Tor, die Herberge und das Amphitheater, in dem die überregional bekannten Xantener Sommerfestspiele stattfinden. Weitere Attraktionen im Park sind außerdem das Spielehaus, in dem römische Spiele zum Nachspielen bereitstehen, und der Schülertreff für Aktionsprogramme wie Münzengießen und Fibelbiegen.

27 Birten

PLZ: 46509; Vorwahl: 02801

Tourist-Information Xanten (TIX), Kurfürstenstr. 9, 46509 Xanten, ✆ 98300

Amphitheater Birten, Römerstr. 30

Bereits um 12 v. Chr. wurde nach Berichten des römischen Historikers Tacitus das römi-

Xantenener Altrhein

sche Militärlager Vetera Castra I auf dem Fürstenberg südlich vom heutigen Xanten angelegt. Von hier aus zog Varus 9 n. Chr. in die gleichnamige Schlacht, in deren Verlauf die Römer 20.000 Mann verloren. Dieser vernichtende Feldzug war mitentscheidend für die weitere Germanienpolitik, da der Rhein fortan die Grenze zum freien Germanien bildete. Als Zwei-Legionenlager erreichte Vetera Castra unter Kaiser Nero die größte Ausdehnung. Der Bataveraufstand 69/70 n. Chr. bedeutete das Ende des Militärlagers. Einziger sichtbarer Zeuge der antiken Anlagen ist heute das Amphitheater, das einigen tausend Zuschauern Platz bot und außerhalb der Lagermauern lag. Auch heute noch finden in der ältesten rheinländischen Freilichtbühne Aufführungen statt.

Vetera Castra I wurde nach seiner Zerstörung nicht wieder aufgebaut. Nach der Reorganisation der Rheinarmeen errichteten die Römer ein neues Lager, Vetera Castra II, zirka einen Kilometer östlich des alten Lagers. Vetera II, das zumindest bis zu den Frankeneinfällen um 275 n. Chr. Bestand hatte, ist im Mittelalter durch eine Rheinverlagerung in südliche Richtung vollständig überschwemmt worden und liegt heute zum Teil mit seinen Überresten auf dem Grund eines Baggersees auf der Bislicher Insel. Heute ist das Naturschutzgebiet der Bislicher Insel mit seinen seltenen Vögeln ein interessantes Ziel – vor allem seit der Eröffnung eines Informationszentrums durch den Kommunalverband Ruhrgebiet (KVR).

Von Xanten nach Sonsbeck 14,5 km

28 Sonsbeck

PLZ: 47665; Vorwahl: 02838

- **Gemeindeverwaltung Sonsbeck**, Herrenstr. 2, ✆ 360
- **Traktorenmuseum Pauenhof**, Balberger Str. 72, ✆ 2271, ÖZ: Di-So 10-18 Uhr, Führungen ab 20 Personen, Kinderspielplatz, Freizeitanlage. Museum für Traktoren und Landtechnik. Außerdem Traktoren-Geschicklichkeitsfahren, Heubodenübernachtung.
- **Gommansche Mühle**, Mühlenfeld 18, ✆ 1855, wechselnde Ausstellungen. In der Mühle ist ein Töpfereimuseum untergebracht, das auf Anfrage besichtigt werden kann.
- Der **Geologische Lehrpfad** informiert über die Entstehung der Sonsbecker Schweiz. Beginn am Römerturm /Dassendaler Weg, Ende am Aussichtsturm Sonsbecker Schweiz, Infos und Führungen: Heimat- und Verkehrsverein Sonsbeck e. V., ✆ 9170770.
- **Aussichtsturm Sonsbecker Schweiz**

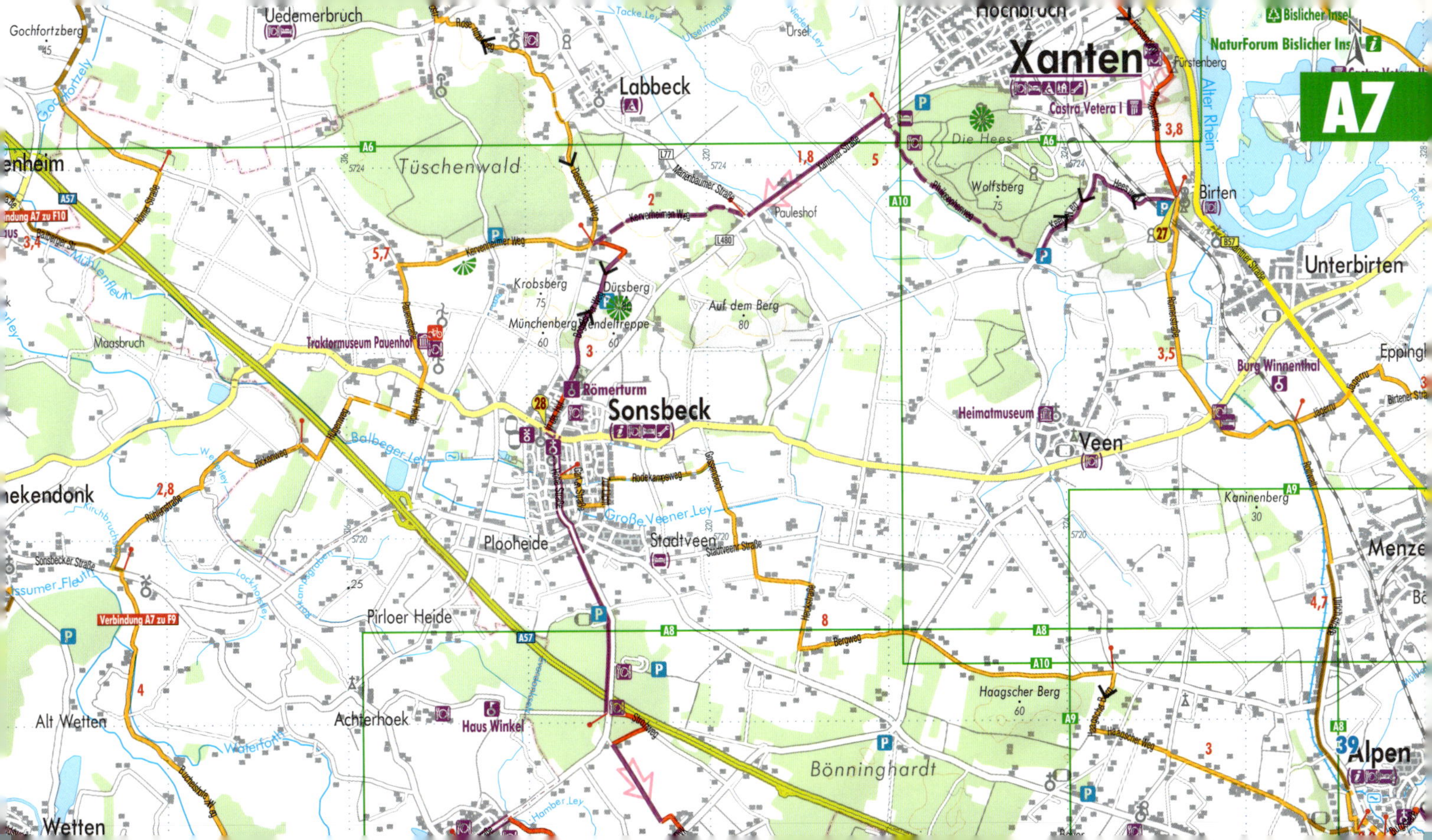

A7
Xanten
Castra Vetera I
Bislicher Insel
NaturForum Bislicher Insel
Hochbruch
Fürstenberg
Alter Rhein
Die Hees
Wolfsberg
75
Birten
27
Unterbirten
Burg Winnenthal
Heimatmuseum
Veen
Sonsbeck
Römerturm
28
Dürsberg
Krobsberg
75
Münchenberg
60
Auf dem Berg
80
Labbeck
Uedemerbruch
Ursel
Tüschenwald
Pauleshof
Gochfortzberg
45
Maasbruch
Traktormuseum Pauenhof
Kervenheimer Weg
Marienbaumer Straße
Xantener Straße
Balbeger Ley
Große Veener Ley
Rodekampsweg
Stadtveen
Stadtveener Straße
Plooheide
Pirloer Heide
Achterhoek
Haus Winkel
Alt Wetten
Wetten
Bönninghardt
Haagscher Berg
60
Haagscher Weg
Bergweg
Kaninenberg
30
Alpen
39
Menze
Eppingh
Verbindung A7 zu F10
Verbindung A7 zu F9
Sonsbecker Straße
Römerstraße
A57
B57
L77
L480
A6
A8
A9
A10
5,7
3,4
2,8
4
2
3
1,8
5
3,8
3,5
4,7
8
3

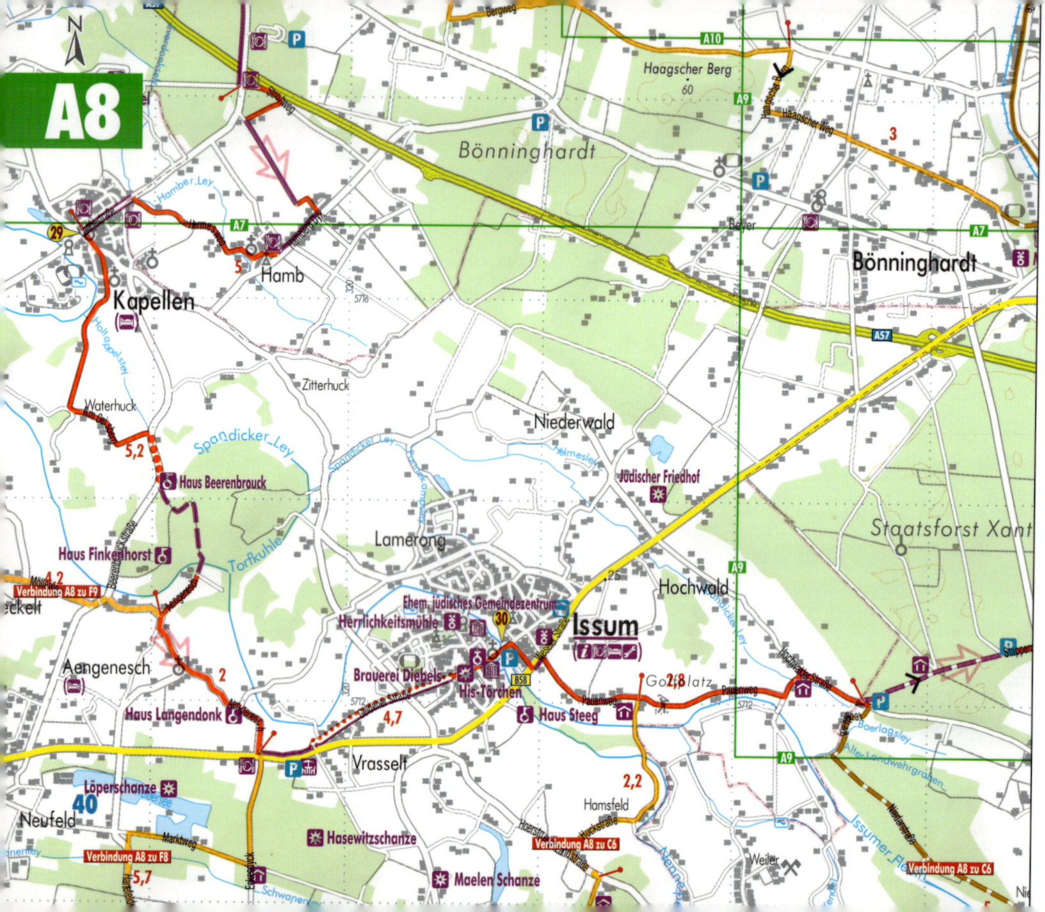

Von Sonsbeck nach Issum 17 km

29 Kapellen

30 Issum

PLZ: 47661; Vorwahl: 02835

- **Tourismusinformation im His-Törchen**, Herrlichkeit 7-9, ✆ 1024, www.issum.de
- **His-Törchen**, Herrlichkeit 7-9, ✆ 1024, ÖZ: Mo-Do 8.30-12.30 Uhr und 14-15.30 Uhr, Fr 8.30-12.30 Uhr, So 11-13 Uhr und 15-17 Uhr, Sonderausstellungen. Das Museum zeigt Ausstellungen zur Kunstgeschichte und Handwerksgeschichte der Region.
- **Ehem. Jüdisches Zentrum**, Kapellener Str. 30a, ✆ 1024, ÖZ: 1. So im Monat 14-17 Uhr, Führungen für Gruppen n. V. Zu sehen ist die Ausstellung „Jüdisches Leben am Niederrhein, die Gedächtnisstätte in der einstigen **Synagoge** sowie das alte Schulhaus mit einer Mikwe, einem Taufbad, im Kellergeschoss.
- **Naturkundliche Sammlung Niederrhein**, Oermterberg, ✆ 7666, ÖZ: ganzjährig, Di-Fr 10-16 Uhr, Sa, So 10-17 Uhr, Gruppenführungen, Aquarium. Die Ausstellung erläutert die Entstehung des Oermter Berges und die erdgeschichtliche Entwicklung der Gegend. Zudem werden die für die Landschaft typischen Kuhlengewässer als Relikt der Eiszeit dargestellt.
- **Haus Issum** (1338), eine Wasserburg, umgeben von einer spätbarocken Parkanlage

- **Herrenhäuser**: Haus Steeg (1660), Haus Haal (1784), Bosch-Huus (1735)
- **Herrlichkeitsmühle** (1784)
- **Dahlen-Mühle** (1868), OT Sevelen, denkmalgeschützte Turmwindmühle
- **Brauerei Diebels GmbH & Co.KG**, Brauerei-Diebels-Str. 1, ✆ 300, Besichtigung: Mo-Do 14 & 18 Uhr, Gruppen ab 10 Pers. DGG – Diebels Gastronomie
- **Volkspark Oermter Berg**, Tiergehege, Grillplätze. Vom Oermter Berg hat man einen schönen Ausblick über die Donkenlandschaft im Osten und ins Nierstal im Westen.
- Der **Jüdische Friedhof** (seit 1838) liegt etwa 2 km nordöstlich des Gemeindezentrums.
- **Spaßbad Hexenland Sevelen**, Scheepersdyck 1, OT Sevelen, ✆ 5800. Erlebnisorientiertes Spaßbad mit großem Matsch- und Sandspielplatz.
- **Fahrradhandlung Küsters**, Buchenstr. 34, ✆ 2641
- **Tourismusinformation im His-Törchen**, Herrlichkeit 7-9, ✆ 1024

In Issum kreuzen sich die baugeschichtlichen Jahrhunderte. Man stößt in dem kleinen Ort auf Herrenhäuser in Backsteinarchitektur, barocke Gartenanlagen, die gotische St. Nikolaus Pfarrkirche sowie eine von Schinkel 1838/39

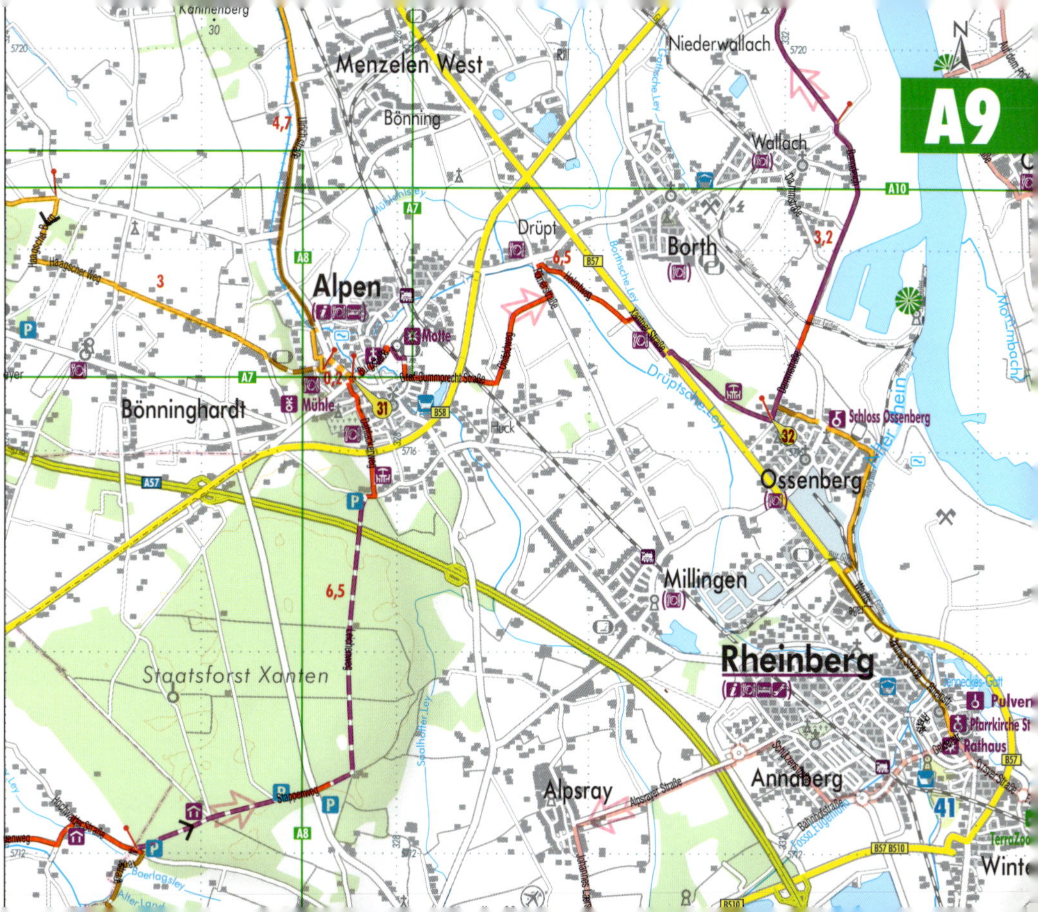

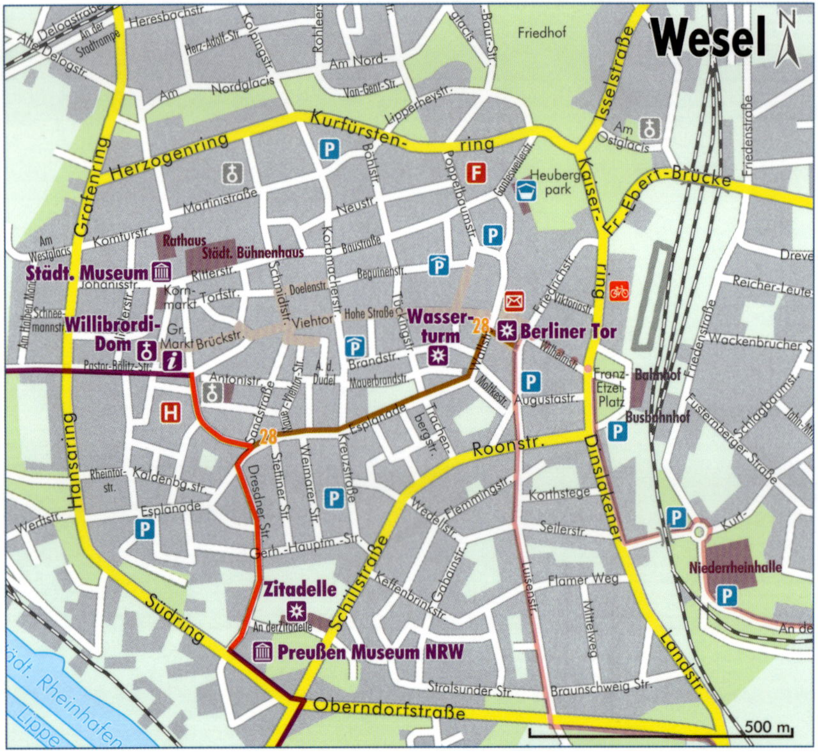

entworfene Kirche im Stadtzentrum, der man im 19. Jahrhundert das äußere Kleid niederländischer Renaissance anpasste.

Bemerkenswert sind darüber hinaus die Zeugnisse jüdischen Lebens am Niederrhein. Die zentralen Stätten der jüdischen Gemeinde in Issum haben den Nationalsozialismus unentdeckt überstanden und sind seit den 1980er Jahren kontinuierlich von der Gemeinde wiederhergestellt worden. So kann man z. B. ein in seinem ursprünglichen Zustand belassenes rituelles Taufbad, eine Mikwe, besichtigen. Die rituelle Reinigung in fließendem Wasser ist ein zentraler Bestandteil jüdischer Kultur. Sie symbolisiert z. B. die Heilung einer schweren Krankheit oder einen neuen Lebensabschnitt.

Für Altbierfans wiederum ist Issum Inbegriff ihres Lieblingsgetränks. Josef Diebels gründete 1878 seine Brauerei. Die Privatbrauerei behauptete sich über die Jahre gegen die große regionale Konkurrenz. Mit der Entscheidung sich auf die Herstellung von „Bier alter Art" – einem obergärigen Bier – zu konzentrieren, gelang es der Brauerei in den 1970er Jahren zum unangefochtenen Marktführer auf dem Altbiermarkt in Deutschland zu werden.

A10
Archäologischer Park Xanten
Dom St. Viktor
Kar-Fr bis Ende Sept.: Mi, Fr, Sa So 10-18 (Okt.: 19) Uhr
Verbindung A10 zu B1
Marwick
Leckerfeld
Karthäuser Grav-Insel
Rhein
Wesel
Wackenbruch
Berliner Tor
Willibrordi-Dom
Fürstenberg
Preußen-Museum
Altes Wasserwerk
Schilldenkmal
Hochbruch
Xanten
Fürstenberg
Bislicher Insel
NaturForum Bislicher Insel
Castra Vetera II
Castra Vetera I
Werrich
Perrich
Ginderich
Hist. Eisenbahnbrücke
Fort Blücher
Lippe
Lippedorf
Aaperh
Die Hees
Wolfsberg
Massmannswardt
Birten
Alter Rhein
Unterbirten
Gest
Winkeling
Büderich
Ölhafen
Emmelsum
Friedrichsfeld
Eppinghoven
Burg Winnenthal
Heimatmuseum
Veen
Menzelen-Ost
Kaninenberg
Menzelen West
Bönning
Niederwallach
Wallach
St. Peter
Spellen
Ork
Schanzenberg
Unteremmelsum
Stock

Von Issum nach Alpen 11,5 km

31 Alpen

PLZ: 46519; Vorwahl: 02802

- **Gemeinde Alpen**, Rathausstr. 3-5, ✆ 912125
- **Heimatmuseum Veen**, Kirchstr. 16, OT Veen, ✆ 4073, ÖZ: So 10.15-13 Uhr u. n. V. Heimatmuseum und volkskundliche Sammlung.
- **Evangelische Barockkirche Alpen**
- Sehenswert sind die **Mühlen** in den OTen Bönninghardt und Menzelen-Ost.

Die evangelische Barockkirche in Alpen erinnert mit ihrem Zwiebelturm eher an Kirchen in Süddeutschland als an die sonst üblichen niederrheinischen Kirchen. Sie wurde 1602 anlässlich des Todes der im gleichen Jahr verstorbenen Kurfürstin Amelie von der Pfalz anstelle der Nicolaikapelle errichtet. Im Inneren befindet sich das mit weißem und schwarzem Marmor versehene Grabmal der Kurfürstin, das von einem Löwen bewacht wird.

Von Alpen nach Wesel 16.5 km

32 Ossenberg

33 Büderich

34 Wesel

PLZ: 46483; Vorwahl: 0281

- **Verkehrsverein Wesel**, Großer Markt 11, ✆ 24498, www.wesel.de
- **Fahrgastschiff River Lady**, Rheinaue nahe Freibad, ✆ 82422.
- **Preußen Museum NRW - Wesel**, An der Zitadelle 14-20, ✆ 339960, ÖZ: Di-Do, Sa, So 11-17 Uhr. Eine Dauerausstellung und historische Exponate geben Auskunft zur Geschichte Brandenburg-Preußens und des Rheinlandes vom 17.-20. Jh.
- **Städtisches Museum der Stadt Wesel**, Am Kornmarkt, ✆ 2032350, ÖZ: Galerie: Di-Fr 10.30-18.30 Uhr, Sa 10.30-13 Uhr, So 11-17 Uhr, ÖZ-Kasematten: Mi, Fr 10-12 u. 14-16 Uhr, Sa 14-16 Uhr, So 10-12 Uhr, ÖZ Festungsabteilung: Di-Do 11-17 Uhr, Sa, So 11-17 Uhr. Das Museum ist in drei Abteilungen untergliedert. Die Galerie beherbergt u. a. Tafelmalereien Weseler und niederrheinischer Meister des Spätmittelalters. In der Festungsabteilung informiert eine Dauerausstellung über die Geschichte der Stadt als Festungsstadt vom Mittelalter bis zum Ende des 19. Jhs. Die Kasematten zeigen eine Dokumentation über die Hintergründe der Erschießung der elf preußischen Schilloffiziere.
- **Willibrordi-Dom**, fünfschiffige Sandsteinbasilika (1501-1540)
- **Zitadelle**, An der Zitadelle. Sie ist die größte erhaltene preußische Festungsanlage des Rheinlandes.
- **Altes Wasserwerk an der Lippe**, Fusternberger Str. 90, **Wasserturm**, Brandstr. 44, Besichtigung auf Anfrage bei den Weseler Stadwerken, ✆ 9660101. Das alte Wasserwerk gehört zu den schönsten mit Dampf betriebenen Anlagen Deutschlands.
- **Schilldenkmal** (1834) in den Lippewiesen
- **Berliner Tor** (1718-22)
- **Auesee**, Auedamm, ✆ 203320, ÖZ: März-Okt. Nahe des Rheins ist dieser See durch Auskiesung der Rheinaue entstanden.
- **Freibad**, Rheinaue

HeubergBad, am Heuberg, ☎ 15877, ÖZ: ganzjährig, Mo-Fr 6-8 Uhr, Di-Fr 10-22 Uhr, Sa, So 8-18 Uhr, Sauna, Wasserrutsche

Waldhotel Tannenhäuschen, Am Tannenhäuschen 7, ☎ 96690, Wellness-Landschaft

Spix e. V., Kaiserring 12-14, ☎ 31020

Schon die Karolinger entdeckten die günstige Lage Wesels an der Mündung der Lippe in den Rhein und gründeten dort einen Königshof. Wesel wuchs stetig und erhielt 1241 die Stadtrechte. 1407 wurde es Teil der Hanse, was der Stadt Reichtum und Wohlstand verschaffte und sie zu einer der bedeutendsten Handelsmetropolen im Westen machte. Im 16. Jahrhundert kamen dann zusätzliche gewerbliche Einflüsse nach Wesel, als wallonische und flandrische Tuchmacher vor den religiösen Verfolgungen in ihrer Heimat flüchteten und sich in Wesel niederließen. Die Willibrordi-Kirche wurde daraufhin aus einer katholischen Pfarrkirche zur Heimat der calvinistischen Gemeinde in Wesel. Die geografische Lage Wesels war allerdings nicht nur eine günstige Voraussetzung für den Ausbau eines florierenden Handelsnetzes und den städtischen Reichtum. Es bedeutete auch, dass die Stadt an einem strategisch sensiblen Punkt für militärische Auseinandersetzungen lag. Aus diesem Grunde wurde Wesel am Ende des 17. Jahrhunderts zur größten Festungs- und Garnisonsstadt Preußens am Rhein ausgebaut, in der mehrere Tausend Soldaten stationiert waren. 1892 wurden die Befestigungen weitestgehend wieder abgebaut, die Zitadelle wie der Torso des Berliner Tors sind die noch sichtbaren Reste der Garnisonsstadt. Ein weiteres Zeugnis dieser militärischen Vergangenheit ist das von Schinkel entworfene Schilldenkmal auf den Lippewiesen. Dort wurden 1809 elf Offiziere des Freikorps von Major Ferdinand von Schill standrechtlich erschossen, nachdem sie mit einem Aufstand gegen Napoleon gescheitert waren. In der Zitadelle erzählt das Schillmuseum vom Schicksal des Freikorps. Schließlich als trauriger Höhepunkt der militärischen Verwicklungen Wesels wurde die Stadt am Ende des Zweiten Weltkrieges fast vollständig zerstört. Mit viel Geduld und Mühe wurden viele Gebäude rekonstruiert, wie z. B. der Willibrordi-Dom, dessen Wiederaufbau erst 1994 abgeschlossen wurde.

Von Wesel nach Duisburg

176 km

Auf der zweiten Etappe geht es wieder Richtung Norden. Kleine Schlösser und alte Herrenhäuser und der Naturpark Hohe Mark liegen auf Ihrem Weg, der Sie zunächst zurück nach Wesel führt. Je weiter Sie nun am Rhein gen Süden radeln, desto spürbarer wird die Nähe zum Ruhrgebiet. Die Flusslandschaft wird von Raffinerien und Kraftwerken geprägt, und in Lohberg können Sie die Zeche und die Arbeitersiedlung besuchen. Endstation dieser Etappe ist Duisburg, wo Sie der größte Binnenhafen Europas und das neue kulturelle Leben der ehemaligen Speicherstadt erwarten.

Im Bereich der Städte, im Naturpark Hohe Mark und entlang der Rheindeiche fahren Sie auf Radwegen, ansonsten überwiegend auf ruhigen Nebenstraßen und Wirtschaftswegen. Verkehrsreiche Straßen und Steigungen gibt es nicht.

Von Wesel nach Bislich *11 km*

1 Wesel

2 Bislich

PLZ: 46487; Vorwahl: 02859

Personenfähre Keer Tröch II, Wesel-Bislich – Xanten-Beek, ✆ 02857/2725, Fährzeiten: Karfreitag-Okt., Mi, Fr-So/Fei 10-19 Uhr, Sonderfahrten auf Anfrage.

Heimatmuseum Bislich & Rhein-Deich-Museum, Dorfstr. 24, ✆ 1519, ÖZ: Ostern-Sept., So 10-16 Uhr, Okt.-Ostern, So 11-13 Uhr, Gruppen n. V. tägl. Das Museum gibt Einblicke in Dorfhandwerk, Hauswirtschaft und Volksfrömmigkeit sowie Deichbau, Fischerei und Schifffahrt.

Von Bislich nach Hamminkeln *12,5 km*

3 Diersfordt

PLZ: 46483; Vorwahl: 0281

Verkehrsverein Wesel, Großer Markt 11, ✆ 24498

Schloss Diersfordt. Inmitten eines schönen Landschaftsparkes am Diersfordter Wald liegt diese mittelalterliche Burg mit Rokokokapelle.

4 Hamminkeln

PLZ: 46499; Vorwahl: 02852

Stadtverwaltung Hamminkeln, Brüner Str. 9, ✆ 880, www.hamminkeln.de

Zweirad Becker, Ringenberger Str. 7, ✆ 72929

Zweirad Blessing, Loikumer Rott 28, ✆ 3633

Von Hamminkeln nach Brünen *18 km*

Ringenberg

PLZ: 46499; Vorwahl: 02852

Stadtverwaltung Hamminkeln, Brüner Str. 9, OT Hamminkeln, ✆ 880

Schloss Ringenberg, Schlossstr. 8, ✆ 909580 (Restaurant), Ausstellungen zur zeitgenössischen Kunst, Konzerte Alter Musik. In dem Schloss ist das Künstler- und Atelierzentrum der Derik-Baegert-Gesellschaft untergebracht, Infos unter ✆ 9229.

Schloss Diersfordt

5 Dingden

PLZ: 46499, Vorwahl: 02852

Stadtverwaltung Hamminkeln, Brüner Str. 9, OT Hamminkeln, ✆ 880

Heimathaus Dingden, Hohe Str. 1, ✆ 4316, ÖZ: n. V. Kultur- und Handwerksgeschichte, Geologische Funde und wechselnde Ausstellungen sind im Heimathaus zu sehen.

Zweiradhaus Feldmann, Weberstr. 45, ✆ 4457

Zweiradhaus Hemmelberg, Am Bahnhof, ✆ 3334

6 Brünen

PLZ: 46499; Vorwahl: 02856

Stadtverwaltung Hamminkeln, Brüner Str. 9, OT Hamminkeln, ✆ 02852/880

Dorfkirche. Im Innenraum befindet sich eine Bronzefigur von Otto Pankok, die den Toten des Zweiten Weltkrieges gewidmet ist.

Gaststätte Majert, Weseler Str. 88, ✆ 98215

Von Brünen nach Marienthal *7,5 km*

Voshövel

PLZ: 46514; Vorwahl: 02856/02853

Gemeinde Schermbeck, Weseler Str. 2, Schermbeck, ✆ 910-0

Landhotel Voshövel, Am Voshövel 1, ✆ 02856/91400. Auch E-Bike-Ladestation.

7 Marienthal

PLZ: 46499; Vorwahl: 02856

Stadtverwaltung Hamminkeln, Brüner Str. 9, OT Hamminkeln, ✆ 02852/880

Kloster Marienthal (1256), ältestes Augustiner-Eremitenkloster Deutschlands, heute Karmeliterkloster. In der Saalkirche kann man sakrale Kunst des rheinischen Expressionismus bewundern. Auch viele Grabmäler des Friedhofs sind künstlerisch gestaltet.

Kloster Marienthal

Marienthaler Gasthof, Pastor-Winkelmann-Str. 2, ✆ 90990

Romantik Hotel Haus Elmer, An der Klosterkirche, ✆ 9110

Von Marienthal nach Schermbeck 18 km

8 Nelskamp

9 Schermbeck

PLZ: 46514; Vorwahl: 02853

Gemeinde Schermbeck, Weseler Str. 2, ✆ 910-0, wwww.schermbeck.de

Heimatmuseum Schermbeck, Steintorstr. 17, ✆ 4709, ÖZ: So 10-13 Uhr, Besuch mit der Führung „Historischer Rundgang" kombinierbar. Ausstellungen zur Kultur- und Handwerksgeschichte von 1300 bis in die Gegenwart.

Obere Burgmühle (1640)

Von Schermbeck zum Schloss Gartrop 14 km

10 Gahlen

11 Gartrop-Bühl

PLZ: 46569; Vorwahl: 02858

Gemeindeverwaltung Hünxe, Dorstener Str. 24, ✆ 69-0

Schloss Gartrop und **kleines Sommerpalais**. Das Wasserschloss stammt aus dem 14. Jh. und wurde 1675 nach dem Vorbild des niederländischen Barock umgebaut. Die **Schlosskapelle** entspricht äußerlich dagegen eher einer portugiesischen Klosterkirche.

Die **Wassermühle** (14. Jh.) wurde bis zum Ausbruch des Zweiten Weltkrieges mit einem hölzernen Mahlwerk betrieben.

Vom Schloss Gartrop nach Lohberg 19 km

TIPP: Sie können die NiederRheinroute abkürzen, wenn Sie direkt über Hünxe nach Krudenburg weiterfahren.

12 Dinslaken

13 Dinslaken-Lohberg

PLZ: 46537; Vorwahl: 02064

DINAMIT GmbH, Friedrich-Ebert-Str. 44-46, ✆ 605304

Zechensiedlung Lohberg, Führungen veranstaltet das Forum Lohberg e. V., Johannespl. 4-6, ✆ 477882.

Die unter Denkmalschutz stehende Zechensiedlung Lohberg entstand um 1910. Die Anla-

Schloss Gartrop

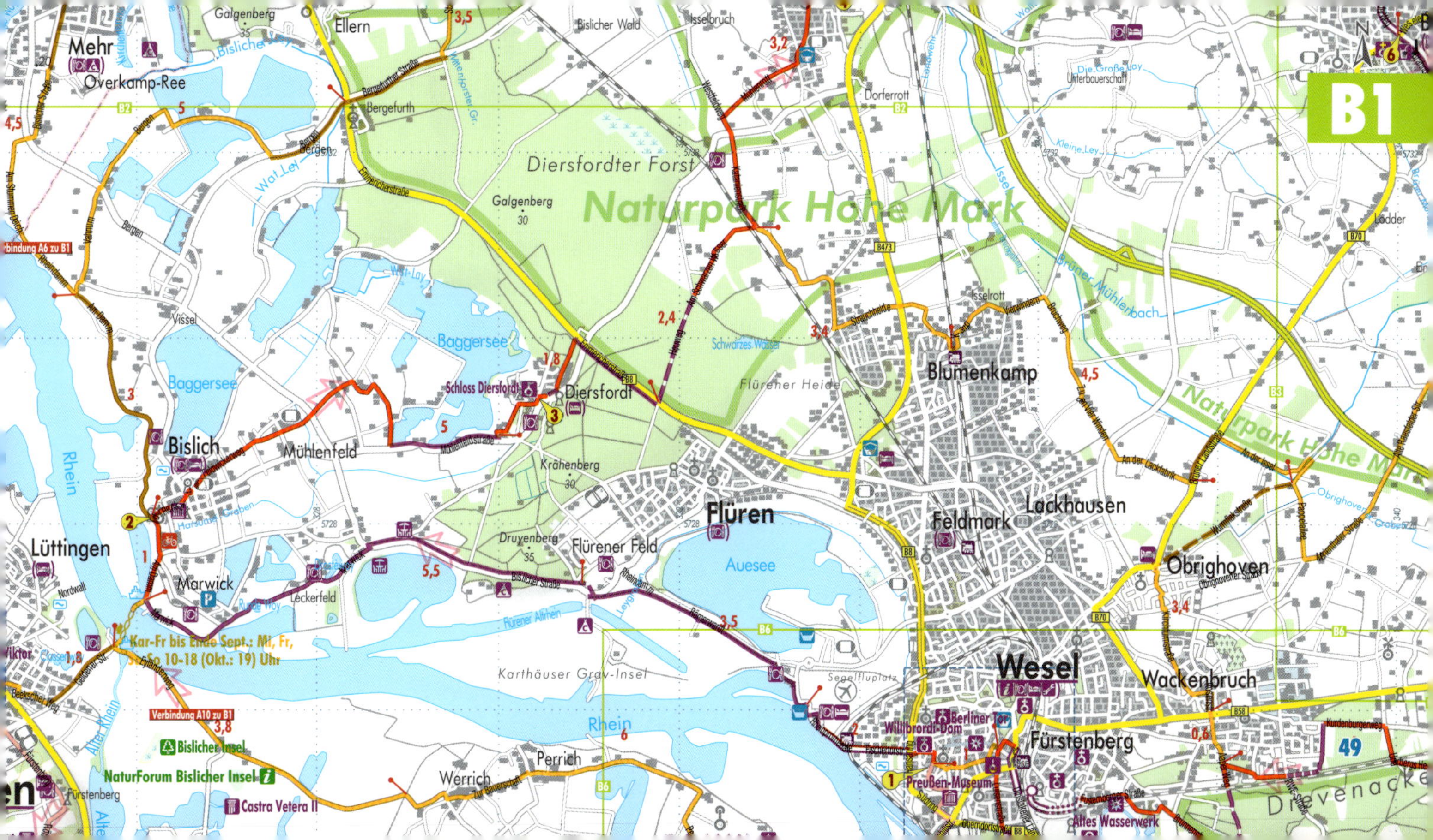
B1
Naturpark Hohe Mark
Diersfordter Forst
Mehr
Overkamp-Ree
Ellern
Galgenberg
Bislicher Wald
Isselbruch
Bergefurth
Bergen
Dorferrott
Unterbauerschaft
Lodder
Vissel
Baggersee
Bislich
Mühlenfeld
Schloss Diersfordt
Diersfordt
Krähenberg
Blumenkamp
Isselrott
Flürener Heide
Schwarzes Wasser
Lüttingen
Marwick
Leckerfeld
Druyenberg
Flürener Feld
Flüren
Auesee
Feldmark
Lackhausen
Obrighoven
Rhein
Flürener Altrhein
Karthäuser Grav-Insel
Segelflugplatz
Wesel
Wackenbruch
Berliner Tor
Willibrordi-Dom
Fürstenberg
Preußen-Museum
Altes Wasserwerk
Drevenack
Perrich
Werrich
Bislicher Insel
NaturForum Bislicher Insel
Castra Vetera II
Alter Rhein
Verbindung A6 zu B1
Verbindung A10 zu B1
Kar-Fr bis Ende Sept.: Mi, Fr, Sa, So 10-18 (Okt.: 19) Uhr
49

B2
Verbindung A3 zu B2
Verbindung A3 zu B2
Verbindung A4 zu B2
Wertherbruch
Werther Bruch
Schapdick
Helderloh
Haldern
Wittenhorst
Loikum
Dingden
Dingdener Höhen
Bungerner Heide
Töven
Loikumerrott
Mehrhoog
Schloss Bellinghoven
Hagener Meer
Biotop See
Hülshorst
Kesseldorf
Schloss Ringenberg
Ringenberg
Hamminkeln
Brüner Höhe
Galgenberg
Ellern
Bislicher Wald
Isselbruch
Mehr
Overkamp-Ree
Dorferrott
Die Große Lay
Unterbauerschaft
Bislicher Ley
A3
B8
B473
B1
B3
50

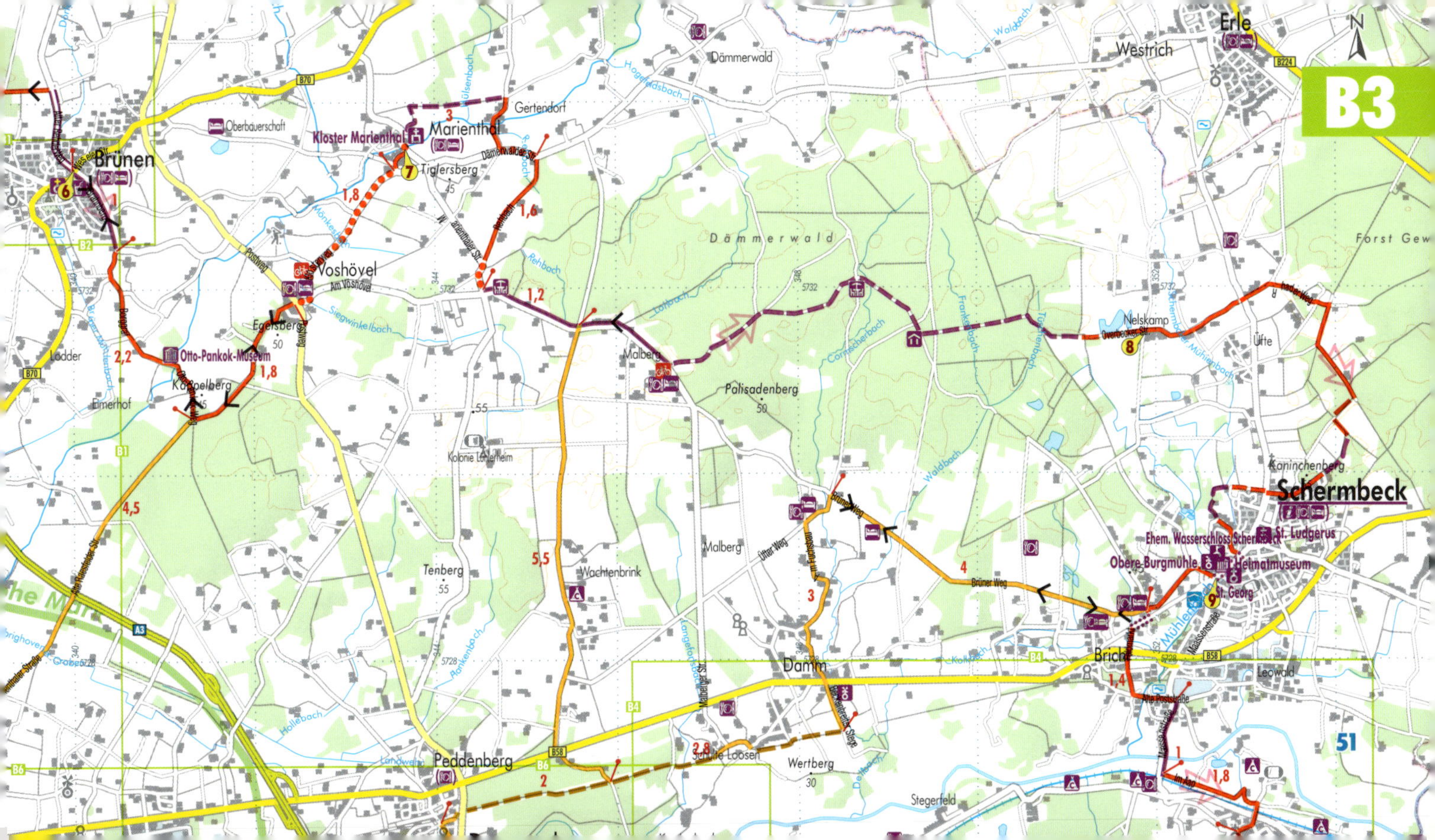

B3
Erle
Westrich
Dämmerwald
Gertendorf
Kloster Marienthal
Marienthal
Oberbauerschaft
Brünen
Tiglersberg
Voshövel
Am Voshövel
Egelsberg
Otto-Pankok-Museum
Kappelberg
Lodder
Eimerhof
Dämmerwald
Forst Gew
Malberg
Palisadenberg
Nelskamp
Overbecker Str.
Üfte
Kaninchenberg
Schermbeck
Ehem. Wasserschloss Schermbeck
St. Ludgerus
Obere Burgmühle
Heimatmuseum
St. Georg
Brüner Weg
Bricht
Leowald
Alte Poststraße
Kolonie Lüttenheim
Tenberg
Wachtenbrink
Malberg
Damm
Wertberg
Stegerfeld
Schulte Loosen
Peddenberg
Postweg
Siegwinkelbach
Mönkesbach
Rehbach
Lottbach
Cornscherbach
Frankenbach
Waldbach
Hogefeldsbach
Hollebach
Landwehr
Im Aap
Mühlenbach
Maassenstraße
Alte Rüsselder Str.
Brüner Str.
Dämmerwalder Str.
Marienthaler Str.
Ütter Weg
Im Fuchsbau
Malberger Str.
Langefortsbach
Deilbach
Rankenbach
B70
B224
B58
A3
B1
B2
B4
B6
51
1
1,2
1,4
1,6
1,8
2
2,2
2,8
3
4
4,5
5,5
6
7
8
9

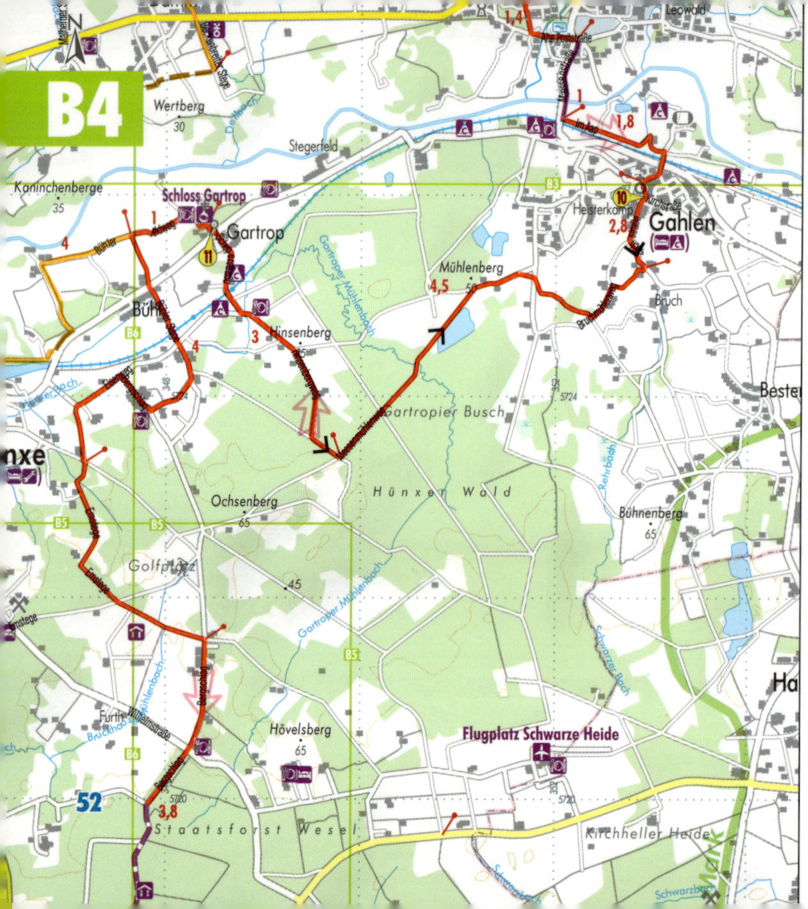

ge der Siedlung und die Gebäude zeigen deutlich die Einflüsse der englischen Gartenstadtbewegung. Die grüne und auf siebzig Hektar großzügig angelegte Siedlung hat vielfältige Häusertypen und schöne Innenhöfe zu bieten. Charakteristisch sind die geringe Anzahl von Straßen, die großen Gärten, die unterschiedlichen Gebäudeformen mit landhausartigen Elementen, differenzierten Eingangsbereichen und Giebeln.

Von Lohberg nach Hünxe 13,5 km

14 Hünxe

PLZ: 46569; Vorwahl: 02858

- **Gemeindeverwaltung**, Dorstener Str. 24, ✆ 69-0, www.huenxe.de
- **Heimatmuseum „Alte Bergschule"**, Friedrich-Endemann-Str. 4, ✆ 7372, ÖZ: ganzjährig, So 10.30-12.30 Uhr. Themen: Bäuerlicher Haushalt, Handwerk, außerdem Funde aus frühgeschichtlicher Zeit.
- **Otto-Pankok-Museum Haus Esselt**, Otto-Pankok-Weg 4, ✆ 02856/754, OT Drevenack, ÖZ: Fr-So 10-13 u. 15-19 Uhr. Das Museum widmet sich mit einer Ausstellung dem Leben und Werk des Malers und Bildhauers Otto Pankok.
- **Flugplatz Schwarze Heide**, Schwarze Heide 29, ✆ 390. Angebot von Rundflügen.
- **Gaststätte Alt Peddenberg**, Hünxer Str. 16, ✆ 325

Von Hünxe nach Wesel 14,5 km

Krudenburg

PLZ: 46569; Vorwahl: 02858

- **Gemeindeverwaltung Hünxe**, Dorstener Str. 24, ✆ 69-0
- **Historischer Ortskern** eines Treidelschifferdorfes

15 Wesel s. S. 44

Von Wesel nach Löhnen 13,5 km

16 Spellen

PLZ: 46562; Vorwahl: 02855

- **Stadtverwaltung Voerde**, Rathausplatz 20,

Krudenburg

OT Voerde, ✆ 80-300

Katholische Kirche St. Peter

Die Kirche gehört zu den ältesten Bauwerken in Spellen. Den Aufzeichnungen nach besaß das Kloster Echternach um 788/89 Besitzungen im „pagus Spelneriano, ubi Lippia coniungitur Reno" (im Bereich Spellen, wo Lippe und Rhein zusammenfließen). Die Tatsache, dass die Kirche dem Heiligen Peter geweiht ist, sowie Reste romanischer Baukunst an den Fundamenten des Westturmes deuten auf eine Kirchengründung im 9. Jahrhundert hin. Auf

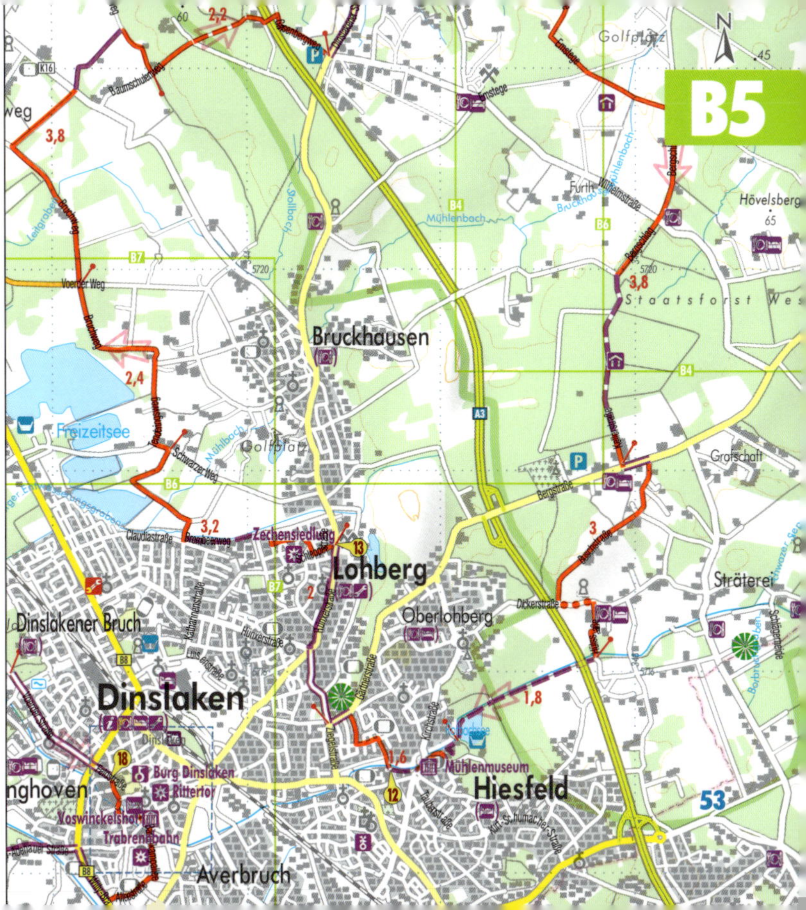

den Grundmauern wurde im 14. Jahrhundert ein gotischer Neubau errichtet, der im Kern bis heute erhalten ist. Im Laufe der Jahrhunderte wurde die Kirche mehrfach umgebaut und erweitert, durch Kriege und Brände zerstört. Seit dem Wiederaufbau zwischen 1948 und 1953 zeigt sich die Kirche heute als eine dreischiffige „Pseudobasilika" von hohem architektonischen Stellenwert. Die Ausstattung besteht aus der Kreuzigungsgruppe aus dem 17. Jahrhundert, zwei Holzskulpturen Petrus und Paulus aus dem 18. Jahrhundert sowie Teilen des neugotischen Hochaltars. Um den Taufstein, eine wiederverwendete Brunnenschale aus dem 17. Jahrhundert mit zwei Laubwerk- und zwei Löwenmasken, ranken sich verschiedene Anekdoten.

Wasserburg Voerde

Voerde

PLZ: 46562; Vorwahl: 02855

Stadtverwaltung, Rathauspl. 20, ✆ 80-300, www.voerde.de

Evangelische Kirche Voerde (1859). Der Kirchbau geht auf eine Kapelle aus dem Jahr 1704 zurück, die zusammen mit einer Predigerwohnung von Genoveva Maria von Syberg für die reformierte Gemeinde erbaut worden war. Nach dem Brand von 1854 entstand fünf Jahre später die heutige Saalkirche mit dreiseitigem Schluss und mit Türmchen für die Glocke. Der spitze Turmhelm bekam eine Blechverkleidung und als Wetterfahne das ursprüngliche Siegel der reformierten Gemeinde: eine Taube mit Ölblatt im Schnabel. Nach dem Wiederaufbau 1956/57 zeigt sich die Kirche im vereinfachten Erscheinungsbild.

Wasserschloss „Haus Voerde", Allee. Infos bei der Stadtverwaltung, Rathauspl. 20, ✆ 80-405. Das Wasserschloss, dessen Baubeginn vor 1200 als sicher gilt, ist Veranstaltungsort für Konzerte und Lesungen. Im ersten Stockwerk befindet sich das Standesamt der Stadtverwaltung.

Gut „Haus Ahr". Das herrschaftliche Gut wurde 1241 von den Rittern von der Ahr gegründet, die auch ein Burghaus bauen ließen. Im 19. Jh. erwarb die Familie Tendering das Gut und ließ ein neues Gutshaus unweit des Geländes des einstigen Burghauses errichten. Bekannt wurde das Gut durch die unglückliche Liebe des Schriftstellers Gottfried Keller zu der 24-jährigen Betty, der Tochter Karl Tenderings, die unerwidert blieb.

Haus Wohnung. Der seltsam klingende Name dieses mittelalterlichen Wasserschlösschens leitet sich von dem Namen des ersten Besitzers und Gerichtsherrn im Bezirk Götterswickerham, Arnd van der Wonyngen, ab. Umgeben ist das Wasserschloss von dem Rotbach, den Resten des einst umlaufenden Wassergrabens und von der Vorburg. Zur Vorburg gehört auch eine Mühle aus dem 18./19. Jh. mit historischer Mühleneinrichtung. Die Anlage befindet sich in Privatbesitz.

Das einstige **Rathaus** (Neoklassizismus) und das **Bürgermeisterhaus** (Historismus) wurden 1914 errichtet. In beiden Häusern ist heute ein Seniorenheim untergebracht.

Hermann-Breymann-Bad – Freibad Voerde, Allee, § 34 69, ÖZ: Mo-Fr 6.30-19 Uhr, Sa, So 8-19 Uhr.

Hallenbad Voerde, Am Hallenbad, Ortsteil Friedrichsfeld, § 65 60, ÖZ: Fr-Mi.

Zweirad Vorstius, Bahnhofstr. 67, ✆ 96762

B6
Wesel
Wackenbruch
Drevenack
Segelflugplatz
Willibrordi-Dom
Berliner Tor
Fürstenberg
Preußen-Museum
Altes Wasserwerk
Schilldenkmal
Drevenacker Dünen
Krudenburg
Haus Schwarzenstein
Hist. Eisenbahnbrücke
Fort Blücher
Aaperhöfe
Vinkel
Lippe
Lippeddorf
Welmen
Wesel-Datteln-Kanal
Bucholt
Hünxe
Heimatmuseum
Testerberge
Rhein
Ölhafen
Friedrichsfeld
Emmelsum
Büderich
Vinkeling
Waldheideweg
Holthausen
Unteremmelsum
St. Peter
Spellen
Stockum
Voerde
Bruckhausen
Ork
Wallach
Schanzenberg
Löhnen
Wasserschloss Haus Voerde
Freizeitsee
Golfplatz
Mühlenbach
55

Von Löhnen zur Fähre Duisburg-Walsum 15,5 km

17 Götterswickerham

PLZ: 46562; Vorwahl: 02855

Stadtverwaltung Voerde, Rathauspl. 20, ✆ 80-300

Evangelische Kirche (11./12. Jh.)

Die Kirche ist das Wahrzeichen von Götterswickerham und vom Rhein schon von weitem sichtbar. Die Kirche wurde während ihres Bestehens mehrfach umgebaut. Zuletzt im Stil des Klassizismus. An den Planungen und Detailentwürfen hierzu war Karl-Friedrich Schinkel, preußischer Oberlandesbaudirektor in Berlin und hochgerühmter Baumeister des Klassizismus, persönlich beteiligt. Interessant ist auch die Innenausstattung der Kirche: der aus Bentheimer Sandstein gehauene Taufstein und die historische Orgel. Die Orgel wurde 1933 von der Schwelmer Firma Faust gebaut, ist die einzige spätromantische Orgel am Niederrhein.

18 Dinslaken

PLZ: 46535; Vorwahl: 02064

DINAMIT GmbH, Friedrich-Ebert-Str. 44-46, ✆ 605304, www.dinslaken.de, www.din-amit.de

Museum Voswinckelshof, Elmar-Sierp-Pl. 6, ✆ 2449, ÖZ: Di-So 14-18 Uhr. Das stadthistorische Museum, beheimatet in einem ehemaligen Adelssitz am Rande der Altstadt, informiert über die Stadtentwicklung, die Entwicklung der Wohnkultur, der Industrialisierung und des Bergbaus.

Mühlenmuseum Dinslaken, Am Freibad 3, ✆ 94188, ÖZ: ganzjährig, So 10.30-12.30 Uhr. Das Museum in der Wassermühle aus dem 16. Jh. zeigt rund 60 Mühlenmodelle aus aller Welt und erläutert die Energiegewinnung aus Wind- und Wasserkraft.

Burghofbühne Dinslaken, Landestheater im Kreis Wesel, Luisenstr. 173, 46537 Dinslaken, ✆ 41100. Die Burghofbühne bietet einen breit gefächerten Spielplan für Jung und Alt. Das Ensemble bespielt schwerpunktmäßig die Dinslakener Spielstätten, unter anderem in den Sommermonaten das Dinslakener Burgtheater im Schatten der historischen Burg.

Stadt- und Museumsführungen veranstaltet die DINAMIT GmbH (s. o.)

Trabrennbahn, Bärenkampallee 25, ✆ 4180. Einzige Halbmeilenbahn Deutschlands. Gruppen können Führungen durch die Stallungen und das Gelände anmelden. Renntage: Mo ab 18 Uhr, in den Wintermonaten Sa ab 14.30 Uhr.

Freizeitbad Am Volkspark, Am Stadtbad 7-9, ✆ 30922.

Der Fahrradladen, Duisburger Str. 54, ✆ 2793

In Dinslaken wird die Nähe zum Ruhrgebiet zum ersten Mal auf der NiederRheinroute richtig deutlich. Das Ruhrgebiet ist zwischen Rhein, Ruhr und Lippe immer noch das bedeutendste industrielle Ballungsgebiet Westeuropas. Am Niederrhein – besonders im Raum Dinslaken und Moers befanden sich wesentliche Teile der Kohlevorkommen, die zusammen mit der Stahlindustrie zu den Hauptmerkmalen des Ruhrgebiets zählen. In noch geringen Mengen wurde seit dem Mittelalter – in Tagebauweise – Kohle abgebaut. Die Industrialisierung beschleunigte die Entwicklung neuer Abbautechniken, jetzt auch unter Tagem, erheblich, so dass die Kohlezechen zum Hauptwirtschaftszweig und Arbeitgeber dieser Region wurden. Auch nach der Schließung des Lohberger Bergwerks Anfang 2006 stößt man noch heute an verschiedenen Orten auf die Bergbauvergangenheit am Niederrhein und in Dinslaken.

Blick auf den Rhein bei Ruhrort

Ehemalige Arbeitersiedlungen, Industriedenkmäler und -museen zeugen von einer zwar „schwarzen" aber sehr erfolgreichen Geschichte.

Von der Fähre Duisburg-Walsum nach Duisburg Innenstadt 19 km

19 Alt-Walsum
20 Fahrn
21 Beeckerwerth
22 Duisburg-Ruhrort

PLZ: 47119; Vorwahl: 0203

Museum der Deutschen Binnenschifffahrt, Apostelstr. 84, ✆ 808890, ÖZ: Di-So 10-17 Uhr, Museumsschiffe: April-Okt., Di-So 10-17 Uhr, Führungen So 14 u. 15 Uhr. Das Museum im ehemaligen Jugendstil-Hallenbad zeigt die größte und umfangreichste Dauerausstellung zur Geschichte der Binnenschifffahrt vom Einbaum bis zum Schubverband. Die Modelle sind im Maßstab 1:100 erbaut. Ergänzt wird die Ausstellung durch ein Museumsschiff, das auf der Ruhr liegt.

Haniel Museum, Franz-Haniel-Pl. 3, ✆ 806418, ÖZ: n. V. In dem alten Packhaus (1756) ist heute das Firmenmuseum untergebracht. Die Familie Haniel gehörte zu den führenden Bergbauunternehmen mit Zechen u. a. in Essen, Oberhausen und Duisburg.

23 Duisburg

PLZ: 47051 Vorwahl: 0203

Ruhr Visitor Center, Königstr. 39, ✆ 285440, www.duisburgnonstop.de

DHG Weisse Flotte, ✆ 7139667, Hafenrundfahrten: März-Okt., tägl. 11, 13 u. 15 Uhr, April, Okt., Mo-Fr 13 u. 15 Uhr ab Schwanentor. Mit den Schiffen der Weißen Flotte durch den größten Binnenhafen Europas.

Atlas Schifffahrt & Verlag GmbH, Alte Duisburger Str. 12a, ✆ 873054, Schiffssaison: April-Okt. Tagesfahrten zum Baldeneysee, nach Dorsten, Kettwig, Xanten, Henrichenburg, Hafenrundfahrten, Abendfahrten mit Grühkohlessen und Martinsgans-essen.

Kultur- und Stadthistorisches Museum, Johannes-Corputius-Pl. 1, ✆ 2832640, ÖZ: Di-Do, Sa 10-17 Uhr, Fr 10-14 Uhr, So 10-18 Uhr, Führungen unter ✆ 2832532. Ausstellungen zur Stadtgeschichte, Sammlung Köhler-Osbar, Mercator-Schatzkammer, Sonderausstellungen.

Museum Stadt Königsberg, Karmelpl. 5, ✆ 2832151, ÖZ: Di-Do, Sa 10-17 Uhr, Fr 10-14 Uhr, So 10-18 Uhr. Sammlung zur Geschichte Königsbergs.

Wilhelm Lehmbruck Museum, Friedrich-Wilhelm-Str. 40, ✆ 2832630, ÖZ: Di-Sa 11-17 Uhr, So 10-18 Uhr. Das Museum zeigt eine einzigartige Sammlung internationaler Skulpturen des 20. Jhs.

Museum Küppersmühle, Philosophenweg 55, ✆ 30194811, OT Innenhafen, ÖZ: Mi-So 11-18 Uhr, Führungen auf Anfrage. Die Sammlung Grothe, die bedeutendste Kunstsammlung deutscher Nachkriegskunst, befindet sich in dem ehemaligen Getreidespeicher der Küppersmühle.

Lehrerhaus Friemersheim, Friemersheimer Str. 21, ✆ 02065/40580, OT Rheinhausen, ÖZ: Sa, So 14-18 Uhr. Heimatkundliches Museum.

Salvatorkirche, Alter Markt. Die dreischiffige Tuffsteinbasilika stammt aus der ersten Hälfte des 15. Jhs. Während des Zweiten Weltkriegs blieben nur die Außenmauern stehen. Die Kirche konnte aber wieder hergestellt werden. Der Gedenkstein über dem Grab von Gerhardus

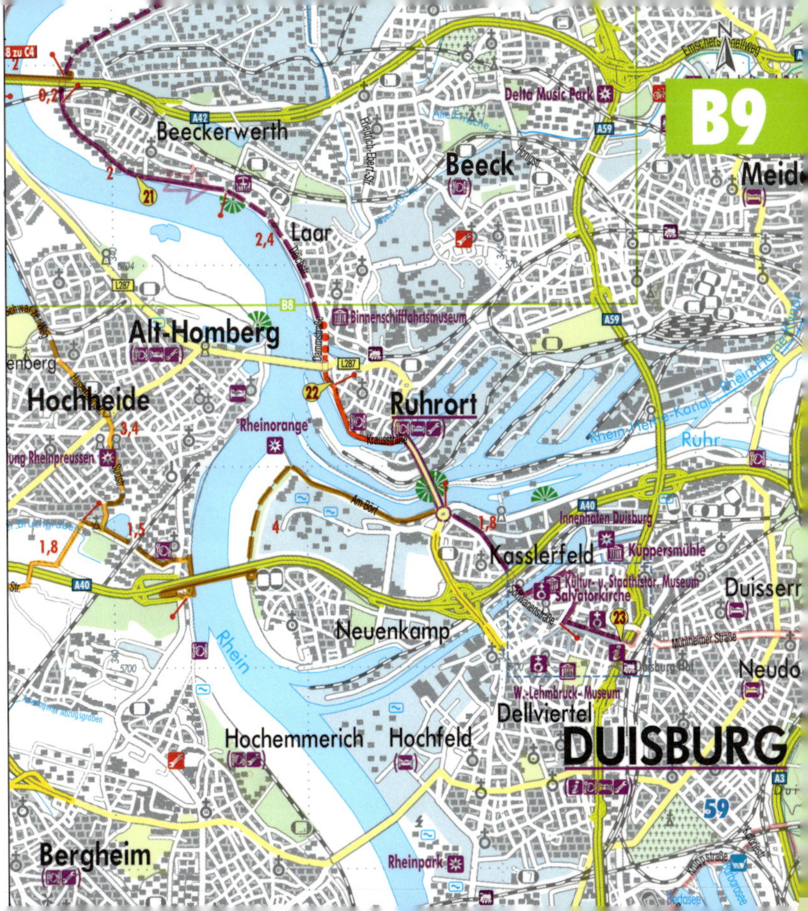

Mercator erinnert an den 1594 verstorbenen Begründer der modernen Kartografie.

- **Dickelsbachsiedlung**, OT Wanheimerort, entlang der A 59. Die Siedlung entstand in den 20er Jahren des 20. Jhs. und ist ein Beispiel für den deutschen Sozialwohnungsbau. Hier sind 400 Einfamilien-Reihenhäuser zu sehen, die funktional und architektonisch durchdacht sind.
- **Landschaftspark Duisburg-Nord**, Emscher Str. 71, ✆ 4291942. Der Landschaftspark ist der westliche Ankerpunkt der „Route der Industriekultur". Der Park zeigt, dass auch die Industrie ihre spezielle Kulturlandschaft hervorgebracht hat. Entgegen jedem Vorurteil, das Ruhrgebiet sei grau und stinke zum Himmel, kann man hier Pflanzen entdecken, deren Samen mit den Erzen, sozusagen als blinde Passagiere, aus fernen Ländern nach Duisburg kamen und hier neue Blüten treiben. Zwischen Schachtanlagen, Kokereien und Gießereien hat sich eine industrie-typische Pflanzenwelt entwickelt.
- **Zoo Duisburg**, Mülheimer Str. 273, ✆ 305590, ÖZ: Sommer, tägl. 8.30-17.30 Uhr, Winter, tägl. 8.30-16 Uhr, Führungen, Nachtführungen. Der Zoo besitzt Europas größtes Delphinarium und eine für Europa seltene Koala-Nachzuchtstation.
- **Freibad Wolfsee**, Kalkweg 262, ✆ 720405. Naturfreibad mit Spiel und Liegewiese.
- **Niederrheintherme im Revierpark Mattlerbusch**, Wehofer Str. 42, ✆ 995840, ÖZ: ganzjährig, tägl. 8.30-23 Uhr. Solebäder 30-36° C, Saunalandschaft mit Biosauna.
- **Landschaftspark Duisburg-Nord**, Emscher Str. 71, ✆ 420640.

Duisburg ist bekannt für seinen Binnenhafen, den größten in Europa, doch auch als Zentrum der europäischen Stahlindustrie.

Zu Duisburg fallen einem als erstes wahrscheinlich die Begriffe Hafen und Kohle ein. Schon im Jahr 1392 wurde ein Hafen auf der Insel Ruhrort, im Mündungsdelta der Ruhr, erwähnt. Diese Anlagen wurden bis zum Anfang des 18. Jahrhunderts stetig erweitert, doch erst mit der Schiffbarmachung der Ruhr 1780 wuchs der Hafen zum wichtigen Güterumschlagplatz. Die einsetzende Industrialisierung und der Ausbau der städtischen Kanäle machten Duisburg schließlich zum größten Binnenhafen der Welt.

Derzeit werden in allen Duisburger Häfen annähernd so viel Güter umgeladen wie in Hamburg. Die traditionsreiche Hafenstadt am Ruhrort lädt trotzdem zum Spaziergang entlang der Promenade ein. Dort lässt sich am besten die besondere Atmosphäre eines „in die Jahre gekommenen" Industriehafens spüren. In der Hafenausfahrt liegt das Museumsschiff „Oscar Huber" aus dem Jahre 1922. Und nicht

viel weiter ist über ein paar Seitengassen das Museum der Deutschen Binnenschifffahrt zu erreichen.
Heute ist die Stadt neben ihrer wirtschaftlichen Funktion in der Region auch wieder ein geistig-kulturelles Zentrum am Niederrhein. Das war sie bereits einmal vom 16. bis zum frühen 19. Jahrhundert: In Duisburg wirkte u. a. der Begründer der modernen Kartographie, Gerhard Mercator, und schuf ein umfangreiches Kartenwerk, das den geographischen und topographischen Wissensstand aus den Entdeckungsreisen des 16. Jahrhunderts wiedergibt. Für Mercators Wirken kam die 1655 gegründete reformierte Universität leider zu spät, er verstarb bereits 60 Jahre zuvor. Dafür ist dann die 1972 neugegründete Universität 1994 nach ihm benannt worden. Sie hat die Tradition geistigen Schaffens erfolgreich nach Duisburg zurückgeholt. Die Stadt gehört heute zu den jungen, doch bereits renommierten Universitätsstädten Deutschlands.

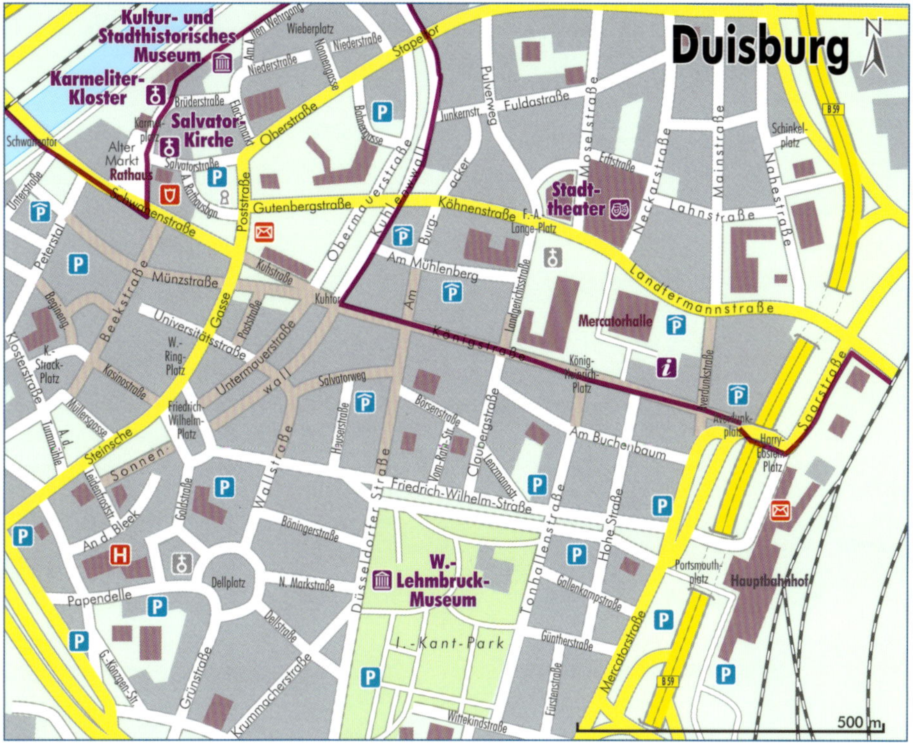

Von Duisburg nach Neuss

245,5 km

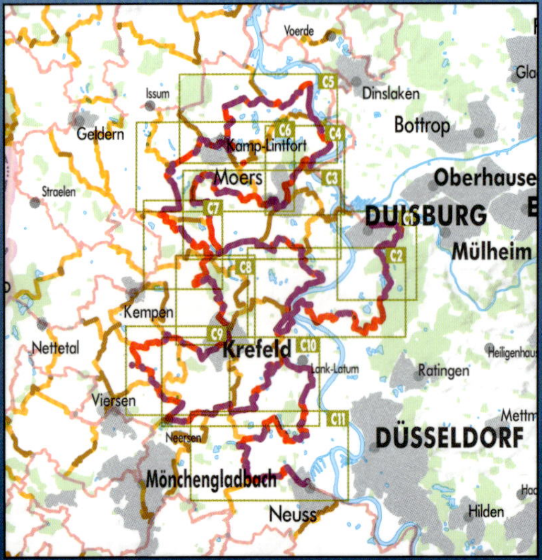

Die dritte Etappe führt Sie von Duisburg zurück über den Rhein und in weiten Schleifen an den linken Niederrhein. Viele Kleinode hat auch diese Etappe zu bieten: Burg Linn, das Moerser Schloss und Kloster Kamp, das zu Recht wegen seiner wunderschönen Gärten auch das Sanssouci des Niederrheins genannt wird. In der Samt- und Seidenstadt Krefeld beginnt der so genannte alte Textilgürtel des Niederrheins. Das Webergewerbe brachte im 17. Jahrhundert einigen Wohlstand in die Stadt, von dem auch heute noch das Stadtbild zeugt. Die Route führt Sie zurück zum Rhein über Meerbusch bis in die Stadt Neuss, am anderen Rheinufer liegt die Landeshauptstadt Düsseldorf.

Wie schon bei der zweiten Etappe befinden sich die meisten Radwege in innerstädtischen Lagen, auf den Deichen und straßenbegleitend entlang der Bundesstraßen. Hauptsächlich fahren Sie aber auf Nebenstraßen, die im Vergleich zur ersten Etappe etwas stärker befahren sind. Es gibt keine Steigungen.

Von Duisburg nach Burg Linn 40 km

1 Duisburg
2 Rahm
3 Mündelheim
4 Krefeld-Linn

PLZ: 47809; Vorwahl: 02151

Tourist-Information, City-Center/Schwanenmarkt, OT Krefeld, ✆ 861515, www.krefeld.de

Niederrheinmuseum Burg Linn, Rheinbabenstr. 85, ✆ 570036, ÖZ: April-Okt., Di-So 10-18 Uhr, Nov.-März, Di-So 11-17 Uhr. Auf der Wasserburg Linn, einer ehemals kurkölnischen Landesburg, ist eine Sammlung historischer mechanischer Musikinstrumente zu sehen. Hier ist auch das Niederrheinmuseum mit Grabungsfunden aus dem röm.-fränk. Gräberfeld in Krefeld-Gellep untergebracht.

Burg Linn

Deutsches Textilmuseum, Andreasmarkt 8, ✆ 9469450, ÖZ während der Ausstellungen: April-Okt., Di-So 10-18 Uhr, Nov.-März, Di-So 11-17 Uhr. Die Sammlung umfasst etwa 26.000 Textilien und Kostüme aus fast allen Regionen der Welt. Sie ist damit die größte ihrer Art in Deutschland. Hervorzuheben sind die ägyptischen Schlitzwebereien (5.-6.Jh.) und die Jugendstilabteilung.

Burg Linn (12.Jh.). Die bedeutende niederrheinische Wasserburg und kurkölnische Landesburg war ursprünglich Lehensburg der Grafen von Kleve. Nach der Zerstörung im Spanischen Erbfolgekrieg wurde die Burg aufgegeben, in der Vorburg ein Jagdschloss errichtet.

Mittlerweile ist die Burg wieder hergerichtet und beherbergt das Niederrheinmuseum.

- Der **Ortskern** wird geprägt von historischen Fassaden, engen Gassen, dem Marktplatz und der Kirche. Die Burg bildet zusammen mit der Stadtmauer und dem Stadtgraben ein spätmittelalterliches Ensemble.
- **Burgpark Linn und Greiffenhorstpark**. Beide Parkanalgen wurden von dem Gartenkünstler M. F. Weyhe entworfen. Der alte Baumbestand, Wassergräben und Teiche prägen das Bild der Landschaftsparks.

Von Burg Linn nach Neukirchen-Vluyn 29,5 km

5 Krefeld-Uerdingen

PLZ: 47829; Vorwahl: 02151

- **Tourist-Information**, City-Center/Schwanenmarkt, OT Krefeld, ✆ 861515
- **Weinbrennerei Dujardin**, Hohenbudbergerstr. 10, ✆ 483233, ÖZ: Sa, So 10-16 Uhr. Die größte bestehende Weinbrennerei Deutschlands bietet Rundgänge durch die historischen Produktionsanlagen mit anschließender Weinbrandverkostung an. Mit Biergarten im Innenhof.
- **Herberzhäuser**. Die drei Häuser an der Westfront des Uerdinger Marktes wurden von dem Kaufmann Balthasar Herberz für sich und seine Brüder erbaut.

6 Friemersheim
7 Bergheim
8 Kapellen
9 Neukirchen-Vluyn, OT Vluyn

PLZ: 47506; Vorwahl: 02845

- **Stadtverwaltung**, Hans-Böckler-Str. 26, ✆ 391-230
- **Museum Neukirchen-Vluyn**, Von der Leyen-Pl. 2, ✆ 20657, ÖZ: Mi, Sa 15-18 Uhr, So 11-13 Uhr und 15-17 Uhr. Museum zum Thema regionale Lebens- und Arbeitswelt des 19./20. Jhs. anhand einer Dorfschule, einer Drogerie, dem Bergbau, Textilindustrie und Handel.
- **Uhrenmuseum**, Pastoratsstr. 2-4, ✆ 2235, ÖZ: auf Anfrage. Zu sehen ist eine Sammlung zur Geschichte des Uhrmacherhandwerks und zur Uhr.
- **Freizeitbad**, Terstegenstr. 91, ✆ 31031, ÖZ: Mo-So, Sauna, Sonnenwiese, im Sommer schattiges Freigelände.
- **Landhaus Vluyner Stuben**, Vluyner Südring 73, ✆ 91710

Schloss Moers

10 Rayen
11 Neukirchen

Von Neukirchen-Vluyn nach Moers 17,5 km

12 Moers

PLZ: 47441; Vorwahl: 02841

- **Stadtinformation**, Homberger Str. 4, ✆ 882260, www.moers.de
- **Grafschafter Museum im Moerser Schloss**, Kastell 9, ✆ 2010 od. 28094, ÖZ: ganzjährig, Di-Fr 9-18 Uhr, Sa, So 11-18 Uhr, Gruppenführungen auf Anfrage. Das Museum gibt Informationen über die Kulturgeschichte und Volkskunst der Moerser Region.
- **Galerie Peschkenhaus**, Meerstr. 1, ✆ 9985354, ÖZ: Fr 16-19 Uhr, Sa, So/Fei 11-17 Uhr und nach telefon. Absprache unter ✆ 9792800. Wissenswertes über die rheinländische Kunst des 20. Jhs.
- Das **Moerser Schloss** in der Innenstadt ist seit 1905 in städt. Besitz. Die ringförmige Burganlage stammt aus dem 13./15. Jh. Bis ins 16. Jh. war die Rundburg Sitz der Grafen von Moers. Der Textilfabrikanten Friedrich

C2
Rheinhausen
Wanheimerort
Rumeln
Toeppersee
Vennikel
Kaldenhausen
Friemersheim
Bliersheim
Kultushafen
Wedau
Bissingheim
Traar
Elfrath
Elfrather See
Eisenbahnsiedlung
Die Roos
Hohenbudberg
Wanheim-Angerhausen
Buchholz
H.-Hildebrand-Höhe
Angerpark
Hüttenheim
Huckingen
Großenbaum
Wambachsee
Böllertsee
Wolfssee
Wildförstersee
Haubachsee
Masurensee
DU-Buchholz
DU-Entenfang
Uerdingen
Weinbrennerei Dujardin
Berge
Mündelheim
Serm
Ungelsheim
Rahm
Roumer See
Linn
Greiffenhorstpark
Niederrhein. Landschaftsmuseum
Textilmuseum
Burg Linn
Gellep-Stratum
Bockum
Schloss Heltorf
Angermund
Holzenbe
Baggersee Lauerstorf
Krefelder Straße
Am Hasselberg
Kalkweg
Regattabahn
A57
A59
A3
A524
B288
B509
B8
3,8
3,5
3,2
2,2
2,8
4,5
4
5
6
3
2

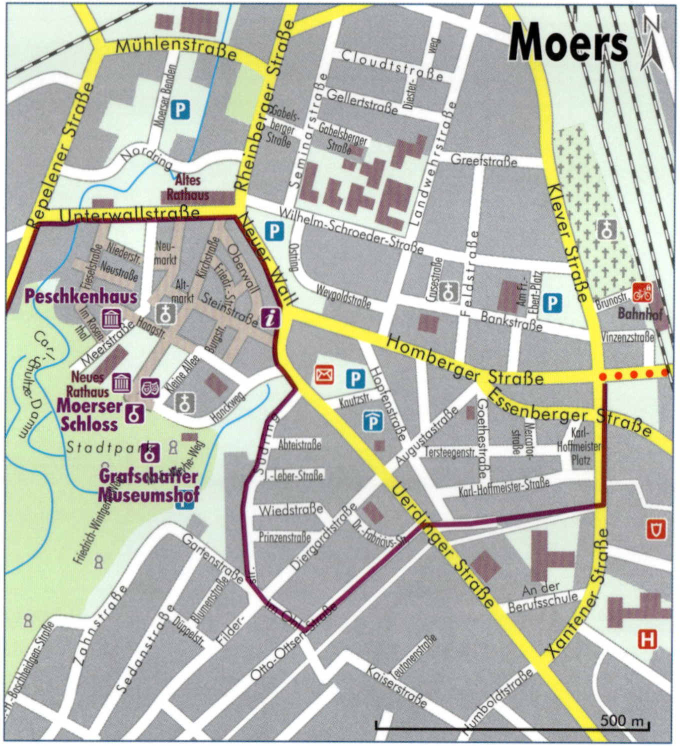

Wintgens, der das Schloss 1805 erwarb, ließ das Hofgebäude des Ostteil abreißen und das Gelände 1836 in einen Schlosspark umgestalten. Die Pläne zu dem Landschaftsgarten mit dem exotischen Baumbestand stammen von Maximillian Weyhe.

Schloss Lauersfort, OT Holderberg

Halde Rheinpreussen mit **Geleucht**, fast schon dem neuen Wahrzeichen der Stadt. Die überdimensionale Grubenlampe lockt nicht nur Tausende von Besuchern an, sondern entwickelt sich auch zu einem beliebten Veranstaltungsort.

Peschkenhaus, Meerstr. 1. Das Peschkenhaus ist das älteste Bürgerhaus der Stadt. Es wurde Ende des 15. Jhs. erbaut. Im 18. Jh. folgte ein Umbau in ein kleines Stadtpalais und eine Umgestaltung im Stil des Klassizismus um 1800.

Kreisständehaus, Kastell 5. Das Gebäude wurde 1898 im Stil der deutschen Renaissance erbaut.

Martinstift und Averdunkshof, Filder Str. 126. Die beiden spätklassizistischen Häuser wurden um 1840 von Seminardirektor Franz Ludwig Zahn auf seinem Gut Fild, Averdunkshof, für die Filder Erziehungsanstalt errichtet. Der später entstandene Mittelbau ist heute mit diesen Gebäuden Sitz der Moerser Musikschule (Kammermusiksaal). Das Wohnhaus des im 18. Jh. erbauten Gutshofs wurde um 1840 ebenfalls klassizistisch umgestaltet.

Geleucht Halde Rheinpreussen

C3
Moers
Neukirchen
Vluyn
Kapellen
Schwafheim
Bergheim
Alt-Homberg
Hochheide
Meerbeck
Hochstrass
Asberg
Hülsdonk
Utfort
Meerfeld
Sandfort
Rayen
Rayener Berg
Gülixberg
Boschheide
Hochkamer
Mühlenfeld
Dong
Tönisberg
Haus Baaken
Haus Erprath
Achterberg
Niep
Neufeld
Süsselheide
Stockrahmsfeld
Hülshorst
Bettenkamp
Holderberg
Scherpenberg
Schloss Bloemersheim
Schloss Leyenburg
Uhrenmuseum
Peschkenhaus
Moerser Schloss
Freizeitpark
Zechensiedlung Meerbeck
Siedlung Rheinpreussen
Geleucht
Schloss Lauersfort
Toeppersee
Lohmannsheide
Beeckerwerth
Rhein
A40
A57
A42

Zechen- und Arbeitersiedlung Moers-Meerbeck/Hochstraß. Die Siedlung ist Moers erste und größte Zechen- und Arbeitersiedlung mit Gartenstadtcharakter. Sie bietet rund 10.000 Menschen Wohnraum. Die Siedlung wurde zwischen 1904 und 1914 erbaut und 1981-96 aufwändig saniert.

Peterhof, nahe Schloss Lauersfort, OT Holderberg

Linde, An der Linde 2, OT Repelen. Das Gebäude, seit 1871 Gaststätte, beherbergt heute ein Hotel und ein Restaurant. Um 1900 war die Linde Zentrum des damaligen Badeortes Repelen, wo der „Lehmpastor" Emanuel Felke tätig war. Rund um die Linde gibt es noch weitere interessante alte Häuser.

Schlosstheater, Kastell 6, ✆ 201-731. Das Schlosstheater führt an verschiedenen Orten des Schlosses und in der Stadt auf.

Landschaftsparkt NiederRhein, Stadt Moers, Meerstr. 2, ✆ 201-217. Die Städte Kamp-Lintfort, Moers, Neukirchen-Vluyn und Rheinberg haben sich zusammengeschlossen, um die ökologische Qualität des Raumes aufzuwerten, neue Bereiche für Freizeit, Erholung und Tourismus zu schaffen und das Kunst- und Kulturangebot auszuweiten.

Förderturm, Moers

Freizeitpark Moers in der Innenstadt nahe dem Schlosspark. Der Freizeitpark bietet vielfältige Freizeitmöglichkeiten, z. B. Modellwassersport auf dem Teich, Japanischer Garten, Blindenbeet und Grillplätze. Im Freizeitpark findet das alljährliche International New Jazz Festival Moers statt. Der **Grafschafter Musenhof** ist eine mittelalterliche Lern- und Spielstadt.

Freibad Bettenkamper Meer, Krefelder Str. 190, 47447 Moers, ✆ 29999

Freibad Solimare, Filder Str. 144, ✆ 29999

Nach einer fast dreißigjährigen Stadtsanierung kann man in Moers heute durch einen atmosphärischen Stadtkern laufen oder radeln, in dem sich noch leicht Spuren der Regentschaft der Oranier und der Preußen finden lassen. Durch Erbschaft gelangte Moers im 17. Jahrhundert in den Besitz des niederländischen Statthalters Moritz von Oranien. Aus dieser Zeit stammt die sternförmige Stadtbefestigung, von der heute noch die Außenanlagen und der Stadtgraben rund um den Schlosspark zu sehen sind. Anfang des 18. Jahrhunderts dann übernahmen die Preußen die Stadt, sehr zum Widerwillen der Moerser Einwohner. Aufgrund dieses Widerstandes fiel Moers in dieser Zeit in seiner wirtschaftlichen und politischen Position und Bedeutung am Niederrhein hinter Krefeld zurück, das zum führenden Textilstandort ausgebaut wurde. Erst Mitte des 19. Jahrhunderts, mit Beginn des Kohleabbaus in der Region, gelang es Moers wieder aufzuschließen. Der Bergbau hat dann signifikant das Stadtbild mitbestimmt. So entstehen Anfang der 1920er Jahre für diese Zeit typische Arbeitersiedlungen, wie z. B. die Siedlung Meerbeck/Hochstraße. Heute kann man auch eines der interessantesten Industriedenkmale der Region besichtigen: das älteste erhaltene Doppelstreben-Fördergerüst von Schacht IV des Rheinpreussen Bergwerks (Franz-Haniel-Straße/Moers-Hochstraß).

Von Moers nach Rheinberg 26,5 km

13 Baerl

14 Orsoy

PLZ: 47495; Vorwahl: 02843

- **Stadt Rheinberg Tourismus**, Rheinberg, Kirchpl. 10, ✆ 171-114, www.rheinberg.de
- **Autofähre** von Walsum nach Orsoy, ✆ 0203/8796769
- **Evangelische Kirche**. Die Stufenhallenkirche wurde aus Backsteinen im spätgotischen Stil errichtet. Ursprünglich war die Kirche dem Hl. Nikolaus geweiht. Seit der Besatzung durch die Niederlande im holländisch-spanischen Krieg wurde die Kirche 1632 der reformierten Gemeinde zugewiesen. Sehenswert ist die Kanzel (1551).
- **Katholische Kirche St. Nikolaus** (1843-47)
- **Rathaus**. Hier befindet sich noch eine alte Gefängniszelle.
- Anstelle des alten Zollhafens entstand im Jahr 1765 der **Friedrichplatz**, der nach Friedrich dem Großen benannt ist.
- Das größte **Bürgerhaus** des Ortes befindet sich in der Fährstr. 16 und stammt aus dem Jahr 1765.
- **Bollwerk „Bär"** (1539/42). Nach der Eroberung Orsoys 1672 durch Ludwig XIV. erfolgte die Schleifung der Festung Orsoy, die in den Jahren 1565 bis 1650 nach Plänen des Festungsbaumeisters Johann Pasqualini d. Ä. erbaut worden war. Auf Bitten der Bürger Orsoys wurde das im Volksmund „Bär" genannte Bollwerk nicht wie die anderen vier Bollwerke der Festung abgetragen, da es als Hochwasserschutz diente.
- **Stadtmauer und Pulverturm** (1550). Der Pulverturm diente seit dem 17. Jh. als Mühlenturm für eine Mühle.
- **Rheinpromenade** mit Schiffsanleger der Personenschifffahrt
- **Historischer Ortsrundgang**, Infos bei der Stadt Rheinberg.
- Die **Tabakfabrik** ist ein Baudenkmal aus dem 19. Jh., das an die Tabakfabrikation, einem wichtigen Erwerbszweig des Ortes im 19./20. Jh., erinnert.

15 Rheinberg

PLZ: 47495; Vorwahl: 02843

- **Stadt Rheinberg Tourismus**, Kirchpl. 10, ✆ 171-114, www.rheinberg.de
- **Katholische Pfarrkirche St. Peter**. Sehenswert ist der gotische Hallenchor und der spätgotische Hochaltar mit dem Apostelschrein (15. Jh.).
- **Evangelische Pfarrkirche** (18. Jh.)
- **Kamper Hof** (1235), Kamper Straße. Der Hof diente den Zisterziensermönchen des nahegelegenen Klosteres Kamp als Stadthaus und Hospiz. Die Kapelle stammt aus dem Jahr 1295.
- **Katholisches Pfarrhaus** (1729)
- **Historisches Rathaus** (1449). Das Rathaus zählt zu den ältesten Rathäusern am Niederrhein. Es wurden mehrfach bauliche Veränderungen durchgeführt, zuletzt 1854-1890.
- Rund um den **Großen Markt** stehen historische Gebäude, zum Beispiel das barocke **Bürgerhaus** (17. Jh.). Sehenswert am Holzmarkt sind die Bürgerhäuser aus dem 16. Jh., hier vor allem das **Haus „Im Scheffel“** von 1560.
- In der Nähe des Fischmarktes, wo sich die Fischmarktpumpe befindet, steht in der angrenzenden Underbergstraße das 1869/74 als Wohn- und Geschäftshaus erbaute **Underberg-Stammhaus.**

Terrassengärten Kloster Kamp

- **Messe Niederrhein**, An der Rheinberger Heide 5, ✆ 924100. Themen: Heim, Garten, Tier, Motor und Hobby.
- **Historische Stadtführungen**, Kirchpl. 10, ✆ 171114. Buchbar ab 5 Personen.
- **TerraZoo** - Die Reptilienwelt in Rheinberg, Melkweg 7, ✆ 901685. Spannender Erlebniszoo und Zooschule.
- **Freibad**, Underberg-Bad, Bahnhofstr., ✆ 3899, ÖZ: Sommer Mo-Fr 8-20 Uhr, Sa, So 10-20 Uhr. Das Bad liegt idyllisch im Stadtpark mit altem Baumbestand.

Von Rheinberg nach Kloster Kamp *15 km*

16 Kamp-Lintfort

PLZ: 47475; Vorwahl: 02842

- **Stadtinformation Kamp-Lintfort**, Am Rathaus 2, ✆ 19433, www.kamp-lintfort.de
- **Geologisches Museum**, Moerser Str. 167, ✆ 33649, ÖZ: n. V., Anm. unter ✆ 60434. Thema des Museums ist die Geschichte des Kamp-Lintforter Raumes. Zu sehen sind u. a. Mineralien und Fosslien aus dem Steinkohlengebirge.
- **Haus des Bergmanns**, Ebertstr. 88/Ecke Antonstr. 31, ✆ 6424, ÖZ: Mi, So 14-17 Uhr. Im ehemaligen Bergarbeiterhaus wird gezeigt, wie Bergarbeiterfamilien in den 1930er Jahren lebten.
- **Priv. Brauereimuseum**, Alfredstr. 62a, ✆ 30604, ÖZ: n. Vereinb. Ca. 4000 Exponate zum Thema Bier und zum Magenbitter Underberg aus der Nachbarstadt Rheinberg.
- **Evangelische Kirchen Horstgen**, Dorfstraße, OT Horstgen, ✆ 4487, Besichtigung nach Anmeldung bei der Küsterin. 1576 entstand anstelle der einstigen Kapelle von 1241 die heutige Pfarrkirche, die im Jahr 1626 während der holländisch-spanischen Kriege niederbrannte und drei Jahre später wieder aufgebaut wurde.
- **Haus Frohnenbruch** (1304), Schlossall. 81, OT Hoerstgen. In Privatbesitz, Besichtigung bei Anm. unter ✆ 41000. Reste der einstigen Wehranlage Burg Vronenbroek (1304)
- **Bergarbeitersiedlung „Altsiedlung“**, Ring-, August-, Franz- & Moerser Straße. Die Siedlung entstand 1910 als größte, zusammenhängende Bergarbeitersiedlung des Ruhrgebietes, die wegen ihrer Gärten, Vorgärten und schönen Alleen auch „Gartenstadt“ genannt wird.

C5
Rheinberg
Pulverturm
Pfarrkirche St. Peter
Rathaus
Millingen
Annaberg
Alpsray
Eversael
Hasenfeld
Milchplatz
Polder Hasenfeld
Drießen
Budberg
Winterswick
TerraZoo Rheinberg
Orsoy
St. Nikolaus
Pulverturm
Verbindung B8 zu C5
Plank
Vierbaum
Lohmühle
Lohmühle
Binsheim
Baerl
Lohheidesee
Baggersee
Saalhoff
Altfeld
Niersenbruch
Niederkamp
Verbindung A8 zu C6
Kamperbrück
Golfplatz
Kamp
Ordensmuseum
Kloster Kamp
Kirchhof
Dachsberg
Geisbruch
Gestfeld
Geologisches Museum
Kamp-Lintfort
Schacht Rossenray
Rossenray
Rossenrayer See
Brauereimuseum
Bergarbeitersiedlung
Das Haus des Bergmanns
Halde Pattberg
Zeche Pattberg
Muspasch
Kohlenheck
Rheinkamp
Bornheim
Repelen
Hafenbruchsee
Fossa Eugeniana
Staatsforst Xanten
Alpsrayer Straße
Bahnhofstraße
Orsoyer Straße
Grafschafter Straße
Wiesenweg
Rheinberger Straße
Rheinkamper Straße
Friedrichstraße
Hornenheidchenstraße
Straßburger Str.
Moerser Str.
Plüßstraße
Dammstraße
Waltershofer Kirchberg
Stappenweg
Leichenweg
1,5
3,5
2,8
4,2
2,4
4
1,4
2
4,7
2,8
3,4
0,6
2,6
2,2
5
13
14
15
16
B57
B510
B528
A57
A42
L10
K34
L155
C4
C6

Spaßbad Pappelsee, Bertastr. 74, ✆ 81640, ÖZ: Fr 6-8 Uhr und 14-22 Uhr, Sa, So 10-18 Uhr. Kombiniertes Frei-/Hallenbad mit Riesenrutschbahn, Wildwasserbahn und Sauna (das Freibad ist wegen Umbau bis ca. 2012 geschlossen).

Kloster Kamp

PLZ: 47475; Vorwahl: 02842

Geistl. und Kult. Zentrum Kloster Kamp, Abteipl. 13, ✆ 927540

Ordensmuseum Kloster Kamp, Abteipl. 24, ✆ 4062, ÖZ: Di-Sa 14-18 Uhr, So 11-18 Uhr. Das Museum widmet sich der Kulturgeschichte und Geschichte des Zisterzienserordens.

Kloster Kamp, Kamper Berg, ✆ 912333, Terrassengärten, ÖZ: Sonnenauf- bis -untergang, Kirche tägl. 9-17 Uhrx. Das Kloster ist in den Sommermonaten Spielstätte des Freilichttheaters.

Freilichttheater, Kloster Kamp, Infos über das Kulturamt, Am Rathaus 2, ✆ 912-333. In den Sommermonaten gibt es Theater unter freiem Himmel, Konzerte im Rokoko-Saal und im Terrassengarten.

Kloster Kamp wurde im Jahr 1123 als erstes Zisterzienserkloster auf deutschem Boden gegründet. Das Kloster ist von kulturhistorischer Bedeutung, da von hier aus nicht nur weitere Zisterzienserklöster gegründet wurden, sondern auch andere bedeutende Neuerungen

Radwandertag, Krefeld

entstanden. Hierzu zählte die Windkraftnutzung, die Verwendung des eisernen Pfluges für die Landwirtschaft und die Entdeckung des Salates, des Sauerkrauts und des Spalierobstes für die Ernährung.

Bekannt ist das Kloster vor allen Dingen wegen seiner schönen Terrassengärten, die wegen ihrer Ähnlichkeit mit den Terrassengärten in Potsdam gerne als „Sanssouci des Niederrheins“ bezeichnet werden.

17 Rheurdt

PLZ: 47509; Vorwahl: 02845

Gemeinde Rheurdt, Rathausstr. 35, ✆ 9633-10, www.rheurdt.de

Heimatstube Schaephuysen, Hauptstr. 50, ✆ 6706, OT Schaephuysen, ÖZ: n. V. Wissenswertes über die Haushaltsführung und Handwerkerkunst der Orte.

Turmwindmühle, Sportzentrum Rheurdt

Weiher Pastorskuhle, Kirchstraße

Freizeitpark Oermterberg mit Wildgehegen, Spiel- und Grillplätzen, Dauerausstellung „Naturkundliche Sammlung Niederrhein“.

Freizeitbad, Am Hallenbad, ✆ 6563, Liegewiese, Beach-Volleyball

Schaephuysen

PLZ: 47509; Vorwahl: 02845

Gemeinde Rheurdt, Rathausstr. 35, Rheurdt, ✆ 9633-12

Pfarrkirche St. Hubertus (1894). Die dreischiffige Pseudobasilika entstand nach Plänen des Baumeisters Franz Langenberg. Zu der Ausstattung gehören die Glasmalereien, die Hoch- und Nebenaltäre, die Holzstatue des Heiligen Hubertus und ein Taufstein. Besonders interessant ist die original erhaltene Ausmalung der Kirche.

Ständebrunnen

C6
Verbindung A8 zu C6
Kamp-Lintfort
Moers
Neukirchen
Rheurdt
Repelen
Sevelen
Hoerstgen
Niersenbruch
Geisbruch
Gestfeld
Kloster Kamp
Ordensmuseum
Geologisches Museum
Brauereimuseum
Das Haus des Bergmanns
Bergarbeitersiedlung
Schacht Rossenray
Halde Pattberg
Zeche Pattberg
Muspasch
Rheinkamp
Kohlenheck
Bornheim
Eick
Halde Rheinpreußen
Geleucht
Utfort
Meerfeld
Genend
Sandfort
Hülsdonk
Peschkenhaus
Moerser Schloss
Freizeitpark
Zechensiedlung Meerbeck
Rayen
Rayener Berg
Gülixberg
Boschheide
Hochkamer
Mühlenfeld
Dong
Schloss Bloemersheim
Saelhuysen
St. Quirinus Kapelle
Turmwindmühle
Kengen
Großholthuysen
Oermten
Oermter Berg
Freizeitpark Oermter Berg
Spanische Schanze
Schanze
Haus Frohnenbruch
Stendersschanze
Segelflugplatz
Dachsberg
Dachsbruch
Kirchhof
Hoerstgener Huck
Kamperbrück
Kamp
Golfplatz
Niederkamp
Weiler
Rossenray
Vierbaum
Baggersee

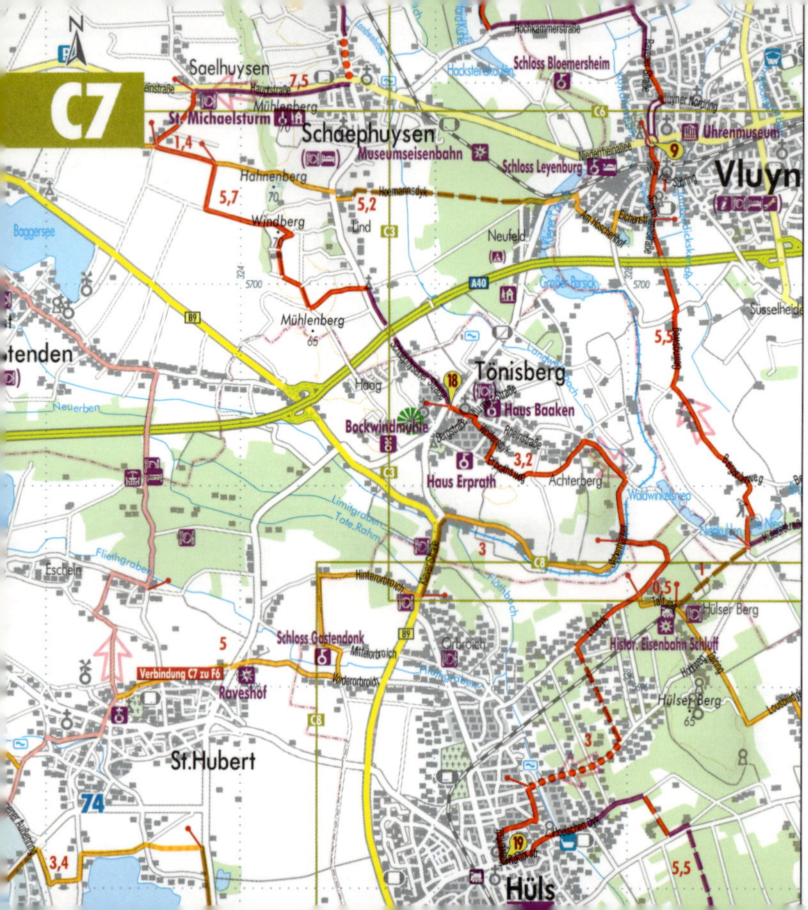

Schaephuysen nennt sich Ökodorf und hat in den vergangenen Jahren häufig Preise gewonnen.

18 Tönisberg

PLZ: 47906; Vorwahl: 02152

- **Touristinformation Kempen**, Buttermarkt 1, Kempen ✆ 917-237, www.kempen.de
- **Katholische Pfarrkirche** (16. Jh.). Der einfache einschiffige Bau ist mit einem dreiseitigen Chorabschluss versehen.
- **Haus Erprath**. Das ehemalige Rittergut ist von einem Landschaftspark aus der 2. Hälfte des 19. Jhs. umgeben.
- **Haus Baaken**. Das zweigeschossige Backsteingebäude besitzt einen Treppengiebel. Heute wird es als Gaststätte genutzt.
- **Bockwindmühle.** Die mehr als 250 Jahre alte Mühle wurde zwischen 1968 und 1973 restauriert und wiederaufgebaut.

19 Krefeld-Hüls

PLZ: 47839; Vorwahl: 02151

- **Tourist-Information**, City-Center/Schwanenmarkt, OT Krefeld, ✆ 861515
- **Naturschutzgebiet Hülser Berg**
- **Naturfreibad Hüls**, Hölschen Dyk 22, ✆ 733574, ÖZ: Mai-Anfang Sept., tägl. 10-18 Uhr.

Von Hüls nach Anrath 29,5 km

20 Krefeld

PLZ: 47798; Vorwahl: 02151

- **Tourist-Information**, City-Center/Schwanenmarkt, ✆ 861515, www.krefeld.de
- **Kaiser Wilhelm Museum**, Karlspl. 35, ✆ 975580, ÖZ: ganzjährig, Di-So 11-17 Uhr (2011 wegen Bauarbeiten geschlossen). Der Schwerpunkt der Sammlung liegt überwiegend auf zeitgenössischer Kunst der letzten drei Jahrzehnte. Themen: Expressionismus, Kinetic, Pop Art. Es sind auch Werke verschiedener Künstler vom frühen 19. Jh. bis zum Konstruktivismus zu sehen: Hans Thoma, Claude Monet, Max Ernst.
- **Museum Haus Lange – Haus Esters**, Wilhelmshofallee 91-97, ✆ 975580. Die Wechselausstellungen werden in den von Mies van der Rohe 1928-1930 für Textilfabrikanten erbauten Wohnhäusern gezeigt.

Stadtwald, Krefeld

Haus der Seidenkultur, Luisenstr. 15, ✆ 936960, ÖZ: auf Anfrage. Hier ist ein einzigartiges Ensemble alter Handwebstühle mit traditioneller Jacquardtechnik zu sehen.

Katholische Kirche St. Matthias, Hohenbudberg. Der dreistöckige Kirchturm besitzt vier Giebel und die typischen romanischen Bögen aus dem 12. Jh. Das Kirchenschiff wurde im 19. Jh. durch einen neogotischen Bau ersetzt.

Fabrik Heeder – Kulturzentrum der Stadt Krefeld, Virchowstr. 130, ✆ 33262. Neben Schauspiel, Kindertheater und Fotoausstellungen werden auch theaterpädagogische und jugendkulturelle Lehrgänge angeboten.

Stadttheater Krefeld, Theaterpl. 3, ✆ 805180. Drei-Sparten-Theater, Niederrheinische Symphoniker.

Umweltzentrum Hülser Bruch, Talring 45, ✆ 743646, ÖZ: auf Anfrage. Fortbildungsmaßnahmen, Umweltspiele- und -aktivitäten.

Historische Eisenbahn Schluff, St. Töniser Str. 124, ✆ 984482, ÖZ: Mai-Mitte Okt., So/Fei. Die historische Dampfeisenbahn fährt von St. Tönis über den Krefelder Nordbahnhof zum Naturschutzgebiet Hülser Berg.

Krefelder Zoo, Uerdinger Str. 377, ✆ 95520, ÖZ: April-Sept., tägl. 8-17.30 Uhr, Okt.-März, tägl. 9-17 Uhr. Neben Affentropenhaus, tropischer Vogelhalle, Schmetterlings-Dschungel und Großtierhaus gibt es ein Regenwaldhaus sowie Seelöwen- und Elefantendressur.

Botanischer Garten im Schönwasserpark, ✆ 540519, ÖZ: auf Anfrage. Arboretum, Rosengarten, Alpinum und Bauerngarten.

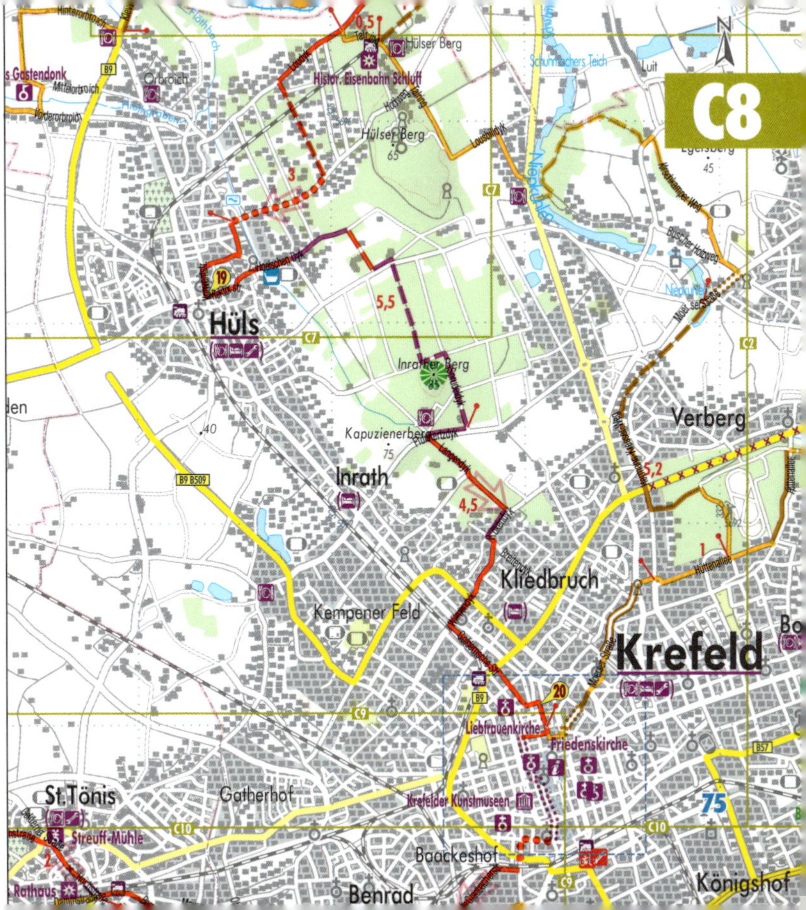

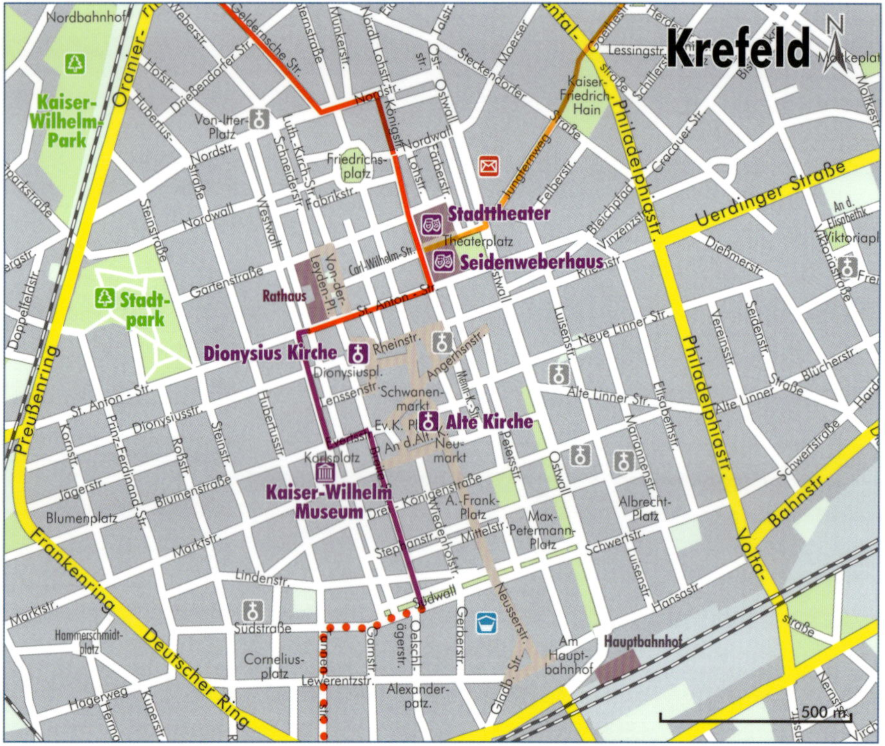

Rennbahn, Krefeld

- **Badezentrum Bockum**, Am Badezentrum 2, ✆ 590041. Kombiniertes Hallen-/Freibad.
- **Erholungspark Elfrather See**, Bruchweg/Parkstraße, ✆ 471009. Badesee mit Freizeitanlage.
- **Bad am Stadtpark Fischeln**, Kölner Str. 415, OT Fischeln, ✆ 150460, ÖZ: Mo-Fr 6-8 Uhr und 14.30-20 Uhr, Sa 6-18 Uhr, So 8-18 Uhr.

Krefeld ist vor allem als „Samt- und Seidenstadt" bekannt. Lange Zeit im Schatten der benachbarten kurkölnischen Städte Linn und Uerdingen, brachten ab Mitte des 17. Jahrhunderts reformierte Glaubensflüchtlinge neuen Schwung in die Stadt.

Die Seidenfabrikation ließ darauffolgend die Einwohnerzahl schnell wachsen und sprengte die mittelalterlichen Stadtmauern. Nach präindustrieller Manier produzierte ein großer Teil der Weber und Weberinnen in Heimarbeit. So prägten eingeschossige Weberhäuser, in denen die Maße des Webstuhls die Stubengröße bestimmen, auch hier das Ortsbild. Nach der „Seidenkrise" im 19. Jahrhundert rettete eine neue Mode die Krefelder Textilindustrie: die Krawatte. Vom einstigen Wohlstand künden heute noch – trotz der Kriegszerstörungen – einige Bauten in der Innenstadt.

21 St. Tönis

22 Tönisvorst

PLZ: 47918; Vorwahl: 02151

- **Stadtverwaltung Tönisvorst**, Bahnstr. 15, ✆ 999-174, www.toenisvorst.de
- **Haus Donk**, OT Vorst. Der Begriff „Donk" beschreibt einen erhöhten bebaubaren Platz in einem Sumpfland. Die Ursprünge der Wasserburg werden um 900 vermutet. Der fränkische Landadel ließ sich in diesem sumpfigen Gelände nieder und legte Wohn- und Wehrtürme an, um vor plündernden Horden geschützt zu sein.

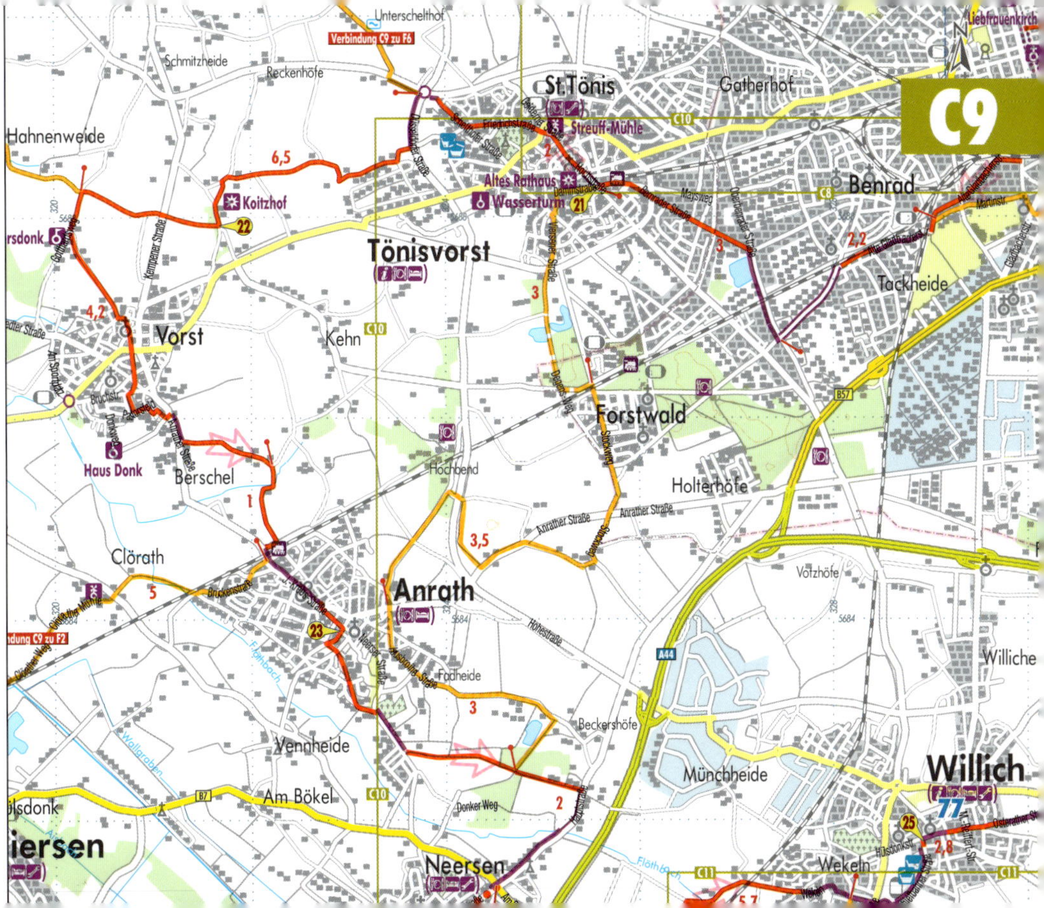

Haus Neersdonk, OT Vorst. Die kleine Wasserburg wurde 1193 vermutlich auf dem Fundament eines fränkischen Adelshofes errichtet. Das heutige Herrenhaus stammt aus dem 17. Jh.

Altes Rathaus. Das um 1800 erbaute Gebäude war zunächst ein Bauernhof, der von der Gemeinde im Jahre 1876 umgebaut wurde. Bis 1964 war hier das Rathaus untergebracht. Heute fungiert es als Standesamt und Stadtbücherei.

Streuff-Mühle-Turmwindmühle, Geldener Str. Die heute im Privatbesitz befindliche Turmwindmühle war von 1770 bis 1945 in Betrieb. Sie gilt heute als das wichtigste Wahrzeichen der Stadt.

Die **Kastenbockwindmühle** (1802) wurde zwischen 1968 und 1973 vollständig restauriert.

Haus Donk, Tönisvorst

Wasserturm, OT St. Tönis. Der 46 m hohe Wasserturm wurde 1929 errichtet. Seitdem wurden die Haushalte über Leitungen mit Wasser versorgt, die Bewohner mussten das Wasser nicht mehr vom Brunnen holen.

Der **Koitzhof** aus dem Jahr 1731 ist ein gut erhaltenes, niederdeutsches Bauernhaus. Nicht nur der Adel, sondern auch die Bauern umgaben ihre Höfe mit Gräben, um vor Räubern geschützt zu sein. Außerdem lebten in diesen Hausgewässern die Fische und das Geflügel des Hofes.

23 Anrath

PLZ: 47877; Vorwahl: 02156

Stadtverwaltung Willich, Hauptstr. 6, Schloss Neersen, ✆ 949203

F. Hüter, Am Kirchplatz, ✆ 40427

Galerie Brockmanns, Schlageshof, ✆ 481288

Von Anrath nach Osterath 23 km

24 Neersen

25 Willich

PLZ: 47877; Vorwahl: 02156

Stadtverwaltung, Hauptstr. 6, ✆ 949-203, www.stadt-willich.de

Temporäre Galerie der Stadt Willich, Schloss Neersen, ✆ 949605

Haus Neersdonk

Schloss Neersen (1661-69), Hauptstr. 6. Die ehemalige Wasserburg ist heute Sitz der Stadtverwaltung.

Freilichttheater – Festspiele Schloss Neersen, Hauptstr. 6, ✆ 949264, Spielzeit: Mitte Juni-Aug. Während der Festspiele werden auf den verschiedenen Bühnen, unter anderem im Skulpturenpark, Szenische Lesungen, Comedy und Theater dargeboten.

Freizeitbad De Bütt, Zum Schwimmbad, ✆ 949494, ÖZ: ganzjährig, Mo 13-22 Uhr, Di-Fr 7-22 Uhr, Sa, So 8-21 Uhr, Sauna, türkisches Dampfbad, Dachgarten.

C10
Streuff-Mühle
Altes Rathaus
Wasserturm
Baackeshof
Benrad
Königshof
Oppum
vorst
Tackheide
Stahldorf
Haus Latum
Lank-Latum
Vorstenberg
Ossum
Bösinghoven
Kulturforum Wasserturm
Forstwald
Holterhöfe
Fischeln
Steinrath
Fichtenhain
Görgesheide
Strümp
Votzhöfe
Hoxhöfe
rath
Willicherheide
Fellerhöfe
Hoterheide
Fadheide
Beckershöfe
Münchheide
Willich
Streithöfe
Teehäuschen Haus Meer
Moosheide
Osterath
Giesenend
Gartenstadt Meerbusch
Neersen
Wekeln
Meerbus
Brühl
Niederheide
Verbindung C10 zu F1
Dickerheide
Hardt
Schiefbahn
Necklenbroich
10 zu F1
Anrather Straße
Düsseldorfer Straße
Willicher Straße
Kütterweg
Hochbend
Donker Weg

26 Osterath

Von Osterath nach Kaarst *28,5 km*

27 Lank-Lathum

28 Meerbusch

PLZ: 40667; Vorwahl: 02132

- **Stadtverwaltung Meerbusch**, Dorfstr. 20, ✆ 916-482, www.meerbusch.de
- **Fähre Meerbusch Langst-Kierst - Düsseldorf-Kaiserswerth**, Büro: ✆ 02150/1002, Schiff: ✆ 02150/6530, Fährzeiten: Ende März-Mitte April, Mo-Fr 7-19 Uhr, Sa, So 10-19 Uhr, Mitte April-Okt., Mo-Fr 7-20 Uhr, Sa, So/Fei 9-20 Uhr, Okt.-März, Mo-Fr 7-19 Uhr, Sa, So/Fei 10-18 Uhr.
- **Fähre Himmelgeist – Uedesheim**, Büro: ✆ 02150/1002, Schiff: ✆ 0177/6530000, Fährzeiten: April-Aug., So bei schönem Wetter, 10.30-18.30 Uhr.
- **Schloss Pesch** (erwähnt 14. Jh.)
- **Haus Dyckhof** ist eine gut erhaltene Wasserburg
- **Forum Wasserturm**, Rheinstr. 10, ✆ 2695, Gastspiele namhafter Theater-Ensembles, Meerbuscher Kleinkunst- und Kabaretttage.
- **Teehäuschen Haus Meer**, OT Büderich. Das Teehäuschen ist als einziges Gebäude der ehemaligen Schlossanlage Haus Meer erhalten und steht seit 1982 unter Denkmalschutz.
- **Hallenbad**, Friedensstr. 21, ✆ 916-349, OT Büderich

29 Kaarst

PLZ: 41564; Vorwahl: 02131

- **Stadtverwaltung**, Am Neumarkt 2, ✆ 987200, www.kaarst.de
- **Tuppenhof-Museum**, Rottes 27, ✆ 511427, ÖZ: Mai-Okt., Sa 14-18 Uhr, So 11-18 Uhr, Gruppenführungen n. V. Lehrgarten, Bauerngarten, Obststreuwiese, Caféteria, Museumsladen. Ausgestellt werden Gegenstände zur bäuerlichen Kultur und Geschichte, alte Traktoren und andere landwirtschaftliche Geräte.
- **St. Martinus-Kirche** (12. Jh.)
- **Lauvenburg**, ✆ 98709. Die im Privatbesitz befindliche Burg wurde um 1300 erstmalig erwähnt. In ihrer heutigen Gestalt besteht sie seit 1897.

Kaarst

- **Nordkanal** (1808)
- **Kleiner Kaarster See**, An der B 7, ✆ 02182/170544, ÖZ: während der Sommermonate

Im Jahre 1218 wird Kaarst als „Karlesforst" erstmals urkundlich erwähnt. Die volkstümliche Überlieferung besagt, der Name der Stadt leite sich von dem Namen des Frankenkönigs Karl dem Großen ab, der im nahegelegenen Aachen residierte.
Die Stadt Kaarst führte innerhalb des Leitprojektes „Kulturgeschichte" der EUROGA 2002plus einige Projekte

C11
Meerbusch
Brühl
Alter Kirchturm
Necklenbroich
Niederdonk
Büderich
Lörick
Haus Dyckhof
Broicherseite
Lauvenburg
Schiefbahn
Dickerheide
Hardt
Verbindung C10 zu F1
Unterbruch
Kaarster See
Broicherdorf
Kaarst
Nordkanal
Linning
Vogelsang
Heerdt
Rhein
Wattmannstraße
Neusserfurth
Vorst
Holzbüttgen
Weißenberg
Raderbroich
Eickerend
Driesch
Morgensternsheide
Neuss Hafen
Martinshütte
Rhedung
Neuss
Engbrück
Braunsmühle
Kleinebroich
Büttgen
Globe-Theater
Pesch
Lager Novaesium
Mevlshof
Verbindung C11 zu D5
Lanzerath
81

durch. Hierzu zählt die Wiederherstellung des Tuppenhofs, welcher in den Jahren 1996 bis 2004 instandgesetzt und zu einem Museum für bäuerliche Geschichte und Kultur ausgebaut wurde. Das Wohn- und Stallhaus beherbergt das eigentliche Museum, welches das bäuerliche Leben am Niederrhein zwischen 1850 und 1950 darstellt. Im umgebauten Kuhstall finden kleinere Sonder- und Kunstausstellungen statt. Die Scheune steht für Kulturveranstaltungen, große Sonderausstellungen sowie Brauchtumspflege zur Verfügung. Ein Bauerngarten sowie eine Obstwiese mit Erklärungstafeln vervollständigen das Ensemble. Ein weiteres Projekt ist die Wiederherstellung der Turmwindmühle Braun in Büttgen. Freizeit und Kultur auf Napoleons Spuren erleben Sie längs des Nordkanals. Dieser wurde einst von Napoleon geplant, um die Niederländer vom Rheinhandel abzuschneiden. Im Jahre 1808 wurde mit dem Bau begonnen. Die Arbeiten wurden aber schon nach kurzer Zeit aufgrund geänderter politischer Verhältnisse nicht mehr gewünscht und im Jahre 1810 schließlich eingestellt. Der Kanal von siebzig Kilometern Länge – fünfzig auf deutscher, zwanzig auf niederländischer Seite – durchzieht fast die gesamte Region rund um Kaarst. Zusammen mit anderen Gemeinden und Kreisen soll der Nordkanal als nutzbares Landart-Projekt zu neuem Leben erweckt und als historisches Bauwerk in seiner Gänze erfahrbar gemacht werden. „Erfahrbar" per Rad und Inline-Skates oder per Pedes wird die Region längs des Nordkanals auf der „Fietsallee". Ein „blaues Band" als Bodenmarkierung und vertikal in Form von Stelen markiert die Route. Die historische Ingenieursleistung wird durch vier Meter hohe Markierungsstangen, die den „grand canal du nord" verdeutlichen, gewürdigt.

Von Kaarst nach Neuss 15 km

30 Büttgen

Pfarrkirche St. Aldegundis (12. Jh.)

Obertor, Neuss

Braunsmühle, An der Braunsmühle 2, ✆ 514688, ÖZ: So 14-18 Uhr, Führungen auf Anmeldung. Die Turmwindmühle an der L 381 zwischen Kaarst und Büttgen ist eines der von der EUROGA 2002plus anerkannten Projekte des Leitprojekts „Kulturgeschichte".

Die Turmwindmühle Braunsmühle in Büttgen wurde 1756 nach holländischem Vorbild in Stein von Graf August Bernhard von Dyck anstelle der 1580 erbauten Windmühle errichtet. Die Getriebe und Mahlwerke der Turmwindmühle sind bis heute erhalten. Sie wurde bis 1930 mit Windkraft, dann für kurze Zeit mit einem Dieselmotor betrieben. Nach dem Zweiten Weltkrieg wurde der Mühlenbetrieb auf elektrische Energie umgestellt. Seit den 1950er Jahren ist die Mühle nicht mehr in Betrieb. Witterungseinflüsse haben der Bausubstanz in den letzten Jahrzehnten *stark zugesetzt, und das Flügelkreuz musste abgenommen werden. Seit den 1980er Jahren steht die Mühle unter Denkmalschutz und ist als erhaltenswertes Bauwerk in die Liste der EUROGA 2002plus des Leitprojektes „Kulturgeschichte" aufgenommen worden. Im Jahre 2000 wurde die Fördergemeinschaft Brauns-Mühle Büttgen e. V. gegründet und durch zahlreiche Stunden ehrenamtlicher Tätigkeit der Mühle wieder Leben eingehaucht. Sie ist heute durch eine komplett restaurierte Technik wieder voll einsatzfähig.*

31 Neuss

PLZ: 41460; Vorwahl: 02131

- **Tourist-Information**, Büchel 6, Rathausarkaden, ✆ 4037795, www.neuss.de
- **Neusser Tagungs & Tourismus GmbH**, Oberstr. 7-9, ✆ 908300
- **Clemens-Sels-Museum**, Am Obertor, ✆ 904141, ÖZ: Di-Sa 11-17 Uhr, So/Fei 11-18 Uhr. Pavillon „Fossa Sanguinis", Gepaplatz: tägl. 10-18 Uhr, Schlüssel bei Fam. Heischkamp, Gepapl. 3, ✆ 101203, Terminwünsche bitte vorher anmelden, archäologische Führungen über das Clemens-Sels-Museum. Zu sehen sind Sammlungen zur Kunst des Symbolismus um 1900,

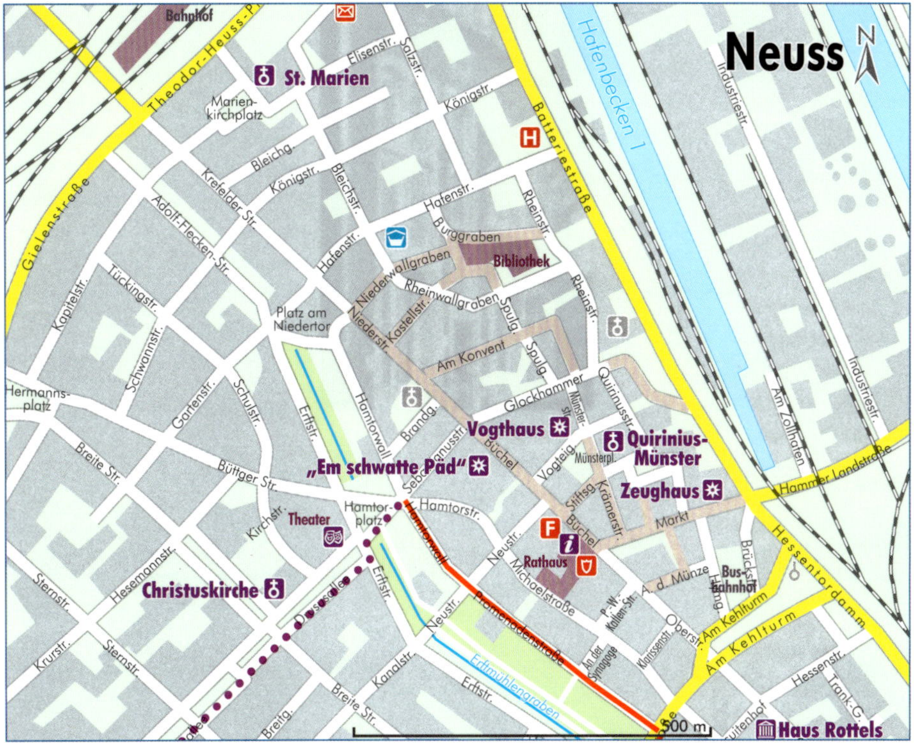

mittelalterlicher Tafelmalerei und naiver Kunst. Zum Museum gehört auch der „mysteriöse“ Kybele-Keller. Der spätantike Keller wurde 1956 bei Rettungsarbeiten entdeckt. Über seinen Ursprung wurde zunächst vermutet, er sei ein Bluttaufkeller für den Kybele-Kult. Diese Deutung ist heute fraglich, da keines der heute bekannten Kybele-Heiligtümer einen solchen Keller besitzt. Wozu der Keller letztendlich diente, z. B. bei christlichen oder heidnischen Handlungen, bleibt derzeit noch im Dunkeln, denn es gibt bislang keine Parallelen.

Em Schwatte Päd, Neuss

- **Haus Rottels**, Oberstr. 58-60, ✆ 904144. Themen: Kulturgeschichtliche Wechselausstellungen zur Geschichte der Stadt und der Region, Bürgerliche Wohnkultur, Kolonialwaren, Neusser Schützenwesen.
- **Museum Insel Hombroich – Kunst parallel zur Natur**, ✆ 02182/2094, OT Holzheim. In der abwechslungsreichen Landschaft an der Erft liegen 10 skulpturenartige Bauten von E. Heerich, außerdem Khmer-Kunst und Kunst des 20. Jhs.
- **Quirinus-Münster**, Münsterplatz, ✆ 222327, Orgelstunde: Sa 11.30 Uhr, Führungen: n. V. unter ✆ 4037795. Das Münster ist eine der bedeutendsten spätromanischen Kirchen am Niederrhein. Es wurde 1209-1230 erbaut. Nach dem Brand im Jahre 1741 wurde der Ostturm mit einer Barockkuppel und dem Standbild des Schutzpatrons St. Quirinus versehen. Im Inneren der Emporenbasilika erwartet den Besucher die Krypta, der Quirinusschrein und ein Hochaltar. Seit 1996 befinden sich am Südportal Darstellungen aus dem Schützenwesen von Elmar Hillebrand. Vor dem Münster befinden sich das Josef-Kardinal-Frings-Denkmal sowie der Quirinus und Marktbrunnen von Jochem Pechau.
- **St. Marien**, Marienkirchpl. 21. Die Fenster wurden von Emil Wachter mit aktueller Thematik gestaltet (1985-1990). Im Querhaus sind „Genesis“ und „Apokalypse“ zu sehen.
- **Marienkapelle Collegium Marianum**, Preußenstr. 66. Die Kirche wurde 1984 als Gesamtkunstwerk „Botschaft Licht“ von Heinz Mack gestaltet.
- **Hl. Geist Kirche**, Neusser Weyhe 70. Die Kirche wurde als Gesamtkunstwerk von Georg Ettl gestaltet. Zu sehen ist das Kunstwerk „Labyrinth des Lebens“ (1999).
- **Hl. Dreikönige**, Jülicher Str. 63. Zu sehen sind Thorn-Prikker-Fenster (1919), die in Form und Farbe durch den Jugendstil geprägt sind.
- **St. Konrad**, Konradstraße. Die Glaswände stammen von Gottfried Böhm (1955).
- **St. Stephanus**. Die neugotischen filigranen Fenster stammen von Eduard Steinle (1864). Sie wurden nach Originalbogen zwischen 1982 und 1992 wiederhergestellt.
- **Globe-Theater**, nahe der Galopprennbahn Neuss, Infos: Neusser Tagungs & Tourismus GmbH, Oberstr. 7-9, ✆ 908300. Das Theater ist ein Nachbau des weltberühmten Shakespeare-Theaters und ist Spielort für das jährlich stattfindende Shakespeare-Festival, bei dem international und national renommierte Schauspieltruppen Shakespeares Werke in neuer Form präsentieren.
- **Altes Rathaus** (17. Jh.)
- **Kulturforum Alte Post**, Neustr. 28, ✆ 904122. Ausstellungen zur zeitgenössischen Kunst, Fotografie, Malerei und Skulptur. Darüberhinaus werden jährlich über 40 Aufführungen, Schauspiel, Musical, Chanson und Tanz aufgeführt.
- **Gasthaus „Vogthaus“**, Münsterpl. 10-12. Das Vogt- und Dinghaus „Zu den Heiligen Drei Königen“ wurde 1597 erbaut.
- **Gasthaus „Em Schwatte Päd“**. Das 1609 erbaute Bürgerhaus der Backstein-Renaissance besitzt die schönste und besterhaltene mittelalterliche Fassade in der Innenstadt. Auf dem Hauszeichen ist „Zum Schwatten Ross 1603“ zu lesen.
- **Zeughaus** (17. Jh.), Büchel 6. Das heutige Zeughaus-Ensemble war von 1637 bis 1802 Kloster und Klosterkirche des Franziskanerordens.

Der Orden richtete hier im Jahre 1699 eine ordenseigene Theologische Hochschule ein und übernahm das Jesuiten-Gymnasium. Seit 1803 befindet sich das Zeughaus im Besitz der Stadt. Es wurde mehrfach umgebaut und unterschiedlichen Nutzungen zugeführt. Von 1826-1864 wurde es vom Militär als Zeughaus verwendet – daher der Name. Seit den 20er Jahren des 20. Jhs. wird das Gebäude als Konzert- und Veranstaltungsort mit Restaurationsbetrieb genutzt.

Quirinus Münster, Neuss

- Das **Obertor** mit der Obertorkapelle ist eines der mächtigsten Stadttore im Rheinland. Es wurde um 1200 erbaut und ist die letzte von einst sechs Torburgen der mittelalterlichen Stadtbefestigung. Nach umfangreichen Restaurierungen wurde es 1984 mit dem Clemens-Sels-Museum verbunden.
- Reste der westlichen **Stadtmauer** stehen am Hamtorplatz. Von hier können Sie auf dem Wierstraetweg entlang der Stadtmauer vorbei am Blutturm und Windmühlenturm bis zum Obertor gehen.
- **Nordbad**, Neusser Weyhe 14-16, ✆ 295720, ÖZ: Fr-Mi, Sauna, Sprunganlage, mit Freibad, ÖZ: Mai-Aug.
- **Stadtbad**, Niederwallstr. 3, ✆ 124 779-0, ÖZ: Di-So.
- **Südbad**, Am Südpark, ✆ 74 69 20, ÖZ: Di-So, Sauna, mit Freibad, ÖZ: Mai-Aug.
- **Birkenstock – Der Radfachmarkt**, Moselstr. 15, ✆ 45588
- **Zweirad Oberländer**, Grüner Weg 2b, ✆ 103385

In Neuss, bzw. Novaesium, stoßen Sie auf die Römer, zumindest erfährt der interessierte Besucher von der römischen Vergangenheit Neuss' auf einem ausgeschilderten historischen Rundgang. Da leider keine originalen Spuren mehr zu finden sind, werden die wichtigsten Punkte auf Informationstafeln in der Stadt beschrieben. Schon im Jahr 16. v. Chr. errichteten die Römer hier ein Lager. Neuss wurde später Teil des römischen Limes, der die römische Hochkultur vor den germanischen Völkern schützen sollte. In neuerer Zeit erlangte die Stadt durch ihren Hafen an Bedeutung. Der Hafen wurde während der Industrialisierung zu einem wichtigen Umschlagplatz der Ruhrkohle, die die benachbarte Textilindustrie für ihre Produktionsstätten benötigte.

Der Heilige Quirinus lebte im 2. Jahrhundert als Tribun in Rom. Er hatte christliche Gefangene zu bewachen, darunter den Stadtpräfekten Hermes und Papst Alexander. Als schließlich seine Tochter Balbina durch Papst Alexander von einem schweren Leiden geheilt werden konnte, trat Quirinus mit seiner Familie zum Christentum über. Er wurde gemartert und hingerichtet.

1050 erhielt die Neusser Äbtissin Gepa von Papst Leo IX. in Rom Quirinusreliquien und brachte sie nach Neuss. Seither war Neuss Ziel zahlreicher Pilger, die den Heiligen Quirinus als Fürsprecher in leiblichen und seelischen Nöten anriefen. Die Verehrung verbreitete sich bis in die Schweiz, nach Österreich und nach Skandinavien. Der Merian bezeugt 1646 „große Wallfahrten, auch von ausländischen Völkern, nach Neuss".

Von Neuss nach Erkelenz

176 km

Die vierte Etappe führt Sie entlang des Rheins zunächst zur ehemaligen, mittelalterlichen Zollfeste in Zons, bevor Sie über Grevenbroich fahrend in Jüchen wieder auf römische Spuren stoßen. Auf Oasen der Gartenbaukunst und Landschaftsarchitektur treffen Sie auf Schloss Dyck und Schloss Wickrath. Langsam nähern Sie sich nun dem Naturpark Maas-Schwalm-Nette. In Wegberg-Beeck wird noch im kleinen Rahmen die Tradition des Flachsanbaus und der Leinenherstellung gepflegt. Im Sommer fahren Sie vorbei an Flachsfeldern, die in zartem Weiß-Hellblau bis Lila erblühen, bevor Sie die Endstation dieser Etappe erreichen.

Gut ausgebaute Radwege und ruhige Nebenstraßen wechseln sich ständig ab. Nur ein geringer Teil der Radwege ist in den Bereichen der Parks und entlang der Niers bei Rheydt unbefestigt. Außer der Steigung hinauf zur Vollrather Höhe bei Grevenbroich ist auch auf dieser Etappe ein gemächliches, steigungsfreies Radeln möglich.

Von Neuss nach Zons 24 km

1 Neuss

2 Uedesheim

3 Stürzelberg/Nievenheim

PLZ: 41542; Vorwahl: 02133

- **Nievenheimer See**, Straberg, ✆ 170544. Badesee mit DLRG-Aufsicht.
- **Hallenbad**, Am Schwimmbad 2, ✆ 91058

4 Stadt Zons

PLZ: 41541; Vorwahl: 02133

- **Stadtmarketing Dormagen**, Schlossstr. 2-4, ✆ 276280, www.dormagen.de
- **Rheinfähre Niederrhein**, Düsseldorf-Süd – Dormagen-Zons, Rheinau Nr. 1, ✆ 0151/18421062, Fährzeiten: Sommer, Mo-Fr 6.15-21 Uhr, Sa 8.30-21 Uhr, So 9.15-21 Uhr, Winter, Mo-Fr 6.15-20 Uhr, Sa 8.30-20 Uhr, So 9.15-20 Uhr.
- **Kreismuseum Zons**, Schlossstr. 1, ✆ 53020, ÖZ: Di-Fr 14-18 Uhr, Sa, So/Fei 11-17 Uhr, wechselnde Ausstellungen. Das Museum besitzt die größte Jugendstil-Zinnsammlung Europas. Darüber hinaus sind Wandbehänge und textile Arbeiten von Helmut Hahn, Graphiker von W. Koenigstein, ausgestellt.

Ältestes Haus in Neuss

- **Heimatmuseum Zons**, Turmstr. 20, ✆ 47658
- **Int. Mundartarchiv „Ludwig Soumagne" (IMA)**, Schlossstr. 1, ✆ 530210. Das Archiv erfasst alle deutschsprachigen Dialekte.
- **Kreisarchiv**, Schlossstr. 1, ✆ 530210. Neben historischen Fotos, Landkarten und Zeitungen wird hier auch die 8.000 Bände umfassende Bibliothek zur Geschichte der Stadt archiviert.
- **Alte Zollfeste** (14.Jh.)
- **historischer Altstadtkern**, mit gut erhaltener **Stadtmauer** und **Wehrtürmen**: **Rhein-, Judde- und Mühlenturm**

„Rheinisches Rothenburg" wird die Stadt Zons auch gerne wegen ihrer gut erhaltenen mittelalterlichen Mauern und Türme genannt. Im 14. Jahrhundert gründete der Erzbischof Friedrich von Saarwerden die ehemalige kurkölnische Zollstadt Zons, die heute ein Anziehungspunkt der Stadt Dormagen ist.

Darüber hinaus ist die Stadt bekannt für ihre Feste und Märkte. So gibt es den Matthäusmarkt, einen mittelalterlichen Handwerkermarkt, Märchenspiele auf der Freilichtbühne und das jährlich stattfindende Schützenfest, das auf dem Veranstaltungskalender eines jeden Ortes am Niederrhein seinen festen Platz hat.

Von Zons nach Kloster Knechtsteden 14,5 km

5 Dormagen

PLZ: 41541; Vorwahl: 02133

- **Stadtmarketing Dormagen**, Schlossstr. 2-4, ✆ 276280, www.dormagen.de
- **Römerkeller Gemeindezentrum St. Michael,** Kölner Str. 36, ✆ 42190. In dem romanischen Kirchturm befinden sich neben einer Dokumentation zur römischen Besiedlung auch römische Funde aus Dormagen.
- **Schloss-Destille Zons,** Mauerstr. 26a, ✆ 47658. Die private Sammlung umfasst Exponate mittelalterlicher Waffen und Tonzeug. Zu sehen sind eine Nachbildung eines mittelalterlichen Verlieses und historische Fotos zur Stadtgeschichte.
- **Römer-Therme**, An der Römerziegelei, ✆ 02135/515600. Beheiztes Freibad mit Sprudelliegen und Brausesprudler.

6 Delhoven

PLZ: 41540; Vorwahl: 02133

D1
Neuss
Globe-Theater
Lager Novaesium
Volmerswerth
Flehe
Bilk
Eller
Wersten
Holthausen
Reisholz
Gnadental
Grimlinghausen
Reuschenberg
Selikum
Schloss Reuschenberg
Kinderbauernhof
Holzheim
Wecknoven
Erfttal
Norf
Uedesheim
Himmelgeist
Itter
Schloss Mickeln
Haus Elbroich
Stüttgen
Elvekum
Hombroich
Helpenstein
Speck
Schlicherum
Hoisten
Wehl
Allerheiligen
Stürzelberg
St. Peter
Münchrath
Gruissem
Schloss Benrath
Rhein
Erft
Nordkanal
Obererft
Gilbach
Hummelsbach
Norfbach
Helpensteiner Graben
Himmelsberg
Gut Neuwahlscheid
Am Reckberg
Kölner Straße
Alexanderplatz
Neuss Hafen
88

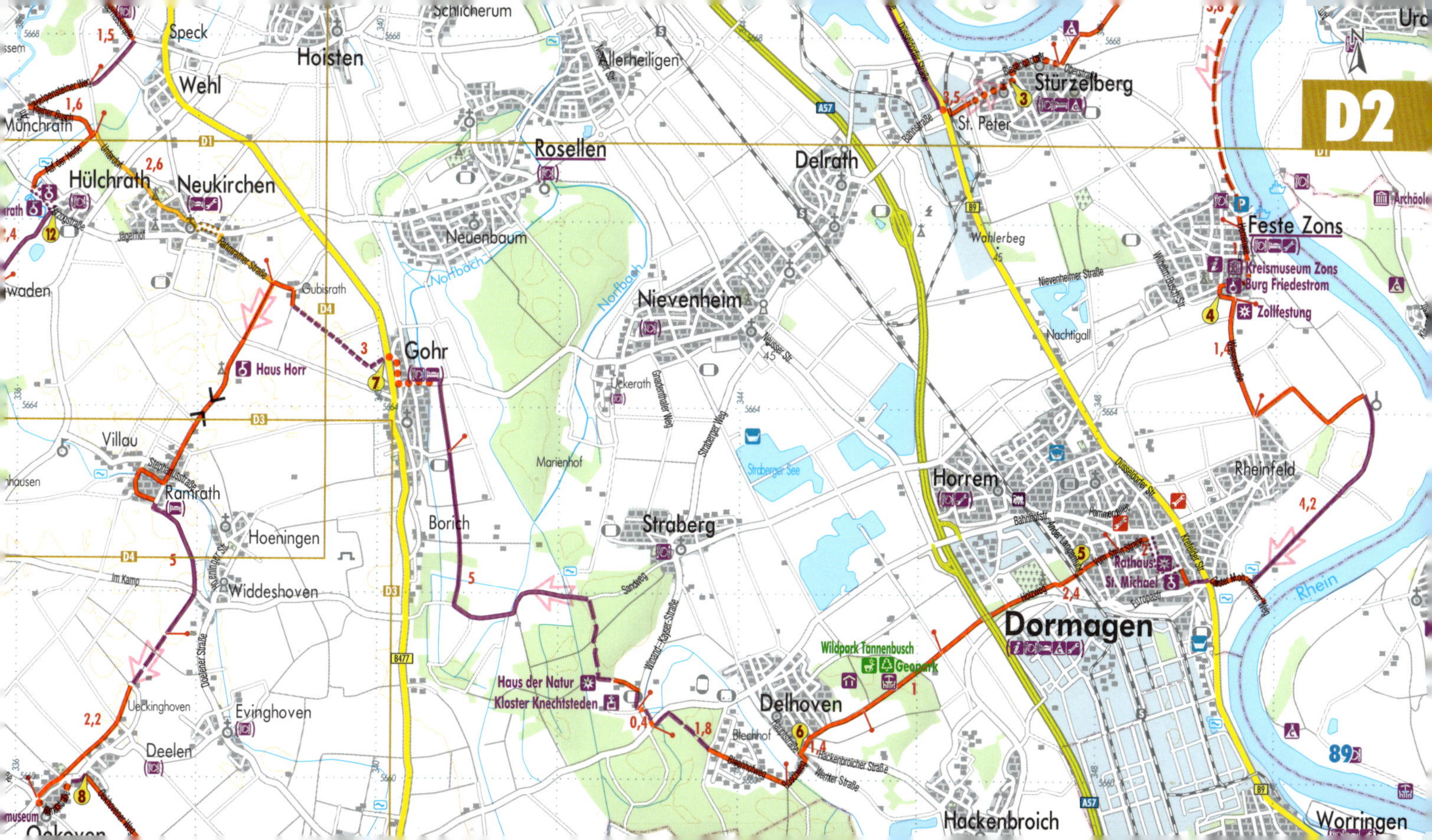
D2
Schlicherum
Speck
Hoisten
Wehl
Allerheiligen
Stürzelberg
St. Peter
Münchrath
Hülchrath
Neukirchen
Rosellen
Delrath
Neuenbaum
Feste Zons
Kreismuseum Zons
Burg Friedestrom
Zollfestung
Gubisrath
Norfbach
Nievenheim
Gohr
Haus Horr
Ückerath
Nachtigall
Wahlerbeg
Villau
Ramrath
Hoeningen
Borich
Marienhof
Straberger See
Straberg
Horrem
Rheinfeld
Widdeshoven
Rathaus
St. Michael
Dormagen
Rhein
Haus der Natur
Kloster Knechtsteden
Wildpark Tannenbusch
Geopark
Ueckinghoven
Evinghoven
Delhoven
Blechhof
Deelen
Hackenbroich
Worringen
Villau
Jägerhof
Im Kamp
Sandweg
Stephanusstraße
Straberger Weg
Gradenthaler Weg
Neusser Str.
Nievenheimer Straße
Wilhelm-Busch-Str.
Bahnhofstr.
Düsseldorfer Str.
Kölner Str.
Hackenbroicher Straße
Weilerer Straße
Europastr.
Holzweg
Dobbener Straße
Hoeninger Str.
A57
B9
B477
D1
D3
D4
Ur
nhausen
waden
ssem
museum
Ockoven
1,5
1,6
2,6
2,4
3
3,5
5
4,2
2,4
2,2
0,4
1,8
1,4
1
89

Stadtmarketing Dormagen, Schlossstr. 2-4, ✆ 276280, www.dormagen.de

Wildfreigehege Tannenbusch, ✆ 80718, ÖZ: ganzjährig. Die Freigehege im Delhovener Tannenbusch beherbergen unter anderem Wildschweine, Auerochsen und Fasane.

Erholungswald und Wildfreigehege Tannenbusch, Geopark, Waldbildungsstätte, Naturlehrpfad, Trimm-Dich-Parcours, Waldcafé, Führungen unter ✆ 92477

Der Tannenbusch bei Delhoven ist ein beliebter Naherholungswald, der aus einem kleinen Wäldchen entstanden und seit den 1950er Jahren durch kontinuierliche Baumpflanzungen zu einem rund hundert Hektar großen Areal ausgebaut worden ist.

Kloster Knechtsteden

PLZ: 41540; Vorwahl: 02133

Stadtmarketing Dormagen, Schlossstr. 2-4, ✆ 276280, www.dormagen.de

Kloster Knechtsteden (12.Jh.), ✆ 8941

Das Kloster wurde im 12. Jahrhundert von den Prämonstratensern erbaut. Schmuckstück des Klosters ist die 1130 erbaute romanische Doppelchorbasilika, die zu den bedeutendsten sakralen Bauten in der Region gehört. Das Kloster besitzt auch heute noch seelsorgerische Einrichtungen. Darüber hinaus beherbergt es ein Kulturzentrum mit Künstlerwerkstätten und -ateliers. Außerdem gibt es eine Theaterscheune, einen Kräutergarten, einen großen Kinderspielplatz, Übernachtungsmöglichkeiten und Gastronomie.

Straberg

PLZ: 41541; Vorwahl: 02133

Stadtmarketing Dormagen, Schlossstr. 2-4, ✆ 276280, www.dormagen.de

Nievenheimer/Straberger Badessee, ✆ 17050, DLRG-Aufsicht

Von Kloster Knechtsteden nach Grevenbroich — 36 km

7 Gohr

8 Oekoven

PLZ: 41569; Vorwahl: 02183

Gemeindeverwaltung Rommerskirchen, Bahnstr. 51, ✆ 80056, www.rommerskirchen.de

Feld- und Werksbahnmuseum, Bahnhof Oekoven, ✆ 9069, ÖZ: Mai-Okt., So 14-18 Uhr, an jedem 1. So in diesen Monaten und an den Pfingsttagen Fahrbetrieb. Zu sehen sind zirka 25 Lokomotiven und Waggons, Fahrten mit der Dampflok, Dampflok-Wochenendseminare.

9 Rommerskirchen

PLZ: 41569; Vorwahl: 02183

Gemeindeverwaltung, Bahnstr. 51, ✆ 80056, www.rommerskirchen.de

Skulpturenhallen Ulrich Rückriem, Grevenbroicher Str. 29, ✆ 7045. In den beiden Ausstellungshallen ist eine einmalige Werkschau des Bildhauers Ulrich Rückriem zu sehen.

Kreislandwirtschaftsmuseum, Grevenbroicher Str. 29, ✆ 7045, ÖZ: Di-Fr 14-17 Uhr, Sa, So 12-17 Uhr. Exponate und Wechselausstellungen rund um die Landwirtschaft.

Gilbach-Bühne Evinghoven, Widdeshovener Str. 52, ✆ 6985; Theateraufführungen.

Kulturcafé, Grünweg 9, ✆ 440198, Kleinkunst in privater Atmosphäre.

10 Neurath

11 Grevenbroich

PLZ: 41515; Vorwahl: 02181

Verkehrsverein Grevenbroich e. V., Altes Rathaus, Am Markt 1, ✆ 608350, www.grevenbroich.de

Museum Villa Erckens, Am Stadtpark, ✆ 659696 od. 608653, ÖZ: Mi, Do, Sa, So 10-17 Uhr. Einerseits präsentiert das Museum unterschiedliche Wechselausstellungen zur Kulturgeschichte zum Teil mit Bezug zur Region, andererseits werden aber auch zahlreiche Veranstaltungen wie Lesungen, Konzerte, Vorträge, Workshops etc. angeboten.

Altes Schloss, Schlossplatz. Von dem einst gut befestigten Schloss ist heute nur noch der Palastbau und ein Torgebäude erhalten.

Zisterzienserkloster, OT Langwaden. Das Kloster ist eines der Klöster, die als Folgegründung des Klosters in Kamp gelten. Langwaden wurde 1137 erstmals schriftlich erwähnt.

Braunkohletagebau, Infos beim Verkehrsverein Grevenbroich. Die Wirtschaft in Grevenbroich ist von der Landwirtschaft, dem Braunkohletagebau und der Verstromung der Braunkohle gekennzeichnet.

Hallenfreibad, Schlossstraße, ✆ 659568, Spaßrutsche

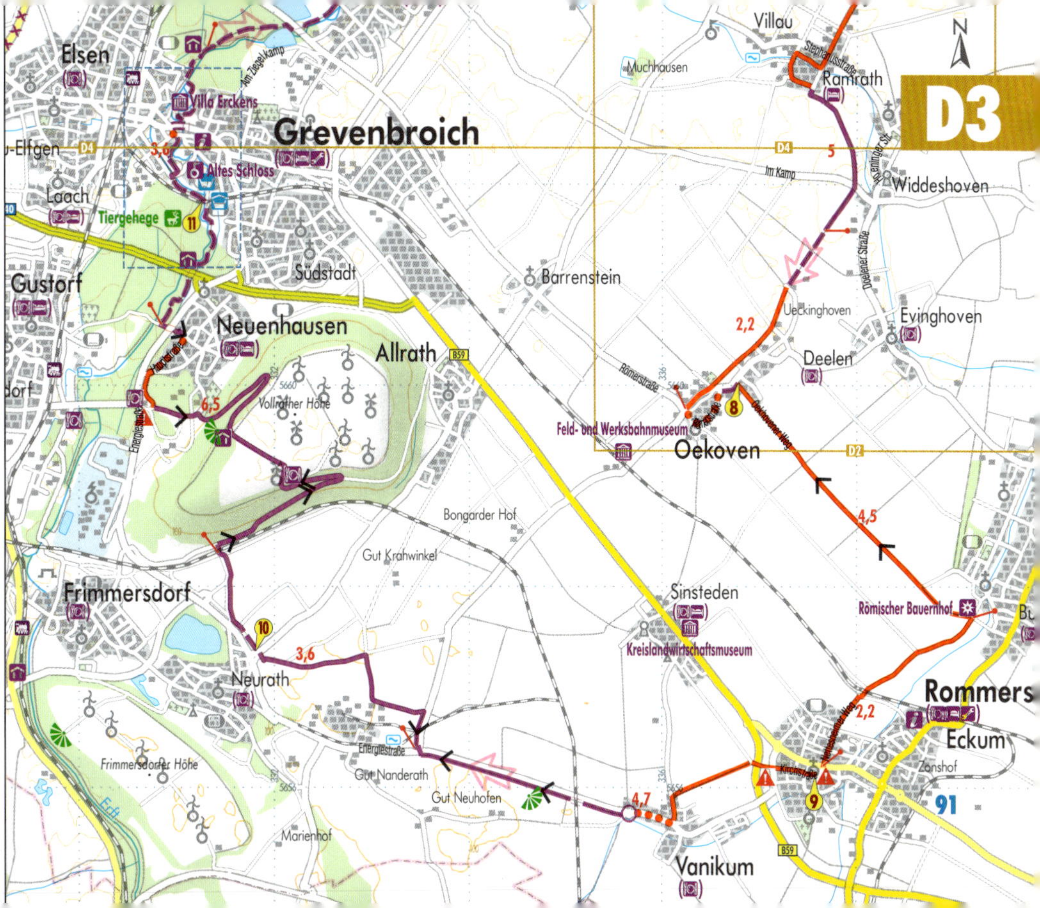

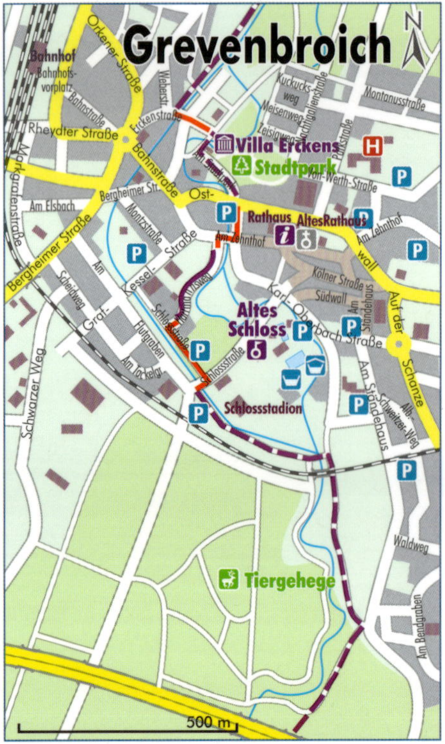

Von Grevenbroich nach Jüchen *30,5 km*

12 Hülchrath

PLZ: 41515; Vorwahl: 02181

- **Verkehrsverein Grevenbroich e.V.**, Altes Rathaus, Am Markt 1, ✆ 608350, www.grevenbroich.de
- **Schloss Hülchrath** wurde im Mittelalter als Niederungsburg auf einer Motte errichtet. Sie war Sitz der Grafen von Hülchrath, ab 1324 kurkölnische Landesburg. Heute befindet sich die Anlage in Privatbesitz.

13 Aldenhoven

14 Gierath

15 Jüchen

PLZ: 41363; Vorwahl: 02165

- **Gemeindeverwaltung Jüchen**, Am Rathaus 5, ✆ 915-230, www.juechen.de
- **Schloss Dyck**, ✆ 8240, ÖZ: tägl. 10 Uhr bis Einbruch der Dunkelheit, Ausstellungen zur Gartenkunst und Schlossgeschichte. Das Wasserschloss im Stil des Barock ist ein eindrucksvolles Beispiel niederrheinischer Baukunst. Es liegt umgeben von einem malerischen Wassergraben und einem Landschaftsgarten, der sich mit seinen langen Sichtachsen nach Süden erstreckt. Sehenswert ist auch die barock ausgestattete Kapelle, die Tapisserien und die Wandbespannungen. Schloss Dyck ist Zentrum für Gartenkunst und Landschaftskultur. Hier werden aktuelle Gartentrends gezeigt und Tipps für den heimischen Garten gegeben.
- **Haus Katz**, Steinstr. ✆ 915230. Die Wasserburg wurde gegen Ende des 17. Jhs. von Vogt August Katz erbaut.
- **Braunkohletagebau – Garzweiler I & II**, Infos bei der Gemeindeverwaltung. Das gesamte Ausmaß des Braunkohletagebau wird vom Aussichtspunkt in Jüchen, Kölner-/Wilhelmstraße, deutlich.
- **Hallenbad**, Stadionstraße, ✆ 1617

Von Jüchen nach Haus Horst/Giesenkirchen20,5 km

16 Steinforth

17 Glehn

PLZ: 41352; Vorwahl: 02161

- **Stadtverwaltung Korschenbroich**, Sebastianusstr. 1, ✆ 613-161, www.korschenbroich.de
- **Fleckenhaus** (1560). Haupthaus im Stil der holländischen Renaissance. Der Gesamtcharakter einer zweiteiligen Wasserburg ist bis heute ersichtlich.

Liedberg

PLZ: 41352; Vorwahl: 02161

- **Stadtverwaltung Korschenbroich**, Sebastianusstr. 1, ✆ 613-161, www.korschenbroich.de

D4
Giesenkirchen
Schelsen
Glehn
Lüttenglehn
Röckrath
Holzheim
Epsenrdorf
Liedberg
Haus Fürth
Scherfhausen
Rubbelrath
Steinforth
St. Niklas
Langen Foundation
Insel Hombroich
Waat
Neue Garten
Schloss Dyck
Damm
Busch
Helpenstein
Speck
Wehl
Aldenhoven
Neuenhoven
Wallrath
Kapellen
Schlich
Dürselen
Hoppers
Münchrath
Neubrück
Hemmerden
Mühlrath
Kamphausen
Murmein
Stessen
Tüschenbroich
Hülchrath
Neukirchen
Schloss Hülchrath
Kelzenberg
Bedburdyck
Langwaden
Schaan
Garzweiler
Gierath
Priesterath
Herberath
Noithausen
Gubberath
Haus Katz
Jüchen
Orken
Wevelinghoven
Haus Horr
Galgenberg
Villau
Tagebau Garzweiler-Nord
Elsen
Muchhausen
Ramrath
Villa Erckens
Grevenbroich
Hoeninge
93

Das **Haus Fürth** ist die letzte in Fachwerkbauweise ausgeführte Wasserburg des Rheinlandes.

Schlossruine Liedberg, eine der wenigen Höhenburgen am Niederrhein. Von dem im 17. Jh. erbauten Schloss sind der Torturm, Reste der Burgmauer, das Herrenhaus und der Mittelturm erhalten. Heute befindet sich das Gebäude in Privatbesitz.

Haus Fürth

Schloss-Kapelle (1707) Backsteingotik mit einem kleinen Barockaltar im Innenraum.

Mühlenturm (13. Jh.)

Historischer Ortskern mit mehr als 1000-jähriger Geschichte und gepflegten Fachwerkhäusern.

18 Schelsen

Giesenkirchen

PLZ: 41238; Vorwahl: 02166

Marketing Gesellschaft Mönchengladbach (MGMG), Voltastr. 2, ✆ 25-2525

Haus Zoppenbroich, Wasserburg aus dem 14. Jh. Heute ein bekanntes Gestüt mit erfolgreichen Pferden aus der eigenen Zucht.

Haus Horst, neugotisches Wasserschlösschen (1845)

Freibad Giesenkirchen, Trimpelshütter Str., ✆ 80102. ÖZ: Mai-Aug.

Von Haus Horst nach Schloss Wickrath 13,5 km

Korschenbroich

PLZ: 41352; Vorwahl: 02161

Schloss Liedberg

Stadtverwaltung Korschenbroich, Sebastianusstr. 1, ✆ 613-161, www.korschenbroich.de

Heimatmuseum Korschenbroich, Am Bahnhof 2, ✆ 613-121, ÖZ: So 14-17 Uhr, Sonderausstellungen.

Schloss Myllendonk, Myllendonkstraße, ✆ 613-161. Die mittelalterliche Wasserburg mit gotischen und barocken Elementen ist heute von einer Golfanlage umgeben und befindet sich in Privatbesitz.

Hallenbad, Von-Bodelschwingh-Str. 3, ✆ 64788

19 Mönchengladbach-Rheydt

PLZ: 41238; Vorwahl: 02166

Marketing Gesellschaft Mönchengladbach (MGMG), Voltastr. 2, ✆ 02161/25-2525, www.mgmg.de, www.moenchengladbach.de

Städtisches Museum Schloss Rheydt, Schlossstr. 508, ✆ 928900, ÖZ: April-Sept., Di-So 11-19 Uhr, Okt.-März, Di-Sa 11-16 Uhr, Wechselausstellungen in der Vorburg, Vorträge, Konzerte, Kurse und Führungen. Das Museum für Kunst- und Kulturgeschichte zeigt neu konzipierte Sammlungsbestände der Abteilungen „Kunst und Kunstgewerbe der Renaissance, des

D5
Mönchengladbach
Verbindung D5 zu F1
Verbindung D5 zu E9/F1
Verbindung C11 zu D5
Verbindung D5 zu E1
Westend
Holt
Dahl
Ohler
Volksgarten
Schloss Rheydt
Pesch
Bonnenbroich Geneicken
Drölsholz
Rheydt-West
Schrievers
Rheydt
Rheydt-Mitte
Pongs
Haus Horst
Horst
Steinhausen
Schlich
Schmölderpark
Haus Zoppenbroich
Giesenkirchen
Glehn
Epsendorf
Genhülsen
Hockstein
Heyden
Schelsen
Liedberg
Haus Fürth
Scherfhausen
Rubbelrath
Geistenbeck
Steinforth
St. Niklas
Mülfort
Waat
Damm
Busch
Neue Garten
Schloss Dyck
Wickrath
Aldenhoven
Neuenhoven
Wallrath
Schloss Wickrath
Odenkirchen
Hemmerden
Kamphausen
Stessen
Sasserath
Kelzenberg
Bedburdyck
Wickrathberg
Otzenrath/Spenrath
Garzweiler
Gierath
Mevlshof
Engelsholt
Krünsend
Hütz
Rückes
Högdem
Dohr
Kamphausener Höhe
Dürselen
Wey
Hoppers
Murmein
Schaan
Gühnhoven
Morr

Schloss Rheydt

Manierismus und des Barock", „Stadt- und Industriegeschichte" und „Archäologie". Eine besondere Attraktion stellen die Kasematten, unterirdische Verteidigungsanlagen in den Schutzwällen, dar. Hier werden ausgewählte Exponate aus der ur- und frühgeschichtlichen Sammlung sowie besondere Funde aus römischer Zeit in Mönchengladbach gezeigt.

Schloss Rheydt. Die Wasserburg, die durch ein Wall-Graben-System mit vorspringenden Bastionen gesichert wurde, wurde im 17. Jh. im italienisch-maasländischen Renaissance-Stil umgestaltet. Umgeben wird Schloss Rheydt von einer herrlichen Parkanalge in der Niersniederung, die im Rahmen der EUROG 2002plus nach historischen Plänen restauriert wurde. Seit dem Abschluss der umfassenden Renovierung zwischen 1989 und 1997 ist es Sitz des Städtischen Museums Schloss Rheydt

Das **Rheydter Rathaus** wurde zwischen 1894 und 1896 im historisierenden Stil der Wilhelminischen Ära erbaut. Das imposante Bauwerk, im Zweiten. Weltkrieg schwer beschädigt, wurde nach dem Krieg wieder aufgebaut. 1977 erhielt der Rathausturm eine neue Kuppel.

Stadtbad Rheydt, Pahlkestr. 10, ✆ 256660. Hallenbad mit Dampfbad.

20 Odenkirchen

21 Mönchengladbach-Wickrath

PLZ: 41189; Vorwahl: 02166

Marketing Gesellschaft Mönchengladbach (MGMG), Voltastr. 2, ✆ 02161/25-2525, www.mgmg.de, www.moenchengladbach.de

Vogelkundliches Museum – Schloss Wickrath, ✆ 51848, ÖZ: So-nachmittag, Sonderführungen auf Anfrage. Das Museum besitzt eine Sammlung Rheinischer Vogelarten, Säugetiere, Falter und Käfer.

Evangelische Kirche (15. Jh.), Am Pastorat 15, OT Wickrathberg, ✆ 52331. Die Kirche ist ein kunsthistorisches Kleinod. Sie wurde im Jahre 1770 im Rokoko-Stil umgestaltet und diente der Familie von Quadt als Residenzkirche. Sehenswert ist die dabei entstandene Innenausstattung: der Grafenstuhl und die Kanzel der Familie von Quadt.

Schloss Wickrath (1746). Die Gesamte Anlage hat den Grundriss einer Grafenkrone. Das Hauptgebäude der ehemaligen Schlossanlage wurde 1859 abgerissen. Erhalten blieb die Vorburg, in der mehr als 100 Jahre das Preußische Gestüt untergebracht war. Heute ist die Vorburg Sitz des Rheinischen Pferdestammbuchs. Schloss Wickrath ist von einem idyllisch angelegten Park mit Seen und Teichen, Wassergräben und imposanten Alleen umgeben.

Schlossbad Wickrath, Auf dem Damm 109-117, ✆ 59757. Kombiniertes Hallen-/Freibad.

Schloss Wickrath

Von Schloss Wickrath nach Wegberg 20 km

22 Broich

23 Wegberg

PLZ: 41844; Vorwahl: 02434

- **Stadtverwaltung**, Rathauspl. 25, ✆ 830, www.wegberg.de
- **Naturpark Schwalm-Nette**. Infos beim Naturparkzentrum Wildenrath, im Listzentrum, Friedrich-List-Allee 11, ✆ 902620, ÖZ: April-Okt., Di-So 9-17 Uhr, Nov.-März, Di-So 10-16 Uhr. Das Infozentrum befindet sich im südlichen Teil des Naturschutzgebietes auf dem Gelände eines ehemaligen Militärflughafens. Hier erhalten Sie Informationen über die Region zwischen Rhein und Maas und über die kulturellen und landschaftlichen Besonderheiten im Naturpark. Zusätzlich befindet sich im Infozentrum eine Ausstellung zum Thema „Bionik – Zukunftstechnik lernt von der Natur", in der veranschaulicht wird, wie natürliche „Verfahren", z. B. der Bewegung oder Sensorik, für technische Innovationen nutzbar gemacht werden können.
- **NABU Naturschutzstation Haus Wildenrath e. V.**, Naturparkweg 2, Wegberg-Wildenrath, ✆ 02432/902740
- **Schrofmühle**, Schrofmühle 2, ✆ 02431/2642, Besichtigung n. V. Die 1558 erstmals erwähnte Mühle gehört zu den besterhaltenen Wassermühlen des Rheinlandes.

❋ **Tüschenbroicher Mühle**, OT Tüschenbroich. Eine Ölmühle aus dem 17. Jh., ein etwas untypischer Fachwerkbau mit Rieddach, idyllisch an einem Weiher gelegen.

Von Wegberg nach Erkelenz 17 km

Naturpark Schwalm-Nette

Der Naturpark Schwalm-Nette, seit 1965 auch grenzüberschreitend als Naturpark Maas-Schwalm-Nette, erstreckt sich auf einer Fläche von fast achthundert Quadratkilometer über die Kreise Kleve, Viersen und Heinsberg bis in das Tal der Maas auf niederländischer Seite. Natürlich bewahrte Schönheiten, wie z. B. Auenwälder, Moore, Heideflächen und die historisch gewachsene Kulturlandschaft dieser Niederrheingegend, bieten eine Vielzahl von Möglichkeiten für Ausflüge. Das Gebiet ist für Wanderer – zu Fuß wie mit Rad – bestens erschlossen. Es gibt ein sehr gut beschildertes Wegenetz und zahlreiche Ausflugslokale und Landgasthöfe, die zu einer Rast einladen – gute Gelegenheiten, sich zu einer Rheinischen Kaffeetafel niederzulassen. Diese ist eine üppige Zwischenmahlzeit mit süßen und herzhaften Leckereien. Unbedingt dazu gehören Kuchen, verschiedene Brotsorten, Schwarz-, Weiß-, Vollkorn- und Rosinenbrot, mit diversen Wurstsorten und Käse belegt, oder mit süßem Sirup bestrichen. Dazu gibt es viel Kaffee und zum Abschluss einen Schnaps. Die Rheinische Kaffeetafel ist normalerweise eine Angelegenheit von mehreren Stunden, aber die Reize des Naturparks laden natürlich ein, auf dem Streifzug weitere seltene Pflanzen- und Tierarten zu entdecken. Das Naturparkzentrum Wildenrath, wie auch das Informationszentrum auf Burg Brüggen und Haus Püllen in Wachtendonk geben ausführlich Auskunft über die natürlichen Bewohner des Naturparks.

24 Beeck

PLZ: 41844; Vorwahl: 02434

- **Stadtverwaltung Wegberg**, Rathauspl. 25, ✆ 830
- **Flachsmuseum**, OT Beeck, Holturner Str. 19a, ✆ 927614, ÖZ: So 11-12 Uhr und 14.30-17 Uhr.
- **Museum für europäische Volkstrachten**, OT Beeck, Kirchpl. 7, ✆ 927615. Beeindruckende Sammlung verschiedener Volkstrachten Europas.

Flachs

Der blaublütige Flachs gehört zu den ältesten Kulturpflanzen Europas. Die Saat wurde aus der

Gegend des Schwarzen Meeres und des Persischen Golfes eingeführt, stammt ursprünglich also aus wärmeren Gefilden. Sie hat sich aber im Laufe der Jahrhunderte an das kältere Klima Nordeuropas gewöhnt und konnte so zu einem Grundstoff der europäischen Textilindustrie werden. Flachs ist eine einjährige Faserpflanze aus der Familie der Leingewächse, deren Fasern die Grundlage für Leinengewebe sind. „Das sehr nützliche" – so die Übersetzung des lateinischen Pflanzennamens – spendet aus seinen Samen auch ein Öl, das Leinöl, das als Rohstoff für medizinische, z. B. bei Abführmitteln, wie auch technische Mischungen, z.B. bei Lacken und Farben fungiert. Aufgrund seiner aufwändigen Bearbeitung wurde Flachs ab der Mitte des 19. Jahrhunderts weitestgehend von Baumwolle

St. Lambertus, Erkelenz

und heute von künstlichen Stoffen abgelöst. Im Beecker Flachsmuseum werden die traditionellen Weisen von Flachsanbau bis zur Verarbeitung gezeigt. Noch heute wird in der Umgebung von „Flaasbeek" Flachs angebaut, so dass man sich auf dem alljährlichen

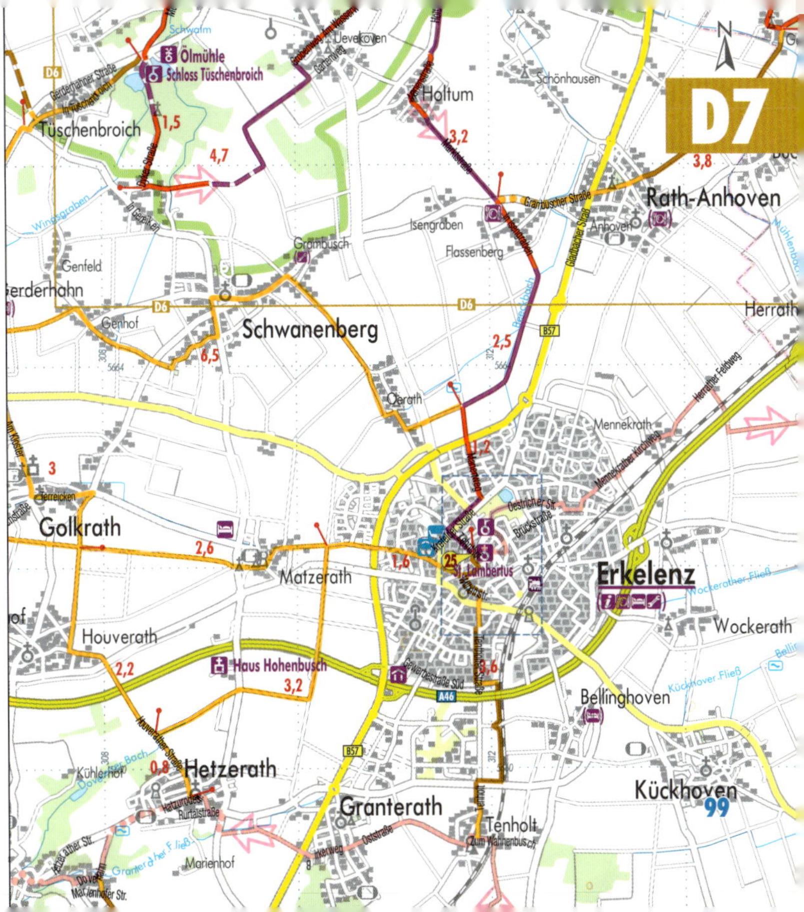

Haus Hohenbusch, Erkelenz

Flachsmarkt am jeweils letzten Wochenende im September – neben den handwerklichen Vorführungen – auch mit den fertigen Erzeugnissen eindecken kann.

25 Erkelenz

PLZ: 41812; Vorwahl: 02431

- **Stadt Erkelenz**, Johannismarkt 17, ✆ 85-0, www.erkelenz.de
- **Pfarrkirche St. Lambertus**, Johannismarkt. Im 14. Jh. wurde mit dem Bau der spätgotischen Hallenkirche begonnen, wobei Teile der Fundamentierung von einem romanischen Vorgängerbau (9./10. Jh.) übernommen wurden. Nachdem das Kirchenschiff im Zweiten Weltkrieg zerstört worden war, wurde 1953 ein Neubau in romanisierendem Stil errichtet. Der 84 m hohe Turm im spätgotischen Stil stammt von 1458.
- **Haus Hohenbusch**, ein von den Kreuzherren 1302 gegründetes Kloster, wurde im Zuge der napoleonischen Kriege säkularisiert. Die Kirche wurde 1802 zerstört, ihr wertvolles Inventar wurde weiträumig auf andere Kirchen verteilt. Heute ist Hohenbusch ein vielgenutzter Veranstaltungsort für Ausstellungen und Konzerte.
- **Geldrische Landesburg**. Die Burg wurde im 14. Jh. erstmals urkundlich erwähnt und war im Mittelalter Bestandteil der heute nur noch teilweise erhaltenen Stadtbefestigung. Um 1500 erhielt die Burg ihr heutiges Aussehen. Vor allem der wuchtige 24 m hohe Burgfried prägt das Bild der Festung.
- **Haus Spiess**, Schülergasse/Ecke Gasthausstraße. Das Gebäude von 1806 wurde im sogenannten „Couvenstil", der sich durch spätbarocke und klassizistische Züge auszeichnet, errichtet.
- **Altes Rathaus**, Markt. Das Gebäude wurde 1546 an der Stelle des früheren Rathauses, das 1540 bei einem Stadtbrand zerstört wurde, im spätgotischen Stil erbaut.

Appels Bell, Erkelenz

- **Neumühle** (1799), Neumühle/Aachener Straße
- **Kunst im Stadtgebiet**. Im Stadtkern gibt es eine Reihe von Kunstwerken, die entweder in Beziehung zur Stadtgeschichte stehen oder aber an frühere Originale erinnern, wie z. B. Appelsbell, die eine bekannte Marktfrau darstellt, die selbstangebotenes Obst und Gemüse an die Erkelenzer verkaufte.
- **Hallen- und Freibad**, Westpromenade 2, ✆ 85353

Bereits 5000 v. Chr. war das Gebiet des heutigen Erkelenz besiedelt. Nicht nur der Fund eines Holzbrunnens bei Erkelenz-Kückhoven, sondern auch die Entdeckung mehrerer Brandgräber und Trümmerstätten belegen dies. Vermutlich kamen die Siedler u .a. auch aufgrund des sehr fruchtbaren Lössbodens der Erkelenzer Börde hierher.
Erstmals in einer Urkunde als „Herclinze" erwähnt wurde die Ortschaft im Jahr 966. Neben dem fruchtbaren Boden – im Mittelalter sprach

man vom „kornreichen Erkelenz“ – führte auch die vorteilhafte Lage an der Kreuzung der beiden alten Handelsstraßen Köln-Roermond und Krefeld-Aachen zu einem raschen Wachstum und zur Verleihung des Stadtrechts im Jahr 1326.
Nachdem die Stadt zu Beginn des 18. Jahrhunderts an das Herzogtum Jülich gegangen und gegen Ende desselben Jahrhunderts von den Franzosen besetzt worden war, wurde Erkelenz 1815 Sitz der Kreisverwaltung. In den folgenden Jahrzehnten ließen sich immer mehr Firmen und Fabriken hier nieder; vor allem die Verlegung der internationalen Bohrgesellschaft zum Ende des 19. Jahrhunderts brachte weitere Industrialisierung in das Gebiet.

Neumühle, Erkelenz

Nach der totalen Zerstörung der evakuierten Stadt zum Ende des Zweiten Weltkrieges wurde sie bis zur Mitte der 1950er Jahre zum Großteil wieder aufgebaut.
Aufgrund einer kommunalen Neugliederung ist Erkelenz seit 1972 zwar nicht mehr Kreisstadt, aber sie bleibt weiterhin ein wichtiges Zentrum für die Region, nicht nur als Schul- und Sportstadt, sondern auch als Kultur- und Einkaufsstadt. Im historischen Stadtkern mit den malerischen Plätzen laden Cafes und Bistros zum Verweilen ein. Hier verbinden sich Flair und Lebensqualität.

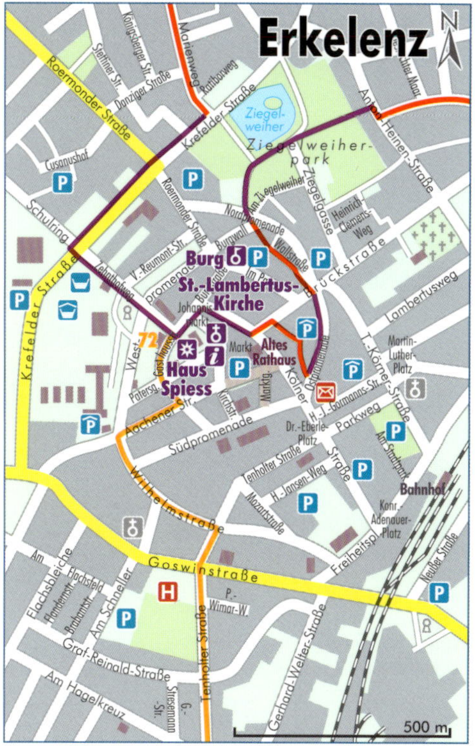

Von Erkelenz nach Mönchengladbach 203,5 km

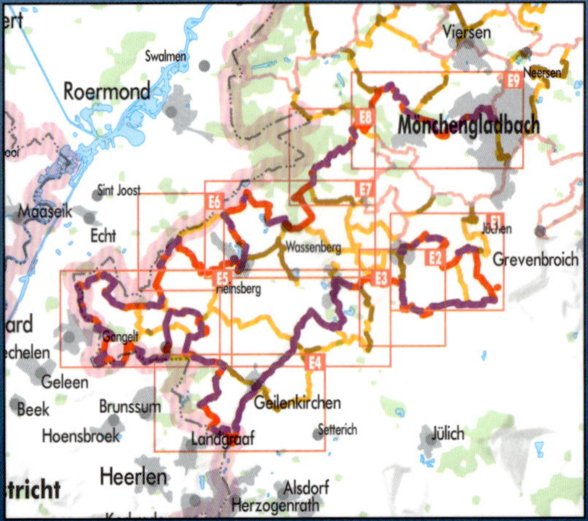

Die abwechslungsreiche Landschaft und die auenartigen Täler von Rur, Wurm und Schwalm werden Sie hier im westlichsten Teil Deutschlands immer wieder zu einer Rast oder einem Abstecher einladen. Oder satteln Sie bei Gangelt doch einfach um: Die Selfkantbahn bietet einen netten Ausflug mit einer historischen Dampflok. Die Route führt Sie immer mal wieder über die „grüne Grenze" nach Holland, z. B. bei Übach-Palenberg, wo die Route auf holländischer Seite am Schloss Rimburg vorbeiführt. Auf Ihrem Weg nach Norden fahren Sie durch den Naturpark Maas-Schwalm-Nette und entlang der natürlichen Flusslandschaft der Niers nach Mönchengladbach hinein.

Die NiederRheinroute verläuft überwiegend auf ruhigen Wirtschaftswegen, sehr selten auf unbefestigten Radwegen und in den Ortslagen häufig auf straßenbegleitenden Radwegen oder Radstreifen. Auf der gesamten Strecke müssen Sie häufiger als bisher mit leichteren Steigungen rechnen.

Von Erkelenz nach Hückelhoven *41 km*

1 Erkelenz

2 Keyenberg

3 Immerath

4 Lövenich

PLZ: 41812; Vorwahl: 02431

- **Stadt Erkelenz**, Johannismarkt 17, ✆ 85-0, www.erkelenz.de
- **Rheinisches Feuerwehrmuseum**, Hauptstr. 23, ✆ 02435/3971, ÖZ: Sa 14-17 Uhr, So 11-17 Uhr. Über 800 historische Feuerwehrrequisiten, vom Auto bis zum Helm zum Ansehen und Anfassen. Die ältesten Ausstellungsstücke stammen aus dem 16./17. Jh.
- **Hofkirche** (1663), Hauptstraße 87, ✆ 02435/1078. Eine kleine ev.-ref. Kirche, die im Umfeld der Religionskämpfe des Dreißigjährigen Krieges vor der Öffentlichkeit verborgen auf dem Hof eines gewöhnlichen Wohnhauses gebaut werden musste.

5 Doveren

PLZ: 41836; Vorwahl: 02433

- **Stadtverwaltung Hückelhoven**, Parkhofstr. 76, Hückelhoven, ✆ 820, www.hueckelhoven.de
- **Pfarrkirche St. Dionysius**, (12./18. Jh.), Dionysiusstr. 6. Romanischer Westturm mit spätbarockem Saalbau, im Innern ro-

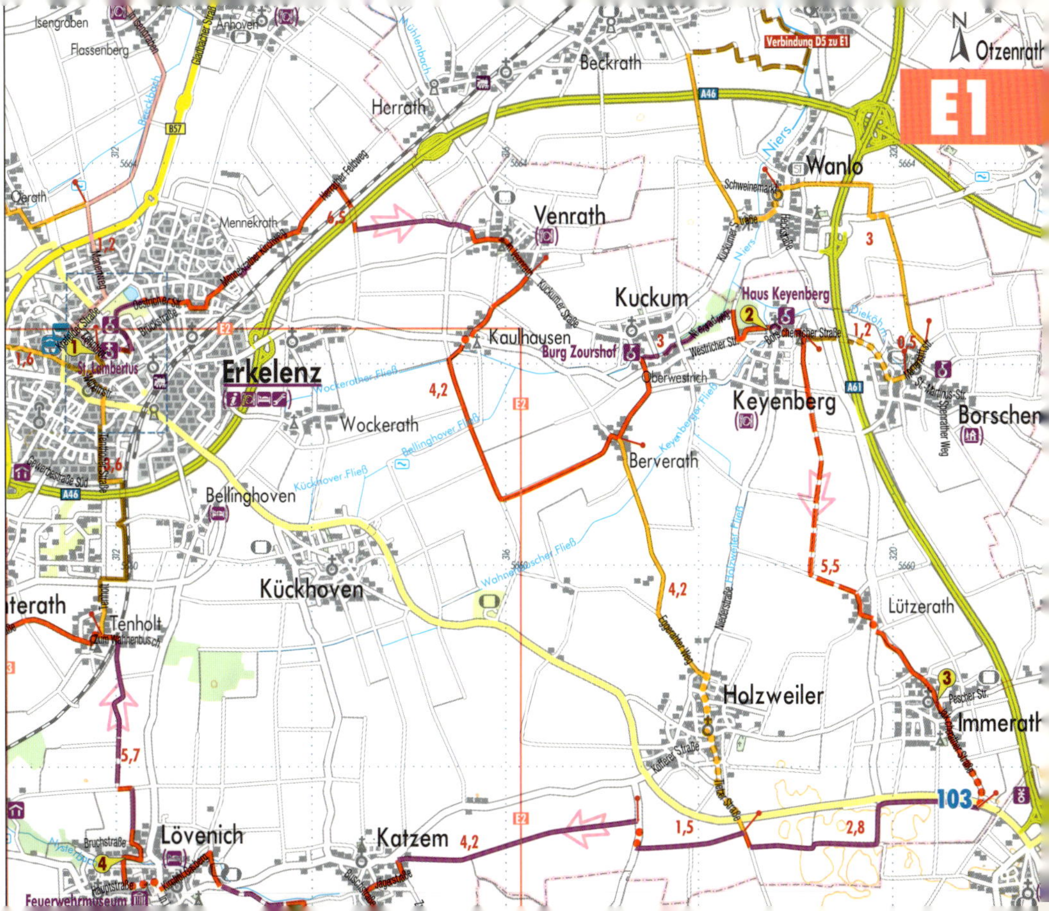

manischer Taufstein (12./13. Jh.) und Tafelgemälde „Anna Selbdritt" (18. Jh.).

Doverener Mühle, Dammweg 14, ✆ 97960. Eine ehemalige Wassermühle, in der sich heute ein Hotel-Restaurant und ein Biergarten befinden.

Hückelhoven

PLZ: 41836; Vorwahl: 02433

Stadtverwaltung, Parkhofstr. 76, ✆ 820, www.hueckelhoven.de

Mineralien- und Bergbaumuseum, Ludovicistr. 1, ✆ 2303 od. 2627, ÖZ: So 11-15 Uhr, Mi ab 18 Uhr. Exponate aus der Geschichte des Bergbaus, Eindrücke aus der Arbeit unter Tage und Einsichten über den Steinkohleabbau. Außerdem gibt es eine umfangreiche Mineraliensammlung. Wenn man noch weiter in die Lebenswelt des Bergbaus eintauchen möchte, kann man zusätzlich eine alte Bergmannsiedlung besuchen, die sich zwischen Hückelhoven Mitte und Schaufenberg befindet.

Korbmachermuseum, Nohlmannstr. 22, ✆ 41107, ÖZ: Mo 9-12 Uhr

Evangelische Pfarrkirche Hückelhoven, Haagstraße. Der neugotische Bau wurde 1890/91 erbaut. Die 4 Votivtafeln im Inneren der Kirche sind mit vergoldeten Schriftbändern und Wappen ausgestattet.

Katholische Pfarrkirche St. Barbara, Hückelhoven, Brassertstraße. Der verputzte, weiß gestrichene Stahlskelettbau mit seitlich stehendem Glockenturm wurde 1932/33 erbaut und trägt den Namen der Schutzpatronin der Bergleute.

Katholische Pfarrkirche St . Lambertus (18./19. Jh.), Hückelhoven, Dinstühlerstraße. Neugotische Backstein-Saalkirche mit romanischem Taufstein aus dem 12./13. Jh. im Inneren.

Katholische Pfarrkirche St. Stephanus (15./16. Jh), Kleingladbach, Palandstraße. Dreischiffige Backsteinkirche mit Wandmalereien im Inneren.

Katholische Pfarrkirche St. Brigida (19. Jh.), Baal, Aachener Straße . Die Backstein-Saalkirche wurde im Zweiten Weltkrieg

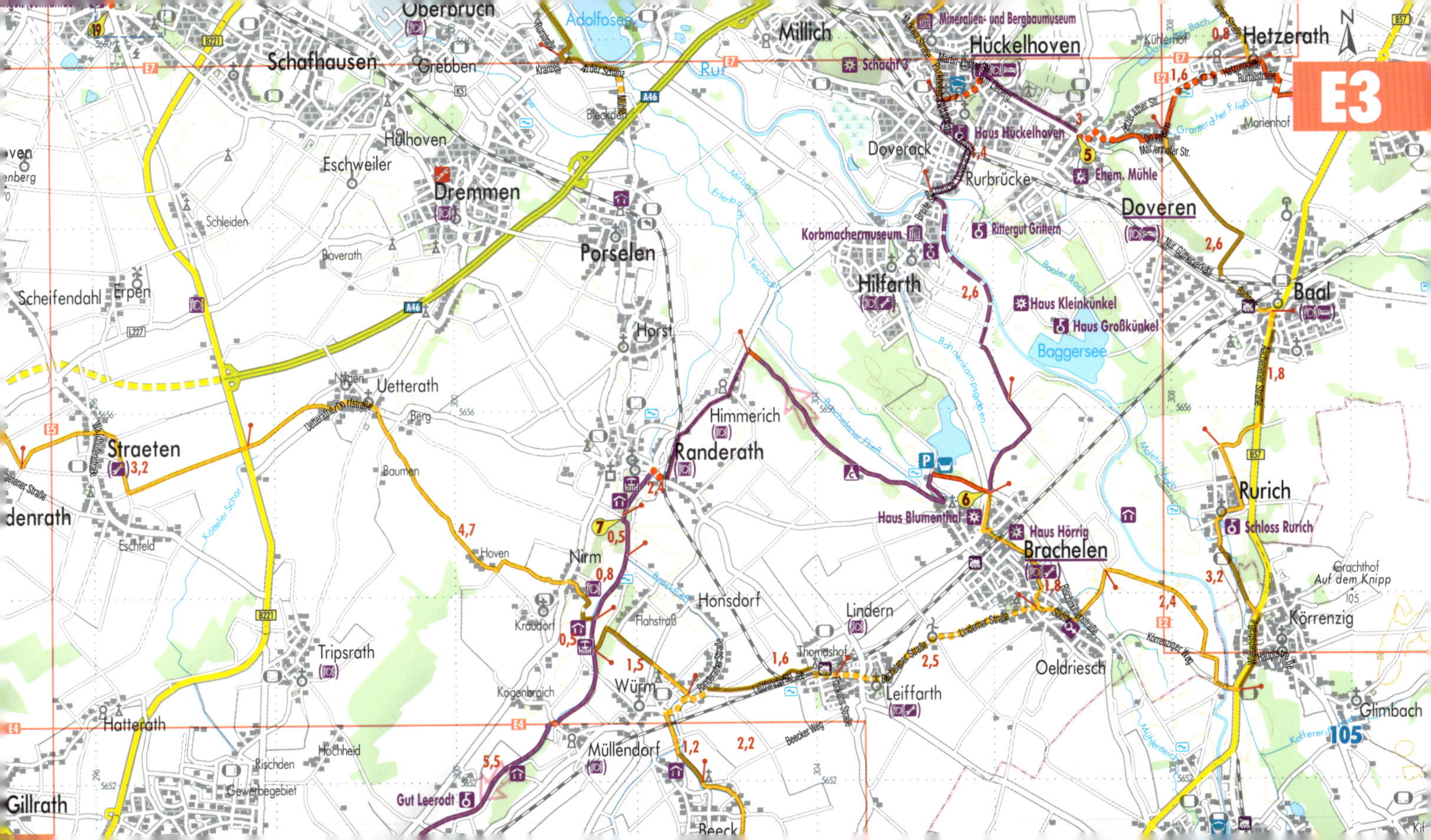

E3
Oberbruch
Adolfosee
Millich
Mineralien- und Bergbaumuseum
Hückelhoven
Hetzerath
Kühlerhof
Schafhausen
Grebben
Kranzes
An der Schanz
Rur
Schacht 3
Martin-Luther-Str.
Rurtalstraße
B221
B57
A46
E7
E2
K5
Bleckden
Hülhoven
Eschweiler
Dremmen
Schleiden
Boverath
Porselen
Haus Hückelhoven
Doverack
Rurbrücke
Ehem. Mühle
Doveren
Marienhof
Marienhofer Str.
Granterather Fließ
Korbmachermuseum
Rittergut Grittern
Hilfarth
Scheifendahl
Erpen
L227
Horst
Haus Kleinkünkel
Haus Großkünkel
Baal
Baggersee
Baaler Bach
Mirbach
Erlenbach
Teichbach
Uetterath
Nigen
Uetterather Dorfstraße
Berg
Himmerich
Straeten
Wolfsmühlenstraße
Randerath
Haus Blumenthal
Haus Hörrig
Brachelen
Rurich
Schloss Rurich
Baumen
Hoven
Eschfeld
Nirm
Honsdorf
Lindern
Körrenzig
Grachthof
Auf dem Knipp
Kraudorf
Flahstraß
Thomashof
Oeldriesch
Tripsrath
Würm
Leiffarth
Kogenbroich
Hatterath
Müllendorf
Hochheid
Rischden
Gewerbegebiet
Gillrath
Gut Leerodt
Beeck
Glimbach
E4
E5
Bahnenkampsgraben
Linderner Straße
Körrenziger Weg
Beecker Weg
Köttelер Schar
4,7
3,2
2,4
0,5
0,8
1,5
1,6
2,5
1,8
2,6
1,4
0,8
1,6
3
1,2
2,2
5,5

stark beschädigt und nach 1945 in veränderter Form wieder aufgebaut.

- **Katholische Pfarrkirche St. Leonhard** (1904-06), Hilfarth, Brückstraße. Dreischiffige neugotische Backstein-Hallenkirche mit Wandmalereien im Inneren.
- **Katholische Pfarrkirche St. Johannnes der Täufer**, (15.-18. Jh.), Ratheim, Kirchstraße. Gotische/neugotische Backstein-Hallenkirche.
- **Herrenhäuser**: **Haus Hückelhoven** (13./14. und 16./17. Jh.) Dinstühlerstraße, Rittersitz des Reinhard von Huckilhoven; **Haus Hall** (18./Anfang 20. Jh.), Ratheim, Hagbrucher Str. 1; **Wasserschloss Gut Grittern** (16. Jh.), ehemalige Wasserburg; **Haus Kleinkünkel** (16. Jh.), ehemalige Wasserburg; **Haus Blumenthal** (16./17. Jh.), Brachelen, Alter Steinweg; **Schloss Rurich** (18./19. Jh), Hompeschstraße, klassizistisches Hauptgebäude mit neugotischer Kapelle.
- **Besucherbergwerk „Schacht 3"**, Sophiastr. 30, ✆ 0171/9800410, Führungen n. V.
- **Naturseebad Kapbusch**, zwischen Hilfarth und Brachelen an der L 364, ÖZ: Mai-Aug.
- **Freizeitbad**, Martin-Luther-Str. 22, ✆ 2256, ÖZ: Di-Fr 14.30-21.30 Uhr, Sa, So 9-17 Uhr. Großes Schwimmbecken mit Sprungturm und Wasserrutsche.

Von Hückelhoven nach Übach-Palenberg 24 km

6 Brachelen

7 Randerath

8 Geilenkirchen

PLZ: 52511; Vorwahl: 02451

- **Stadtverwaltung**, Markt 9, ✆ 6290, www.geilenkirchen.de
- **Hl. Kreuz Süggerath**, gotischer Kirchenbau mit Kreuzrippengewölbe aus dem 16. Jh. Im Inneren befindet sich ein Schnitzaltar (1530) im Stil der niederländischen Frührenaissance.
- Dei ehemalige **Burg**, eine spätmittelalterliche Wasseranlage aus dem 15. Jh., wurde beständig über die Jahrhunderte baulich ergänzt.
- **Herrenhäuser**, zweigeschossige Backsteinbauten, häufig als Wasseranlage: **Burg Trips** (15. Jh.), **Schloss Breill** (16.-18. Jh.), **Schloss Leerodt** (17. Jh.), **Haus Zumdahl** (18. Jh.) **Gut Muthagen** (17./18. Jh.)
- **Teverener Heide**. Zirka 450 ha großes Naturschutzgebiet.

Teverener Heide

Man kann auf einem weitläufigen Wegenetz durch einmalige Offenlandbiotope – Heideflächen, Moore, Sandtrockenrasen und Feuchtwiesen – zu Fuß oder nach einem Satteltausch zu Pferde seltene Pflanzen, z. B. Wollgras und Lungenenzian, und Tiere, wie etwa den Moorfrosch oder die Heidekraut-Eule, entdecken.
Die Teverener Heide ist außerdem bekannt für verschiedene archäologische Funde aus der mittleren Steinzeit.

9 Übach-Palenberg

PLZ: 52531; Vorwahl: 02451

- **Stadtverwaltung**, Rathauspl. 4, ✆ 979310
- **Schloss Zweibrüggen**. Eine ursprüngliche Burganlage aus dem 14. Jh., die 1766 in ein klassizistisch geprägtes Schloss umgebaut wurde. Klare Formen, gerade Linien und Symmetrien be-

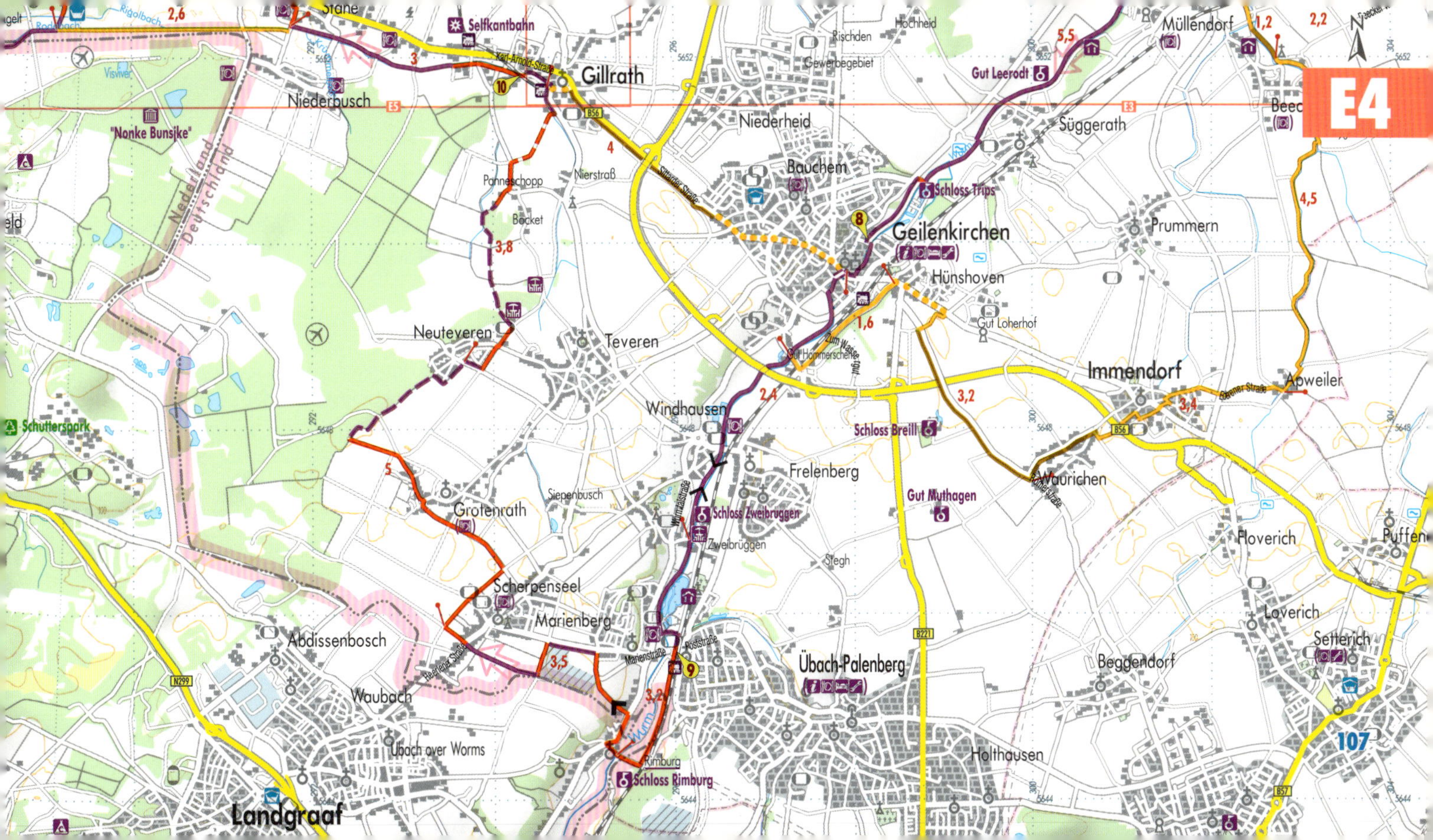

E4
Gillrath
Selfkantbahn
Karl-Arnold-Straße
Niederbusch
"Nonke Bunsjke"
Visviver
Rodebach
Rigolbach
Niederheid
Rischden
Hochheid
Gewerbegebiet
Müllendorf
Gut Leerodt
Süggerath
Beec
Bauchem
Schloss Trips
Geilenkirchen
Hünshoven
Prummern
Gut Loherhof
Gut Hommerschen
Zum Wasserturm
Immendorf
Apweiler
Edener Straße
Panneschopp
Nierstraß
Sittarder Straße
Bocket
Neuteveren
Teveren
Windhausen
Schloss Breill
Frelenberg
Wurmtalstraße
Schloss Zweibruggen
Zweibrüggen
Gut Muthagen
Waurichen
Floverich
Puffen
Nederland
Deutschland
Schutterspark
Grotenrath
Siepenbusch
Stegh
Scherpenseel
Marienberg
Abdissenbosch
Waubach
Heerlener Straße
Marienstraße
Poststraße
Übach-Palenberg
Loverich
Setterich
Beggendorf
Übach over Worms
Wurm
Rimburg
Schloss Rimburg
Holthausen
Landgraaf
N299
B56
B221
B57
E5
E3
2,6
3
10
4
3,8
5,5
1,2
2,2
4,5
8
1,6
2,4
3,2
3,4
5
3,5
3,2
9
107

stimmen die Bauweise des 1993 von der Stadt restaurierten Gebäudes.

Wasserschloss Rimburg. Die Burg aus dem 12. Jh., ganz in der Nähe einer ehemaligen Römerstraße, ist heute ein bedeutendes Denkmal. Sie wurde im Laufe der Jahrhunderte üppiger ausgestattet; dadurch erscheint das Schloss heute im Kleid einer Barockfassade mit Fachwerkgalerien. Der äußere Befestigungsring aus dem 13. Jh. ist noch teilweise erhalten.

Wasserturm (1912)

Als Teil der ehemaligen Carolus Magnus Zeche verschwand der 49 Meter hohe Turm jahrelang zwischen den Kohlehalden. Erst nach Schließung der Zeche 1962 kam der Turm wieder „hervor" und bestimmt heute das Stadtbild als denkmalgeschütztes Wahrzeichen. Der Wasserturm ist einer der wenigen erhaltenen Industrietürme in Stahlleichtbauweise. Die doppelt gekrümmten Stahlbleche des kugelförmigen Wasserbehälters gewährleisten die optimale Ausnutzung des Materials bei größtmöglicher Stabilität, so dass der Behälter problemlos bis zu 500 Tonnen Wasser tragen konnte. In dem ehemaligen Zechengebäude befindet sich heute das

Falkner im Wildpark Gangelt

Carolus Magnus Zentrum für Umwelttechnologie.

Von Übach-Palenberg nach Gangelt — 29 km

10 Gillrath

11 Breberen

12 Gangelt

PLZ: 52538; Vorwahl: 02454

Infocenter, Am Freibad 13, ✆ 936341, www.gangelt.de

Selfkantbahn, Bahnhof Gangelt-Schierwaldenrath, ✆ 6699, Fahrzeiten: Ostern-Sept. Sa, So/Fei, etwa alle zwei Stunden. Historische Schmalspur-Dampfeisenbahn mit Dampflok, Wasserkran, Holzbänken.

Wildpark Gangelt, OT Mindergangelt, Heinsberger Str. 15, ✆ 2459, ÖZ: tägl. 9-19 Uhr. In dem 150 ha großen Naturwaldgelände leben Luchse, Bären, Marder, Wölfe, Störche und Wasservögel, Schwarz- und Rotwild. Eine Besonderheit ist die Greifvogelzucht und die täglich stattfindenden Freiflüge.

Freizeitzentrum Gangelt: Freibad, Kahnweiher und Minigolfplätze. Am Freibad, ✆ 1848. ÖZ Freibad: Mai-Sept. Mo-Fr 6-19 Uhr, Di 6-21 Uhr, Sa 7.30-19 Uhr, So 8.30-19 Uhr. 80 m Riesenrutsche, fünf Sprungtürme, Beachvolleyballplätze.

Von Gangelt nach Selfkant — 30 km

AUSFLUG

Der kurze Abstecher über die Grenze wird mit einem Besuch im historischen Landleben Limburgs belohnt. Alte Handwerkstechniken werden in der Bäckerei, einer Schmiede oder einer Schusterei vorgeführt.

Schinveld/NL

PLZ: 6451, Vorwahl: 0031-45

Freiluftmuseum „Nonke Buusjke", ✆ 5252286 od. 5640782, ÖZ: Mai-Okt., Di, Mi, Sa, So 14-17.30 Uhr. Ein ehemaliger Bauernhof wurde zu einem Freilichtmuseum ausgebaut, in dem das frühere ländliche Leben in Limburg dargestellt wird.

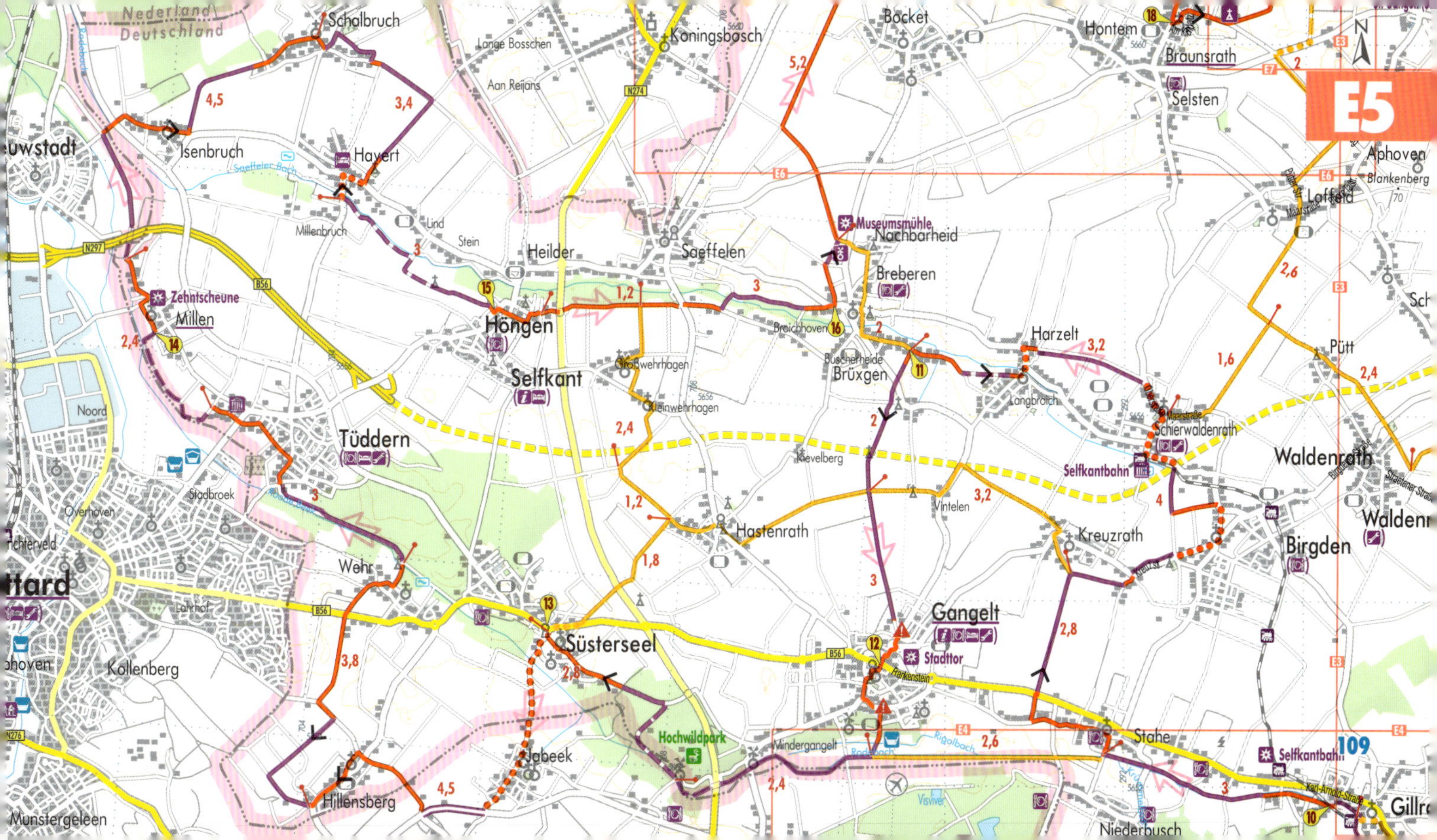
Nederland
Deutschland
Schalbruch
Koningsbosch
Lange Bosschen
Aan Reijans
N274
Bocket
Hontem
Braunsrath
Selsten
E5
Aphoven
Blankenberg
Laffeld
Isenbruch
Havert
Saeffeler Bach
Millenbruch
Lind
Stein
Heilder
Saeffelen
Museumsmühle
Nachbarheid
Breberen
N297
B56
Zehntscheune
Millen
Höngen
Broichhoven
Buscherheide
Brüxgen
Harzelt
Pütt
Selfkant
Großwehrhagen
Kleinwehrhagen
Langbroich
Schierwaldenrath
Noord
Tüddern
Kievelberg
Selfkantbahn
Waldenrath
Stadbroek
Overhoven
Hastenrath
Vintelen
Kreuzrath
Birgden
Wehr
Lahrhof
Gangelt
Stadttor
Süsterseel
Frankenstein
Kollenberg
Stahe
Hochwildpark
Windergangelt
Rodebach
Rigalbach
Jabeek
Hillensberg
Visviver
Munstergeleen
Niederbusch
Karl-Arnold-Straße
109
N276

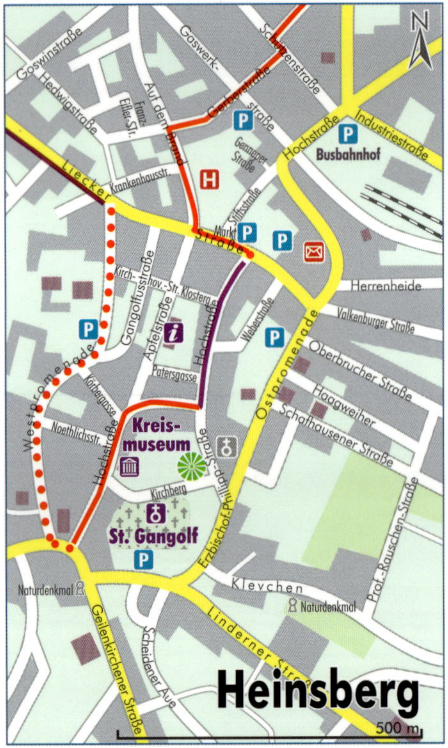

13 Süsterseel

14 Millen

15 Selfkant

PLZ: 52538; Vorwahl: 02456

Gemeindeverwaltung, Am Rathaus 13, ✆ 4990, www.der-selfkant.de

Bauernmuseum, Selfkant-Tüddern, Kämpchen 16a, ✆ 508291, ÖZ: April-Okt., Mi, So 13-18 Uhr. Historische Bauerngeräte.

Von Selfkant nach Heinsberg — *22 km*

16 Breberen

PLZ: 52538; Vorwahl: 02454

Infocenter, Gangelt, Am Freibad 13, ✆ 936341, www.gangelt.de

Mühle Breberen, Waldfeuchter Straße, ✆ 588201 od. 7422. Über 150 Jahre alte, voll funktionstüchtige Turmwindmühle, bei der Turmhaube und Flügelkreuz flexibel konstruiert sind, um sich stets nach dem Wind drehen zu können.

17 Waldfeucht

PLZ: 52525; Vorwahl: 02455

Gemeindeverwaltung, Lambertusstr. 13, ✆ 3990, www.waldfeucht.de

Feldkapelle zu Waldfeucht (1772), eine Pilgerkapelle mit abwechslungsreicher Geschichte.

Windmühle Waldfeucht, Mühlenweid 45, ✆ 1872. Turmwindmühle von 1897 ist die jüngste Turmwindmühle am Niederrhein. Sie ist noch als Getreidemühle in Betrieb. Besichtigung auf Anfrage.

Windmühle Waldfeucht-Haaren, Johannesstr. 28, ✆ 02452/7131. Voll funktionsfähige Turmwindmühle (1842). Im Mühlenladen wird Vollkornmehl aus naturbelassenem Getreide verkauft.

18 Braunsrath

19 Heinsberg

PLZ: 52525; Vorwahl: 02452

Heinsberger Tourist-Service e. V., Valkenburger Str. 45, ✆ 131415, www.hts-info.de

Stadtverwaltung, Apfelstr. 60, ✆ 14132, www.heinsberg.de

Begas Haus – Museum für Kunst- und Regionalgeschichte (bis 2012 wegen Umbau geschlossen), Hochstr. 21, ✆ 134027, ÖZ: Sa 14-18 Uhr, So/Fei 10-12.30 Uhr und 14-18 Uhr. Das Torbogenhaus ist der letzte Rest der Stadtbefestigung Heinsbergs aus dem 16. Jh. Im Museum gibt es eine kulturhistorische Dokumentation der regionalen Geschichte, Ausstellungsgegenstände zur Kirchengeschichte und Beispiele sakraler Kunst sowie alter Handwerksstätten.

Sankt Gangolf – der „Selfkantdom" (15. Jh.). Die auf dem Burgberg, der höchsten Erhebung der Stadt, gelegene Gangolfuskirche ist das weit ins Heinsberger Land hin sichtbare Wahrzeichen der Stadt. Gut erhalten und für Besucher zugänglich ist die Krypta unter dem Hochchor der ursprünglich romanischen Stiftskirche. Hier wird eine Reliquie der Heiligen Hedwig aufbewahrt, die aus dem Geschlecht der Herren von Heinsberg stammt.

Bastionspromenaden mit mittelalterlicher Festungsanlage, Burgruine, Kasematten etc., zu erkunden auf dem historischen Stadtrundweg.

Historische Windmühle (18./19. Jh.), Zur Kornmühle 7, OT Kirchhoven.

Heinsberg ist die westlichste Kreisstadt Deutschlands direkt an der Grenze zu den Niederlanden. Sie ist heute das wirtschaftliche und kulturelle Zentrum des Kreises. Die wechselhafte Geschichte von Zerstörung und Wiederaufbau lässt sich anhand der architektonischen Zeugnisse in der Stadt verfolgen: Bastionspromenaden mit mittelalterlicher Festungsanlage, Burgruine und Kasematten, historischer Stadtrundweg.

Von Heinsberg nach Wassenberg *17,5 km*

20 Karken

21 Wasserschloss Effeld

PLZ: 41849; Vorwahl: 02432

Stadtverwaltung Wassenberg, Roermonder Str. 25-27, ✆ 49000, www.wassenberg.de

Wasserschloss Effeld, zweigeschossiges Herrenhaus aus dem 15. und 17. Jh.

22 Wassenberg

PLZ: 41849; Vorwahl: 02432

Stadtverwaltung, Roermonder Str. 25-27, ✆ 49000, www.wassenberg.de

Propsteikirche St. Georg, romanische Pfeilerbasilika von 1118. Nach ihrer Zerstörung im Zweiten Weltkrieg wurde die

Kirche 1955/56 wiederaufgebaut, der Westturm in später Backsteingotik. In der Kirche findet man eine Rokokokanzel (1782), eine barocke Madonna aus dem Hunsrück (um 1700) und ein Kopfnischengrab (1120-1150).

- **Evangelische Hofkirche** (1652), Roermonder Str. 8
- **Birgelener Pützchen**, OT Birgelen, eine hübsche kleine Wallfahrtskapelle (1860-70) im Wald zwischen Wassenberg und Birgelen.
- **Burg Wassenberg**, aus einer Motte hervorgegangene Burg, die heute als Hotel-Restaurant genutzt wird. Die noch erhaltenen Teile sind von 1420, der Backsteinturm ist eine beliebte Aussichtsplattform mit weitem Blick über die Umgebung.

Burg Wassenberg

- **Wasserschloss Elsum**, die Hauptburg entstand im 15./16. Jh., die Vorburg folgte im 18. Jh. Nach einem Brand 1945 wurde das Schloss wieder aufgebaut.
- **Wehrtürme** der ehemaligen Stadtmauer aus dem 14. und 15. Jh.
- **Wingertsmühle** (um 1600), heute als Veranstaltungsraum des benachbarten Restaurants genutzt.

Von Wassenberg nach Waldniel 23 km

Hofkirchen

Hofkirchen sind am Niederrhein eine vergleichsweise weit verbreitete Erscheinung. Nach Beendigung des Dreißigjährigen Krieges wurde im Westfälischen Frieden (1648) bestimmt, dass evangelische Kirchen im Niederrhein nicht sichtbar an der Straßenfront errichtet werden durften, so dass sie meist in Hinterhöfen gewöhnlicher Wohnhäuser gebaut wurden. Zumeist handelte es sich zu Beginn um eher schmucklose Gebäude. Die Hofkirche in Wassenberg war ursprünglich eine Scheune, die dann aber im Laufe der Jahrhunderte immer kirchengerechter ausgestattet wurde. In Wassenberg kam 1773 ein Kirchturm dazu, der dann 1786 mit Posaunenengeln verziert wurde.

St. Anton, Schwalmtal/Amern

23 Rödgen
24 Merbeck
25 Waldniel/Schwalmtal

PLZ: 41366; Vorwahl: 02163

- **Gemeindeverwaltung Schwalmtal-Waldniel**, Markt 20, ☎ 9460, www.schwalmtal.de
- **Heimatstube**, Niederstr. 52, ☎ 49667, ÖZ: So 10-12 Uhr u. n. V., heimatkundliche Ausstellungen.
- **Gotische Pfarrkirche St. Michael**. Die Kirche, die im Volksmund gerne als „Schwalmtaldom" bezeichnet wird, wurde zwischen 1879 und 1883 nach Plänen des Baumeisters Heinrich Wiethase erbaut.

E7
Vlodrop
Effelder Waldsee
Haus Waldfrieden
Klinkum
Effeld
Schaagbach
Wasserschloss Effeld
Haus Neuenburg
Rosenthal
Wildenrath
Petersholz
Obere Heide
Naturerlebnispark Haus Wildenrath
Friedrich-List-Allee
Naturparkzentrum
Ölmühle
Schloss Tüschenbroich
Tüschenbroich
Elsum
Dohr
Schloss Elsum
Wagberg
Mühlenbach
Winkel
Steinkirchen
Krafeld
Elsumer Weg
Eulenbuscher Straße
Birgelen
Entenpfuhl
Hingen
Ophoven
Eulenbusch
Moorheide
Karken
Wassenberg
Ophovener
Vossem
Genfeld
Rurtalstraße
Erkelenzer Straße
Forst
Burg Wassenberg
Wingertsmühle
Gerderhahn
Berg
Myhl
Genhof
Haaserdriesch
Werlo
Eckholderdriesch
Bohnart
Haag
Ohe
Pletschmühle
Gerderath
Hochbrück
Vinn
Mühlenbruch
Brehm
Orsbeck
Myhler Blumental
Theberath
Luchtenberg
Altmyhl
Golkrath
Floitgraf
Rolland
Rurhof
Lago Laprello
Haag
Girmen
Rohmen
Garsbeck
Faulendriesch
Fell
Gendorf
Krickelberg
Busch
Bergerhof
Heinsberg
Wassenberger Straße
Kolpingstraße
Alte Schmiede
Genath
Gewerbegebiet
Küpper
Houverath
Ratheim
Schaufenberg
Haus Hall
A46
113
St. Gangolf (Selfkantdom)
Oberbruch
Adolfosee
Millich
Mineralien- und Bergbaumuseum
Hückelhoven
Kühlenhof
Hetze
Schafhausen
B221
E3
E6
E8
20
21
22
19

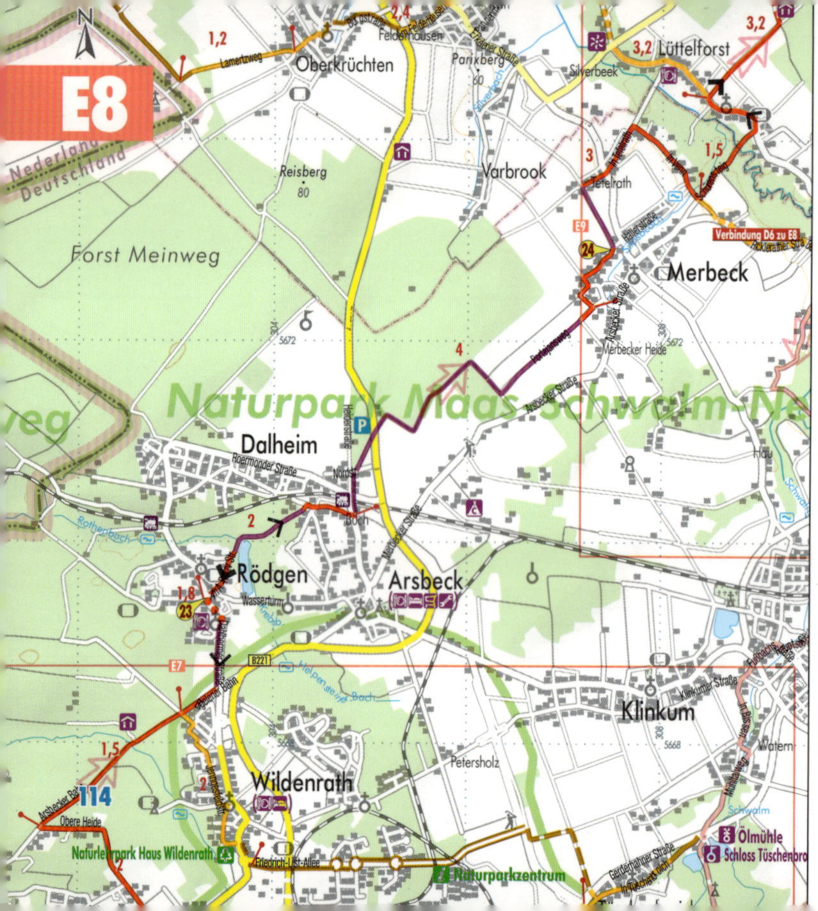

„Schwalmtaldom", Schwalmtal

Kirche St. Georg, OT Amern. Die Kirche wurde 1884 vollendet.

Haus Clee (14. Jh.) wurde später (1762 und 1874) zu einem schlossartigen Anwesen ausgebaut. 1911 erwarb Kommerzialrat Josef Kaiser, der Gründer des Kaiser Kaffee-Geschäfts, das Anwesen. Nach dem Krieg gründeten hier die Dominikanerinnen von Bethanien aus den Niederlanden das Kinderdorf Maria im Klee.

Lüttelforster Mühle, Lüttelforst 303, OT Lüttelforst. Die historische Wassermühle wurde im 13. Jh. erstmalig erwähnt. Damals gehörte sie zum Besitz der Ritter Bocholtz und wurde als Korn- und Ölmühle genutzt. Seit 1954 ist sie außer Betrieb.

Mühlenturm Amern, Dorfstr. 1, OT Amern, Infos über Gemeindeverwaltung, Wechselausstellungen. Die Turmwindmühle wurde Anfang des 19. Jhs. erbaut und als Getreide- und Ölmühle genutzt.

Solarbad Schwalmtal, Schulstr. 54, ✆ 45794

Von Waldniel nach Mönchengladbach 17 km

26 Hehn

27 Mönchengladbach

PLZ: 41050; Vorwahl: 02161

Marketing Gesellschaft Mönchengladbach (MGMG), Voltastr. 2, ✆ 25-2525, www.mgmg.de, www.moenchengladbach.de

E9
Waldniel
Haus Klee
Steeg
Hostert
Ungerath
Röslersiedlung
Hehler
Mackenstein
Schomm
Eicken
Berg
Naphausen
Wey
Rasseln
Piperhof
Hardt
Hardter Wald
Winkeln
Venn
Vorst
Großheide
Windberg
Helenabrunn
Wasserwerk Helenabrunn
Ompert
Wasserturm
Münster St. Vitus
Museum Abteiberg
Mönchengladbach
Westend
Dahl
Ohler
Eicken
Bettrath Hoven
Hardterbroich
Volksgarten
Bonnenbroich Geneicken
Rheydt
Schrievers
Rheydt-West
Schmölderpark
Hockstein
Heyden
Pongs
Genhülsen
Dorthausen
Gerkerath
Gerkerthwinkel
Broich
Koch
Genhodder
Peel
Woof
NATO-Hauptquartier
Herdt
Hehn
Heiligenpesch
Wolfsittard
Waldhausen
Holt
Rönneter
Bettinghoven
Lüttelforst
Merbeck
Rickelrath
Kreckelberg
Vennbachhof
Fischeln
Vossenberg
Schagen
Birgen
Engelsholt
Verbindung D6 zu E8
Verbindung D5 zu E9/F1
A52
A61
B230
B57
B59
3
3,2
1,5
2,2
3,8
3,5
2,6
5,5
25
26
27
115

Städt. Museum Abteiberg, Abteistr. 27, ✆ 2526-31 od. -37, Wechselausstellungen, Thema: Bildende Kunst des 20. Jhs.

Karnevalmuseum – Altes Zeughaus, Weiherstr. 2, ✆ 180109, ÖZ: 1. So im Monat von 11-14 Uhr. Rund um die Utensilien der Mönchengladbacher Karnevalsgesellschaft: Orden, Urkunden, Zepter u. a.

Münsterschatzkammer, ✆ 21505. Das Museum zeigt sakrale Kunst aus Mönchengladbach.

Münster St. Vitus, Abteistr., ✆ 21505. In exponierter Lage beherrscht die Basilika Minor das Bild des Abteiberges. Sie entstand in der Zeit zwischen 1180 und 1275 und umschließt die Krypta der Vorgängerkirchen (um 1100). Der Chor (13. Jh.) wurde vom Kölner Dombaumeister Gerhard im Stil der Frühgotik geschaffen.

Wasserturm, Mönchengladbach

St. Mariä Himmelfahrt (1469-1533), auch „Marktkirche" liegt am höchsten Punkt der Stadt. Die Kirche galt der nicht klösterlichen Bevölkerung Mönchengladbachs, da St. Vitus nur den Mönchen zugänglich war. Auch dieser spätgotische Tuffsteinbau wurde auf einem romanischen Vorgängergebäude aus dem 13. Jh. erbaut.

Klosterkirche Neuwerk, Dammerstr. 15. Die Kirche des einstigen Benediktinerinnenklosters wurde im 12. Jh. geweiht und gehört zu den kunsthistorischen Besonderheiten der Stadt. Das Kloster selbst ging auf eine Gründung der Gladbacher Abtei zurück.

Theater Mönchengladbach, Oldenkirchener Str. 78, ✆ 615100. Drei-Sparten-Theater, Niederrheinische Sinfoniker.

Wasserturm Viersener Straße, ✆ 688-5485, Führungen jeden 1. Sa im Monat, 10, 11 und 12 Uhr. Der Wasserturm wurde 1909 im Jugendstil erbaut und besitzt 16 Aussichtskanzeln und eine bedeutende Kanzel in der Kuppel, zu der 234 Stufen hinaufführen. Im ehemaligen Pumpenwärterhaus leben und arbeiten junge Künstlerinnen und Künstler, die ein Stipendium der Niederrheinischen Versorgung und Verkehr AG (NVV AG) erhalten haben.

Wassererlebnispfad, Odenkirchener Str. 201, ✆ 688-5485, Führungen für Kinder und Schulklassen. Im Wasserwerk Helenabrunn gibt es eine Wasserwerkstatt und einen Wassererlebnispfad.

Kaiser-Friedrich-Halle, Hohenzollernstr. 15, ✆ 10094. In der 1903 erbauten Jugendstilhalle finden verschiedenste Events wie z. B. Kongresse, Konzerte, Tagungen etc. statt

Bunter Garten, Lettow-Vorbeck-Straße/Hohenzollernstraße. Der Bunte Garten erstreckt sich auf einer Fläche von 30 ha in der Innenstadt. Mit seinen zahlreichen Bäumen und Grünflächen, den gestalteten Frühjahrs- und Sommerbeeten sowie den Skulpturen zählt der Park zu den schönsten Parkanlagen der Stadt.

Botanischer Garten, Bettrather Straße. Der Botanische Garten besitzt eine außerordentliche Pflanzenvielfalt. Es gibt einen Apothekergarten mit mehr als 200 verschiedenen Heilpflanzen und für Blinde wurde ein Duft- und Tastgarten eingerichtet, dessen Hochbeete in Blindenschrift gekennzeichnet sind.

Skulpturengarten, Abteistr. 27. In dem Garten mit seinen künstlich geschaffenen „Reisterrassen" und dem Ambiente eines Barockgartens werden Plastiken und Skulpturen nationaler und internationaler Künstler gezeigt.

Tiergarten Mönchengladbach, Am Pixbusch 22, OT Odenkirchen, ✆ 601475, ÖZ: Sommer, tägl. 9-18 Uhr, Winter, 9-eine

Stunde vor Dunkelheit. Exotische und heimische Tierarten von Affe bis Zwergkaninchen.

- **Volksgarten**, Peter-Krall-Str. 63, ✆ 43639, ÖZ: Mai-Aug.
- **vitusbad**, Breitenbachstr. 52, ✆ 6980487
- **Georgs Fahrradladen**, Süchtelner Str. 30, ✆ 631411
- **Fahrradverleih – Räderei**, Dahlener Str. 22, ✆ 02166/40447

Mönchengladbach wuchs im Mittelalter nach und nach um die Benediktinerabtei St. Vitus.

Bunter Garten, Mönchengladbach

Trotz eines Brandes, der 1652 viele der mittelalterlichen Gebäude zerstörte, finden sich noch vereinzelte Hinweise auf die klösterliche Vergangenheit. Unübersehbar ragt die Basilika Minor St. Vitus über die Silhouette der Stadt. Der dritte Kirchenbau an dieser Stelle mischt romanische und gotische Stilelemente. Im Inneren lässt sich dieser Stilwechsel am besten an der stattlich gotischen Chorhalle (Ende des 13. Jahrhunderts) und der darunter liegenden romanischen Hallenkrypta (Anfang des 12. Jahrhunderts). Besonders imposant ist allerdings das Bibelfenster aus der Mitte des 13. Jahrhunderts, auf dem Szenen aus dem Alten und Neuen Testament dargestellt sind. Eines der rekonstruierten Gebäude der ehemaligen Prälatur beherbergt heute das Rathaus von Mönchengladbach, original von 1663 ist aber noch das Eingangsportal des Nordflügels. Auch das Gasthaus St. Vith am Alten Markt ist noch ein Überbleibsel der klösterlichen Vergangenheit, das Gebäude stammt aus der Zeit nach dem Dreißigjährigen Krieg. In einer Ecknische der Gaststube sitzt noch heute der Heilige Vitus und blickt auf die Abteigasse.

Im Tierpark Mönchengladbach

Mönchengladbach trägt den Zweitnamen „rheinisches Manchester", was auf seine Vergangenheit als eine der wichtigsten Textilstädte im 16. und 17. Jahrhundert zurückzuführen ist. Im Zuge der Industrialisierung zu Beginn des 19. Jahrhunderts wurde Mönchengladbach zum Zentrum der Baumwollspinnerei und -weberei am Niederrhein. In der Lürriper Straße findet man das ehemalige Spinnereigebäude der Gladbacher Aktion-Spinnerei und Weberei (1855), ein eindrucksvoller Industriebau aus dieser Zeit.

In unmittelbarer Nachbarschaft zur kirchlichen Präsenz der Basilika steht heute ein Turmbau moderner Kunst, das Städtische Museum Abteiberg. Der Hans Hollein-Bau (1982) erhielt 1985 den „Pritzker Award", den Oscar der Architektur. Der Museumsbau fügt die unterschiedlichsten Materialien – Marmor, Backstein, Sandstein, Glas – zu einem baulichen Ensemble postmoderner Architekturkunst zusammen. Auch im Inneren findet man unterschiedliche architektonische Finessen, die aber glücklicherweise nicht von dem hauptsächlichen Inhalt ablenken: einer umfangreichen Sammlung bedeutender Kunstwerke aus dem 20. Jahrhundert, u. a. von Beuys, Polke, Ücker, Mack, Warhol, Lichtenstein.

Von Mönchengladbach nach Kleve

239,5 km

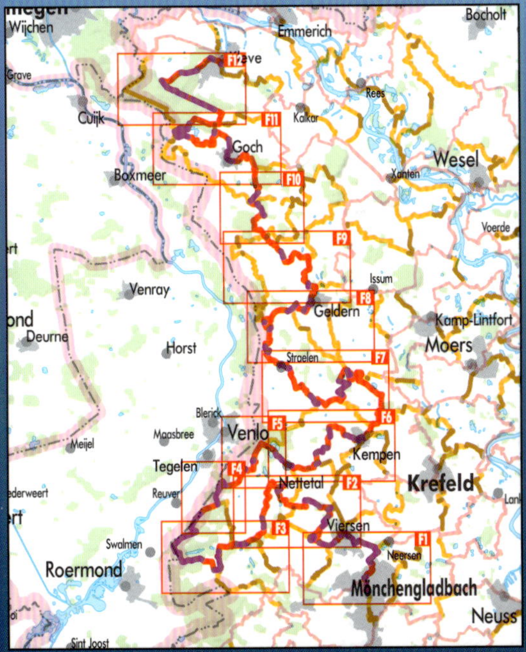

Von Mönchengladbach aus machen Sie noch einmal einen Abstecher in die Textilgeschichte der Region: Viersen, Dülken und Süchteln. Aufheitern können Sie sich im Narrenmuseum in Dülken sowie im Arche-Hof in Kempen. In der Blumenstadt Straelen treffen Sie auf besondere Formen des Natur- und Artenschutzes, bevor Sie in der Pilgerstadt Kevelaer wieder in die Welt des Kunsthandwerks und der modernen Kunst tauchen können. Schließlich folgen Sie weiter der Niers durch den Reichswald, wo Sie noch einmal die erholsame Ruhe genießen sowie Ziel und Ausgangspunkt der NiederRheinroute in Kleve erreichen.

Auf der letzten Etappe fahren Sie häufig durch Naturschutzgebiete, Wälder und flussnah auf teils unbefestigten Radwegen, ansonsten auf der bereits bekannten Mischung von Wirtschaftswegen und ruhigen Nebenstraßen. Im Bereich des Naturparks Maas-Schwalm-Nette gibt es noch einige leichten Steigungen, bevor Sie die NiederRheinroute gemütlich beenden können.

Von Mönchengladbach nach Viersen 13 km

1 Mönchengladbach

2 Viersen

PLZ: 41747; Vorwahl: 02162

- **Touristeninformation**, Rathausmarkt 1, ✆ 101225, www.viersen.de
- **Städtische Galerie im Park**, Rathauspark 1, ✆ 101160, Wechselausstellungen, Grafiken und Skulpturenpark
- **Heimatmuseum**, Propsteistr. 15, ✆ 70778, heimatkundliche Ausstellung.
- **St. Remigius**, katholische Pfarrkirche (14. und 15. Jh.)
- **Festhalle Viersen**, Hermann-Hülser-Pl. 1, ✆ 101466. Die Festhalle ist Spielort für Theater und Kleinkunst, für Konzerte und Festivals, für Kabarett und Comedy.
- **Bismarckturm**, Auf dem Hohen Busch. Infos bei der Touristeninformation. Der Turm erinnert an Fürst Bismarck und die durch Kriege herbeigeführte nationale Einigung Deutschlands.
- **Freizeitbereich Hoher Busch**, Naherholungsgebiet mit Wanderwegen, Fitness-Parcours, begehbarem „Viersener Labyrinth", Bismarckturm und der Spiellandschaft im Stadtgarten Dülken.
- **Tho-Rieth-Hof**, Neuwerker Str. 15. Traditionelles Wohnstallhaus.
- **Kletterwald Niederrhein**, Süchtelner Höhen, ✆ 1035119 od. 0160/94617547
- **Wildgehege Süchtelner Höhen**, ✆ 101420, ÖZ: tägl. 8-17 Uhr.
- **BAKO Spezial Tours**, Neuwerker Weg 400, ✆ 350416
- **Camping Hammans**, Remigiusstr. 82, ✆ 22901

Der Ursprung Viersens liegt in einem Fronhof des Kölner Stiftes St. Gereon, weswegen die Stadtrechte erst 1856 verliehen wurden. Fronhöfe waren mittelalterliche Hofverbände, die meist von einem Regenten oder aber der Kirche betrieben wurden. Der Fronhof zeichnete sich durch eine zweigliedrige Bewirtschaftung aus: Eigenwirtschaft auf dem zum Hof gehörenden Boden, häufig Ackerland, aber auch Sonderkulturen oder Mühlen und Fischteiche, und Frondienste der abhängigen Bauern. Die zweigliedrige Herrschaftsstruktur führte häufig zu weit verzweigten Hofverbänden, die praktisch autark wirtschaften konnten. Die Einführung der Geldwirtschaft und des Zinses sorgte für die allmähliche Auflösung der Fronhöfe im 14. Jahrhundert. Die Stiftsvergangenheit erkennt man heute nur noch an der St. Remigius Kirche. Im Chor der Kirche kann man durch in den Boden eingelassene Fenster die Fundamente einer fränkischen Saalkirche betrachten.

Münster St. Vitus, Mönchengladbach

Viersen hat trotz der verspäteten Stadtwerdung im Zuge der Industrialisierung sowohl wirtschaftlich als auch bevölkerungsmäßig ein rasant schnelles Wachstum erfahren. Besonders die Textilindustrie, in Form von Samt- und Seidenwebereien, hat bis weit ins 20. Jahrhundert zu dieser Entwicklung beigetragen. Im heutigen Stadtbild

F1
Viersen
Dülken
Ransberg
Unterbeberich
Hamm
Neersen
Niederheide
Nierssee
Verbindung C10 zu F1
Busch
Bockert
Oberbeberich
Ummer
Mackeshütte
Knickelsdorf
Hausen
Heimer
"Fähre"
Neuwerk
Ompert
Wasserwerk Helenabrunn
Helenabrunn
Schomm
Neersbroich
Wey
Rasseln
Klosterkirche
Neuwerk-Mitte
Piperhof
Bettrath Hoven
Uedding
Herrenshoff
Venn
Großheide
Windberg
Hardt
Winkeln
Eicken
Schloss Myllendonk
Herzbroich
Raderbroich
Lürrip
Wasserturm
Vorst
Hardter Wald
Bellinghoven
Rönneter
Münster St. Vitus
Museum Abteiberg
Heimatmuseum
Engbrück
Martinshütte
Hardterbroich
Bungt
Mönchengladbach
Korschenbroich
121
Hehn
Waldhausen
Westend
Holt
Volksgarten
Verbindung D5 zu F1
Schloss Rheydt
Pesch
Heiligenpesch
Dahl
Verbindung D5 zu E9/F1
Herdt
A61
A52
A44
B59
B57
B230

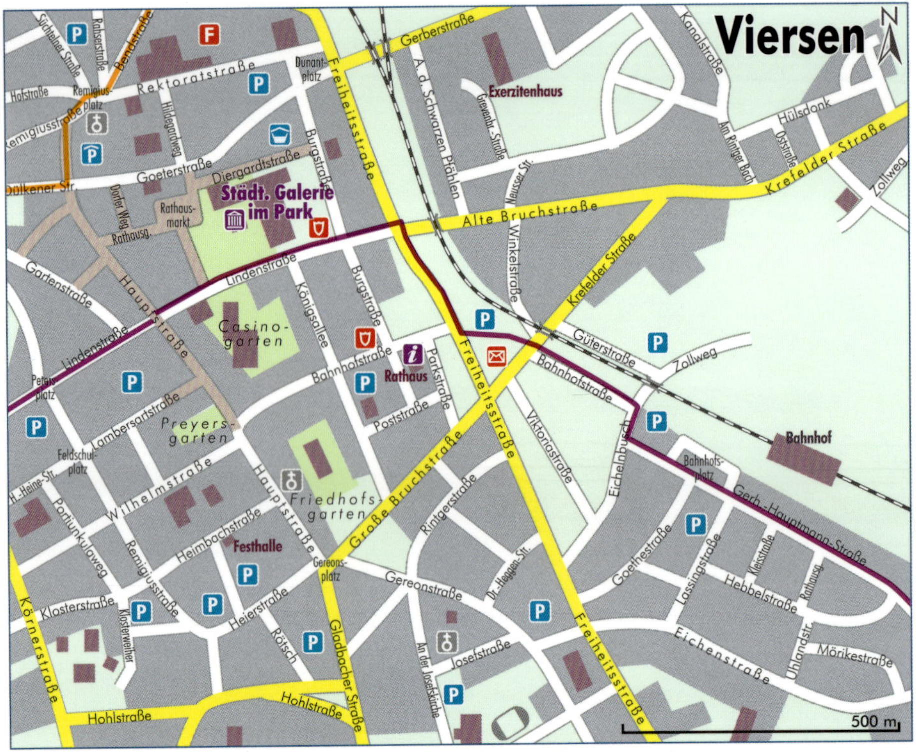

kann man die unternehmerischen Erfolge der Viersener Textilfabrikanten in den imposanten Gründerzeitvillen, die je nach Geschmack der ehemaligen Eigentümer klassizistische, gotische oder barocke Vorläufer kopieren, rund um die Bahnhofstraße nachvollziehen. Ein Gebäude ist dabei hervorzuheben: die sogenannte Kaiservilla, 1868 von einem dieser Textilfabrikanten erbaut, wurde in späteren Jahren vom Kommerzienrat Kaiser übernommen, der dort die Verwaltung seiner Schokoladenfabrik unterbrachte – Generationen später sollte aus dieser Familie dann die Kaisers Supermarktkette hervorgehen. Die Villa beheimatet heute die Städtische Galerie mit einer umfangreichen graphischen Sammlung der Stadt Viersen, die Exponate reichen vom 15. Jahrhundert bis in die heutige Zeit. Außerdem gibt es wechselnde Ausstellungen und andere kulturelle Veranstaltungen im Programm, so dass aus dieser Quelle wirtschaftlichen Wohlstandes heute ein Zentrum kulturellen Austauschs geworden ist. Nicht nur Kulturfreunde, sondern vor allem auch Naturliebhaber kommen in Viersen voll auf ihre Kosten: Am Rande des Naturparks Schwalm-Nette bieten sich hervorragende Freizeit- und Erholungsmöglichkeiten. Das Wander- und Fahrradwegenetz lädt ein, die landschaftlich attraktive Umgebung zu erkunden. In den ausgedehnten Grünzügen und stillen Auen entlang der Niers sowie in den umfangreichen Waldgebieten lässt sich „Niederrhein pur" erleben.

Von Viersen nach Süchteln 15 km

3 Dülken

PLZ: 41751; Vorwahl: 02162

- **Touristeninformation Viersen**, Rathausmarkt 1, Viersen, ✆ 101225, www.viersen.de
- **Dülkener Narrenmühle mit Narrenmuseum**, ✆ 24505, ÖZ: Mai-Sept., So 11-12 Uhr u. n. V. Kuriositäten rund um die karnevalistische Narretei. Untergebracht ist das Museum in einer alten Bockwindmühle (1809), die wenige Jahre nach ihrer Stilllegung 1906 zunächst dem Heimatmuseum als Standort diente (1912).
- **St. Cornelius**, neogotische fünfschiffige Backsteinkirche von 1871-75.
- **Hübscher Altstadtkern**

Auch wenn Dülken heute ein Stadtteil von Viersen ist, kann man noch Spuren aus der Zeit finden, in der Dülken eine selbständige Stadt war. Dülken erhielt schon 1352 Stadtrechte, 1387 wurde die Stadt befestigt. Reste der Stadtmauer und den Gefangenenturm kann man besichtigen. Um die „vertikal herausragende" St. Cornelius Kirche ringt sich eine malerische Stadt mit kleinen Gassen, alten Häusern und Villen, dem Marktplatz und ehemaligen Fabrikgebäuden der vormalig dominierenden Textilindustrie. Auf andere Weise „herausragend" ist die Dülkener Narrentradition, die in der rot-grün leuchtenden Narrenmühle dokumentiert ist. Dass das Narrenwesen eine ernsthafte Angelegenheit ist, zeigt die Existenz der Narrenakademie: wahlweise auch „berittene Akademie der Künste und Wissenschaften" oder „erleuchtete Monduniversität" benannt. Die Akademie – so wird erzählt – treibt seit dem Mittelalter sein Unwesen und ist noch heute für den Dülkener Narrenritt verantwortlich: Pünktlich am 11.11. um 11.11 Uhr reiten 37 Senatoren der Akademie auf Holzpferdchen um die Mühle und verteilen den Ehrentitel Dr. hum. c. (Doktor humoris causa).

Honk-Poal bei Süchteln

4 Süchteln

PLZ: 41749; Vorwahl: 02162

- **Touristeninformation**, Rathausmarkt 1, ✆ 101225
- **Heimatmuseum**, Propsteistr. 15, ✆ 70778, ÖZ: April-Sept., So 10.45-13 Uhr. Geschichte der Hausweber von Süchteln. Hinweise auf die Webergeschichte gibt es auch im Stadtgebiet: Weberbrunnen, Weberhäuser (z. B. Weberstr. 16/18), sowie Villen der Textilfabrikanten.
- **Katholische Pfarrkirche St. Clemens** (1481), Hochaltar mit Antwerpener Schnitzereien.

Schultheißenhof des Kölner Pantaleonklosters (1626), ehemalige Propstei und Zehntscheune

Von Süchteln nach Brüggen 23,5 km

Honk-Poal

Der Honk-Poal ist ein Wegweiser. An dieser Kreuzung fällt er sofort wegen seiner goldenen Hände auf, die an dieser Kreuzung in alle Richtungen zeigen. Der Honk-Poal geht zurück auf einen alten Wegweiser, der zu Zeiten Napoleons aufgestellt worden war. Die Leute in der Gegend hier treffen sich gerne am Honk-Poal: „Wör tröffe oss am Honk-Poal", am Kreuzungsbereich Barionstraße und Dorfstraße. Der heutige Honk-Poal wurde von Willi Brendtgen neu gefertigt.

5 Nettetal-Lobberich

PLZ: 41334; Vorwahl: 02153

- **NetteAgentur**, Doerkespl. 3, ✆ 95880, www.nettetal.de
- **Burgruine Bocholtz**. Von der Burg ist lediglich der bizarre Kaiserturm und der Torturm (15. Jh.) erhalten.
- **Burg Ingenhoven**, Burgstr. 10, ✆ 2193. Der Weiher erinnert noch an die einstige Insellage des Rittersitzes, der erstmalig um 1400 erwähnt wurde.
- **Werner-Jaeger-Halle**, An den Sportplätzen 7, ✆ 2193. Klassisches Schauspiel, Komödien, Kaberett.
- Ein interessantes Gebäudeensemble bilden die erhaltene **Burg Ingenhoven**, das **Haus Erlenbruch** und die **Pfarrkirche** mit dem ummauerten Kirchhof.
- **Klitsie-Fahrradhandlung**, Rosental 35, ✆ 800434

Nettetal-Breyell

PLZ: 41334; Vorwahl: 02153

- **NetteAgentur**, Doerkespl. 3, OT Lobberich, ✆ 95880, www.nettetal.de
- **Lambertiturm**, Lambertimarkt. Der Lambertiturm ist das älteste Bauwerk und das Wahrzeichen von Breyell. 1907 wurde die Kirche abgerissen. Von 1999-2001 wurde der verbleibende Turm umfassend saniert, erhält ein neues Dach und ein neues Kreuz.
- **Weiher Castell**

6 Nettetal-Schaag

PLZ: 41334; Vorwahl: 02153

- **NetteAgentur**, Doerkespl. 3, OT Lobberich, ✆ 95880, www.nettetal.de
- **Schaager Windmühle**

Burg Brüggen

7 Brüggen

PLZ: 41379; Vorwahl: 02163

- **Tourist-Information**, Burgwall 4, ✆ 5270, www.brueggen.de
- **Jagd- und Naturkundemuseum Burg Brüggen**, Burgwall 4, ✆ 578403, ÖZ: Di-So 10-17 Uhr, Informationsstelle des Naturparks Schwalm-Nette.
- **Klosterkirche St. Nikolaus**, Klosterstraße. Das ehemalige Kreuzherrenkloster wurde nach einem Brand 1751 im Stil des Barock wieder aufgebaut. Die Klosterkirche besitzt eine bedeutende Orgel.
- **Burg Brüggen**, Burgwall 4. Die Burg, erstmalig 1289 erwähnt, sicherte den Übergang über die Schwalm. Heute ist hier die Tourist-Information untergebracht.
- **Alte Brüggener Mühle**, Burgwall 3. Die Mühle gehörte ursprünglich zum Wirtschaftsbetrieb der Burg, kam aber dann 1801 in Privatbesitz. 1975 wurde sie zu einem Restaurant umgebaut. Auch heute noch wird die Kraft der Schwalm zur Stromerzeugung genutzt.
- **Skateranlage Brüggen**, Klosterstr. 38, ✆ 5701163
- **Hallenbad Brüggen**, Hochstr. 33, ✆ 7444

F2
Lobberich
Süchteln
Breyell
Bracht
Boisheim
Dülken
Vierse
Haus Baerlo
Leutherheide
Burg Ingenhoven
Haus Bocholt
Lambertiturm
Fongern
Metgesheide
Schaager Mühle
Schaag
Bruckrath
Boerholz
Rieth
Kindt
Alst
Sonnendyk
Dyck
Kölsum
Honk Poal
Dornbusch
Rennekoven
Kinkhammer
Pütterhöfe
Heyerhöfe
Lind
Bistard
Hagenbroich
Koethberg
Windberg
Hagen
Sittard
Oberrahser
Unterrahser
Hülsdonk
Wildgehege
Bismarckturm
Städt. Galerie im Park
Unterbeberich
Hamm
Ransberg
Schirick
Mauswinkel
Schmalenend
Heidend
Dilkrath
Vorstadt
Genend
Gendorf
Felderseite
Dülkener Nette
Boisheimer Nette
Renneper Straße
Happelter
Lüttelbracht
Genrohe
Haverslohe
Gerichtsberg
Woltersheide
Born
Borner See
Schieferdyck
Kasend
Berg
Am Kreuzgarten
Verbindung C9 zu F2
Zweigkanal
Neue Niers
Quellensee
Unterer Breyeller See
Obere Breyeller See
Pletschbach
Mühlenbach
Sonnenbach
Nette
A61
B509
B221
B7 B221
B7
B59
125

Naturpark Schwalm-Nette – Informationsstelle Burg Brüggen, Burgwall 4, ✆ 5270, ÖZ: ganzjährig, Mo-Do 10-12.30 Uhr und 13.30-16 Uhr, Fr 13-16 Uhr, Sa 11-13 Uhr, So 11-15 Uhr.

Zweirad Service Baldus, Altkevelaerstr. 7-9, ✆ 7790

Fahrradverleih Brüggen, Burgwall 4, ✆ 5344110

Von Brüggen nach Kaldenkirchen 30,5 km

8 Niederkrüchten-Elmpt

PLZ: 41372; Vorwahl: 02163

Fremdenverkehrsamt Niederkrüchten, Laurentiusstr. 19, ✆ 980-128, www.niederkruechten.de

Empter Kapelle St. Maria an der Heide, An der Heiden, OT Overhettfeld, ✆ 81289. Die Kapelle wurde vermutlich von den Herren von Elmpt erbaut. Die Wallfahrtskirche besitzt einen wertvollen flandrischen Schnitzaltar (1530/1540).

Haus Elmpt, Heinrichstraße. Das schlossartige „Haus Elmpt" ist ein idyllisch gelegenes Herrenhaus mit barockem Torturm (1750). Im Kern besteht die Anlage seit dem 15. Jh. Haus Elmpt befindet sich in Privatbesitz.

Naturschutzgebiet „Elmpter Schwalmbruch", Infos: ✆ 9800. In diesem Naturschutzgebiet befindet sich die größte Wacholderheide des linken Niederrheins (3,7 ha). Von dem Aussichtsturm hat man einen weiten Blick über die Heide- und Moorlandschaft bis in die Schwalmaue. Durch diese Landschaft führen Rad- und Wanderwege.

Naturschutzgebiet „Lüsekamp und Boschbeektal", Grenzübergang Deutschland-Niederlande, Infos: ✆ 9800. Das 250 ha große Naturschutzgebiet ist Lebensraum für geschützte Pflanzen- und Tierarten der Heide- und Moorlandschaft.

Freibad Niederkrüchten, Am Kamp 25, ✆ 45363, ÖZ: Mai-Sept., tägl. 10-19 Uhr, Beach-Volleyball.

9 Brachter Wald

PLZ: 41379; Vorwahl: 02163

Tourist-Information Brachter Wald, Burgwall 4, Brüggen, ✆ 5270, www.brueggen.de

Ursprüngliche Landschaft mit **Heidemooren, Feuchtgebieten und Mischwäldern**. Ein 120 km langes Wandernetz kann zu Fuß oder mit dem Fahrrad erkundet werden.

10 Nettetal-Kaldenkirchen

PLZ: 41334; Vorwahl: 02153

NetteAgentur, Doerkespl. 3, OT Lobberich, ✆ 95880, www.nettetal.de

Rokokopavillon

Rittergut Altenhof, Am Königsbach. Das Gut war von 1356-1833 Stammsitz der Reichsgrafen von Spee und wird heute noch bewirtschaftet.

Haus Baerlo, nahe Rittergut Altenhof. Die einstige, zwischen dem Rittergut und Haus Baerlo verlaufende Landwehr stellte die Grenze der Herzogtümer Jülich und Geldern dar.

Sequoiafarm, Buschstr. 98, ✆ 1205111. Das Areal mit ca. 600 verschiedenen Gehölzarten entstand in den 1950er Jahren zur Aufforstung des Grenzwaldes. Namensgeber ist der Mammutbaum Sequoia.

Geo-hydrologischer Wassergarten, Buschstr., ✆ 2193, ÖZ: März-Nov., Mo-Fr 9-18 Uhr, Sa, So/Fei 11-18 Uhr. Ein Rundweg führt durch den 10,5 ha großen Wassergarten, der den Landschaftsraum Niederrhein mit seinen Heidemooren, Bruchwäldern und Gewässern zeigt. Es gibt Infos zur Geologie am Niederrhein, einen 130 m langen Bachlauf, eine Pflanzenkläranlage und einen Garten der Versickerung.

Hallenbad NetteBad, Buschstr. 26, ✆ 1205150. Dampfbad, Wasserparadies für Kinder.

Von Kaldenkirchen nach Grefrath 15 km

Nettetal-Leuth

PLZ: 41334; Vorwahl: 02153

NetteAgentur, Doerkespl. 3, OT Lobberich, ✆ 95880, www.nettetal.de

Leuther Mühle

F3
Brüggen
Overhetfeld
Elmpt
Niederkrüchten
Oberkrüchten
Amern
Brempt
Heyen
Schwalmtal
Elmpter Wald
Lüttelbracht
Genholt
Genrohe
Haverslohe
Dilkrath
Born
Burg Brüggen
Schloss Dilborn
Haus Elmpt
Haus Klee
Mühlenturm
St. Georg
St. Anton
Laar
Dassenberg
Kahlberg
Vogelsberg
Venekoten
Bocklerberg
Eggenberg
Diesberg
Drakenberg
Borscherheide
Boscherhausen
Hillenkamp
Lüttelforst
Silverbeek
Parixberg
Feldhausen
Lousberg
Hariksee
Schwalm
Nederland
Deutschland

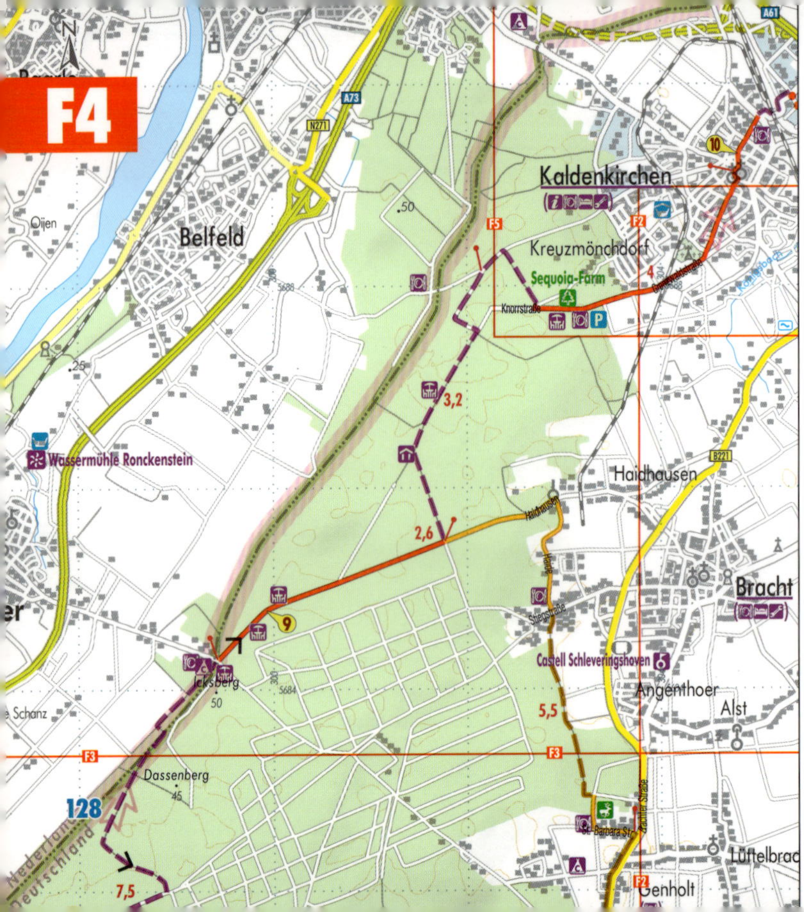

Naturerlebnisgebiet Groote-Heide, Geldrische Str. (Tor 9), ✆ 2193, ÖZ: ganzjährig. Hier können Sie u. a. die kultur- und naturhistorischen Besonderheiten der niederrheinischen Heidelandschaft und des Nordkanals kennenlernen.

Gartz, Minigolfplatz Leuth, ✆ 800122 u. 02162/6067

11 Nettetal-Hinsbeck-Hombergen

PLZ: 41334; Vorwahl: 02153

NetteAgentur, Doerkespl. 3, OT Lobberich, ✆ 95880, www.nettetal.de

Textilmuseum „Die Scheune", Alt Kämpken, ✆ 02162/13524 od. 02153/60851, ÖZ: April-Okt., So u. n. V., wechselnde Ausstellungen. Thema: Geschichte und Leben der Menschen in der Textilindustrie und künstlerische Textilarbeiten.

Kreuzkapelle

Pestkapelle, zwischen den Krickenbecker Seen

Schloss Krickenbeck, Hombergen

Wasserschloss Krickenbeck (erwähnt 13. Jh.), Schlossallee 1, ✆ 2193

Haus Bey

Stammenmühle (1854), Grefrather Straße, ✆ 2193. Am Rande des OT Hinsbeck liegt die Mühle auf einem Hügel.

An den Seen und an der Renne und Nette reihen sich einige **Wassermühlen**: die Tüschenmühle, Floetsmühle und die Kovermühle.

Naturerlebnisgebiet Krickenbecker Seen, Krickenbecker Allee 36, ✆ 2193. Abwechslungsreiche Seen-, Wald- und Wiesenlandschaft.

Historische Gerichtsstätte Geer, Heide, ✆ 2193. Der Geer ist eine mittelalterliche Gerichtsstätte. Hierzu gibt es einen Weg der Rechtssprechung vom Gerichtsplatz über die Hinrichtungsstätte bis zur Leichengrube im Moor.

Skulpturenpark Ginkesweide und Skulpturenallee Hinsbeck. Hier befinden sich die Skulpturen des 1. und 2. Bildhauersymposiums. Die Allee mit zeitgenössischen Kunstwerken verbindet den Geer mit dem Skulpturenpark.

Garten Oberes Heidefeld, ✆ 4608. Im Garten des ehemaligen Ateliershauses sind die Werke von Antje Gartz ausgestellt.

Geologischer Lehrgarten, gegenüber der Ginkesweide.

Strandbad Krickenbecker Seen, Krickenbecker Allee, ✆ 2193, ÖZ: saisonbedingt.

Mitte des 13. Jahrhunderts entstand Schloss Krickenbeck auf einer Landzunge im ursprünglichen Sumpfgebiet des Hinsbrucker Bruchs. Es ist eines der bedeutendsten Wasserschlösser am Niederrhein. Im 16. Jahrhundert ließen die Herren von Krickenbeck das gotische Wasserschloss in eine großzügige vierflügelige Anlage umbauen. Der Brand von 1903 zerstörte Teile des Schlosses. Die Reste wurden 1904 im Neo-Renaissance-Stil wieder aufgebaut. Zum Schloss gehört eine zweigeschossige, dreiflügelige Vorburg (1695). Heute ist Schloss Krickenbeck Sitz des Ausbildungszentrum der Westdeutschen Landesbank.

12 Grefrath

PLZ: 47929; Vorwahl: 02158

Fremdenverkehrsamt Grefrath, Rathauspl. 3, ✆ 40800, www.grefrath.de

Niederrheinisches Freilichtmuseum Dorenburg, An der Dorenburg 28, ✆ 91730, wechselnde Ausstellungen. Herzstück des Freilichtmuseums ist die Dorenburg, die erstmalig 1326 erwähnt wurde. Hier gibt es alte

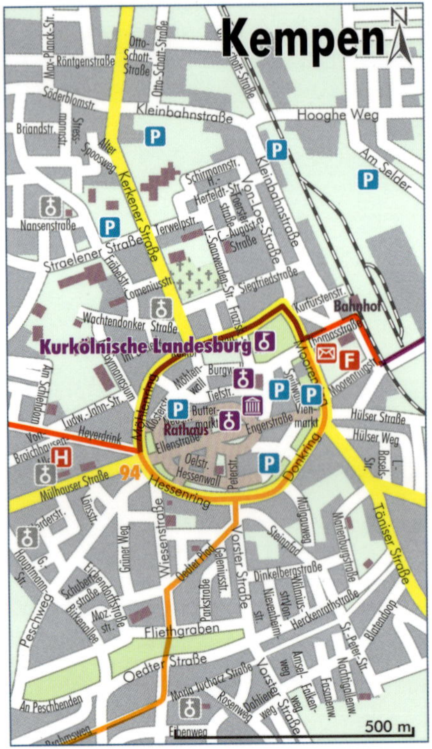

Hofanlagen, einen Tante-Emma-Laden, eine Gerberei, ein Spritzenhaus, ein Spielzeugmuseum und ein Pannekookehuus.

Burg Uda, OT Oedt. Die Burg wurde 1312/13 von Dietrich Luf von Kleve erbaut. Heute ist nur noch ein Rest der Wehrmauer und ein fast 23 m hoher Rundturm erhalten.

Freibad Dorenburg, Stadionstr. ✆ 400932, ÖZ: Mai-Sept.

Radsport Heidler, Müllhausener Str. 11, ✆ 2094

Von Grefrath nach Kempen ***11,5 km***

13 Kloster Mariendonk

14 Kempen

PLZ: 47906; Vorwahl: 02152

Stadtverwaltung Kempen, Buttermarkt 1, ✆ 917-171, www.kempen.de

Städtisches Kramer-Museum, Burgstr. 19, ✆ 917-264, ÖZ: Di-Fr 14-17 Uhr, Do 14-18 Uhr, Sa, So 11-17 Uhr. Im Gebäude des ehemaligen Franziskanerklosters (1627-31). Führungen, u. a. durch eine volleingerichtete Klosterküche und einen herrlichen Rokokosaal. Das Museum informiert über die Kulturgeschichte des Niederrheins vom 14.-20. Jh. Es besitzt zudem eine der bedeutendsten Truhensammlungen des Niederrheins.

Museum für Niederrheinische Sakralkunst, Burgstr. 19, ✆ 917264, ÖZ: Di-So 11-17 Uhr, Do 11-18 Uhr, Führungen auf Anfrage, Museumsrallley. Die Ausstellung zeigt Exponate sakraler Gold- und Silberschmiedearbeiten vom 15.-19. Jh., Kirchentextilien (Paramente) und Plastiken vom 15.-19. Jh.

St. Marien, kath. Probsteikirche, ÖZ: Di-Fr 14.30-17 Uhr, So 12.30-14.30 Uhr. Baubeginn um 1200 und über die Jahrhunderte immer wieder erneuert und ergänzt bis 1482, als die Sakristei fertiggestellt wurde. Der Innenraum ist geprägt von gotischen Stilelementen, Wandmalereien, Schnitzaltäre u. ä.

Kreuzkapelle (1639), einschiffiger Backsteinbau

St. Peter Kapelle (13. Jh.). Die Kapelle ist der älteste Kirchenbau Kempens.

Kurkölnische Landesburg. Die Burg wurde zwischen 1396 und 1400 erbaut.

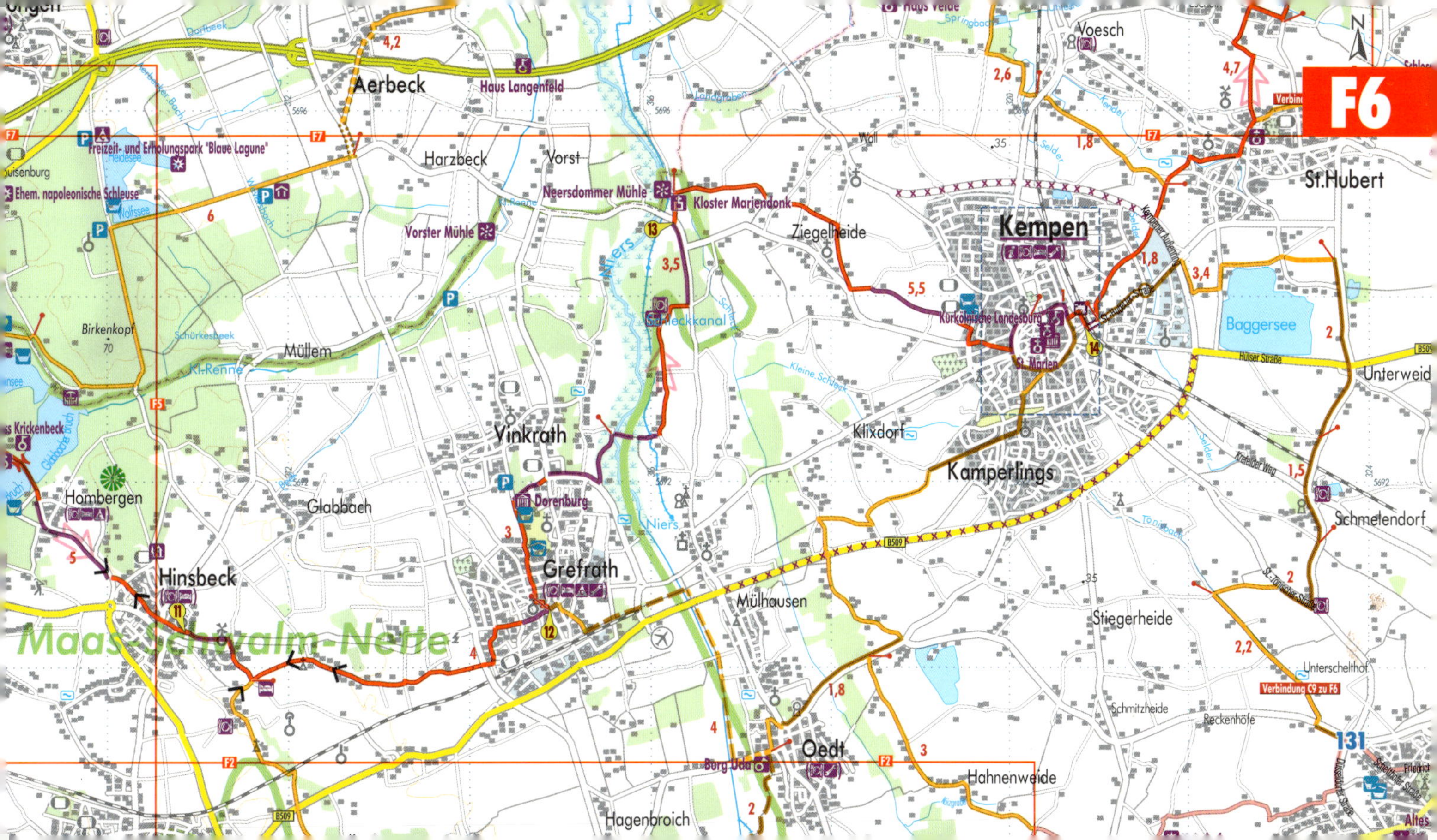
F6
Aerbeck
Haus Langenfeld
Haus Velde
Voesch
Freizeit- und Erholungspark "Blaue Lagune"
Heidesee
Wolfssee
Ehem. napoleonische Schleuse
Harzbeck
Vorst
Wall
St.Hubert
Neersdommer Mühle
Kloster Mariendonk
Vorster Mühle
Ziegelheide
Kempen
Birkenkopf
Müllem
Kl.-Renne
Schürkesbeek
Niers
Kurkölnische Landesburg
St. Marien
Baggersee
Hülser Straße
Unterweid
Vinkrath
Klixdorf
Kamperlings
Krefelder Weg
Hombergen
Glabbach
Dorenburg
Schmelendorf
Grefrath
Hinsbeck
Mülhausen
Stiegerheide
St.-Töniser Straße
Maas-Schwalm-Nette
Unterschelthof
Verbindung C9 zu F6
Schmitzheide
Reckenhöfe
Oedt
Burg Uda
Hahnenweide
Hagenbroich
B509

Kulturszene, Burgstr. 19, ✆ 917271, Theater, Kabarett, Konzerte, Kempener Klosterkonzerte.

Historische Altstadt. In den letzten 30 Jahren entstand durch die Altstadtsanierung eine idyllische Altstadt mit restaurierten Fachwerkhäusern (17. Jh.) und mit einer Fußgängerzone. Besonders sehenswert sind die Fachwerkhäuser in der Alten Schulstraße. In den Türschurzen der Handwerkerhäuser befinden sich Inschriften.

Historische Ritter- und Adelssitze. Hiezu zählen unter anderem Haus Velde (13. Jh.) und Haus Steinfunder (14. Jh.).

Gut Heimendahl – Haus Bockdorf, ✆ 8989-0, ÖZ: Mo-Fr 9-18.30 Uhr, Sa 9-15 Uhr. Neben einem Hofladen gibt es viele Infos über die Schaf-, Gänse- und Putenherden auf dem Hof.

Erlebnisbad „aqua sol", Berliner Allee 53, ✆ 4431, Kombiniertes Hallen- und Freibad mit Rutschen und Solebecken.

Fahrrad Claaßen, Judenstr. 24, ✆ 3398

Kempener Sport- und Tagungshotel, Schmeddersweg 4, ✆ 20190, Verleihstadtion Niederrhein-Rad.

Kempen kam im 15. Jahrhundert zu beträchtlichem wirtschaftlichem Wohlstand, besonders durch das Tuchmachergewerbe, metallverarbeitende Betriebe und Landwirtschaft. Die Stadt erlitt allerdings über die Jahrhunderte

wiederkehrende Zerstörungen des Stadtbildes, etwa im Dreißigjährigen Krieg und während des Zweiten Weltkrieges, die in den 1960er und 1970er Jahren durch eine behutsame Stadtsanierung weitestgehend behoben wurden. So hat die alte Weberstadt Kempen heute eine wunderschöne Altstadt. Die rekonstruierten Stadtbefestigungen säumen den mittelalterlichen Stadtkern. An den wichtigsten Eingängen zur Innenstadt weisen Übersichtstafeln auf die zahlreichen Baudenkmäler des Weberrings hin, die auf einem 2,5 Kilometer langen Stadtrundgang besichtigt werden können.

Nicht nur die Grundsätze „Überleben und Erhalten" prägen das behaglich historisierende Stadtbild, sondern auch der Arche-Hof von Gut Heimendahl/Haus Bockdorf. Arche-Höfe gehen auf eine Initiative der „Gesellschaft zur Erhaltung alter und gefährdeter Nutztierrassen e. V." zurück. Ihr Ziel ist es, vom Aussterben bedrohten Nutztierrassen eine „Arche" zu bieten, die ihren Fortbestand sichert. Diese Tiere sollen ins landwirtschaftliche Konzept des Hofes integriert werden. Die Vielfalt landwirtschaftlicher Lebens- und Arbeitsformen soll auf diese Weise wiederentdeckt und gepflegt werden, auch um das natürliche Verhältnis vom Menschen zu „seinen" Nutz- und Haustieren, wie auch zu den heimischen Kulturpflanzen wieder in das Bewusstsein zu rücken.

Die Idee der Arche-Höfe beinhaltet ausdrücklich die Einbeziehung und Aufklärung interessierter Besucher. Das Haus Bockdorf züchtet hauptsächlich seltene Schafrassen, aber auch verschiedene Geflügel wie etwa die Bronzepute. Das stattliche Gut steht auch sonst für Nachhaltigkeit, die Gebäude aus dem 17.

und 19. Jahrhundert stehen zum Teil unter Denkmalschutz und auch ein Teil des über 150 Jahre alten Baumbestandes steht unter Naturschutz.

Von Kempen nach Aldekerk 11,5 km

St. Hubert

PLZ: 47906; Vorwahl: 02152

- **Touristinformation Kempen**, Buttermarkt 1, Kempen, ✆ 917-237, www.kempen.de
- **Katholische Pfarrkirche St. Hubertus**. Die neugotische dreischiffige Backstein-Hallenkirche wurde 1846 erbaut. Der Turm stammt aus dem Jahr 1524.
- **Berfes**. Der bäuerliche Wehrturm von Raveshof wurde im 16. Jh. erbaut.
- **Wackertapp-Mühle**. Die Mühle entstand 1819/20 als Nachfolgebau einer durch Blitzschlag zerstörten Bockwindmühle.

15 Stenden

16 Kerken-Aldekerk

PLZ: 47647; Vorwahl: 02833

- **Gemeindeverwaltung Kerken**, Dionysiuspl. 4, ✆ 922170, www.kerken.de
- **Naturfreibad Eyller See**, Am Eyller See, ✆ 601779, Bade- und Tauchparadies
- **Hotel Ferdi Thoeren**, Marktstr. 14, ✆ 4431

Von Aldekerk nach Wachtendonk 15 km

17 Wachtendonk

PLZ: 47669; Vorwahl: 02836

- **Tourist-Information „Haus Püllen"**, Feldstr. 35, ✆ 915565, www.wachtendonk.de
- **Kulturkreis Wachtendonk e. V.**, Weinstr. 1, ✆ 915565. Der Verein führt im Bürgerhaus „Altes Kloster", in der Burgruine und im Alten Wasserwerk Lesungen, Kabarett und Musikveranstaltungen auf und Ausstellungen durch.
- **Historischer Ortskern**. Das geschlossene Gebäudeensemble aus dem 17./18. Jh. ist nahezu vollständig erhalten. Rund 120 Häuser stehen unter Denkmalschutz.
- **Großes Maislabyrinth**, Schlecker Deich 1, ✆ 1576, ÖZ: Juli-Okt. Auf einer 60.000 m² großen Fläche wurden Irrwege und drei versteckte Kinderspielplätze angelegt.
- **Naturpark Maas-Schwalm-Nette – Informationszentrum im Haus Püllen**, Feldstr. 35, ✆ 19900, ÖZ: Di-So 9-12.30 Uhr und 13-17 Uhr, Führungen auf Anfrage. Die Ausstellung informiert über die Entwicklung der Kulturgeschichte und des Naturraumes im Naturpark unter anderem in einer Ton-Dia-Schau. Anfrage, Schauwerkstatt, Korbflechtkurse. Handwerk hautnah erleben.
- **Tretmühle Wankum**, Landfriedensstr. 11, ✆ 919630
- **Zweiräder Schrader**, Friedenspl. 1, ✆ 435
- **Schnütgen**, Bruchstr. 13, ✆ 85421
- **NiederrheinRad**, siehe Tourist-Information „Haus Püllen"

Wachtendonk liegt im Donkenland, wie an der Namensendung zu erkennen ist. Der Ort nahe der deutsch-holländischen Grenze besitzt eine einmalig gut erhaltene Ortsmitte. Rund 120 Häuser stehen unter Denkmalschutz. Das älteste unter ihnen ist das Haus Püllen. Es wurde vermutlich vor 1634 erbaut. Beim großen Stadtbrand von 1708 blieb es von den Flammen verschont. Aus denkmalpflegerischer Sicht bemerkenswert ist der geschweifte, baro-

Straelen

cke Doppelgiebel, der Dachboden sowie im Eingangsbereich der historische Fliesenbelag, die Doppelflügeltür und die Innentür mit der sternförmigen, stark profilierten Füllung.

Von Wachtendonk nach Walbeck 18 km

18 Straelen

PLZ: 47638; Vorwahl: 02834

- **Tourist-Information**, Rathausstr. 1, ✆ 702-212/213, www.straelen.de
- **Pfarrkirche St. Peter und Paul**. Die Pfarrkirche besitzt wertvolle Kunstschätze und alte Fresken. Zur Ausstattung gehören ein romanischer Taufstein (12. Jh.), die Antwerpener Schnitzaltäre und das Sakramentshäuschen (beide 15. Jh.). Die Kirche liegt in dem ehemaligen Friedhofs- und Immunitätsbezirk, der durch eine bogenförmige Häuserzeile einen reizvollen Platz bildet.
- Rund um den Markt und die Pfarrkirche schmücken alte Bürgerhäuser die Gassen des **historischen Stadtkerns**. Der Marktbrunnen stammt von Bonifatius Stirnberg aus Aachen. Die Brunnenfiguren, die man verstellen und bewegen kann, stellen Bischof Anno II. von Köln als Grund- und Schirmherr Straelens, einen Schützenoffizier als Repräsentant der Bruderschaften seit dem Mittelalter, die Blumenkönigin als Verkörperung der Blumenstadt, einen Clown für die Geselligkeit und den hohen Rang des Brauchtums, insbesondere des Karnevals in Straelen dar.
- Unweit der Pfarrkirche und des Europäischen Übersetzer-Kollegiums befindet sich das **älteste Gebäude** der Stadt (15. Jh.). In dem Gebäude, zu dem auch eine Schankwirtschaft und eine hauseigene Brauerei gehörte, befindet sich heute das Stadtarchiv.
- Der **Brunnen** „Früchte des Straelener Raumes" am Venloer Tor erinnert an den Haupterwerbszweig der Stadt: die Produktion und den Handel mit Gemüse und Blumen.
- In der Küfergasse, in der vor 200 Jahren mehrere Küferfamilien lebten, steht die **Lucia Pumpe**. Lucia wurde seit dem Mittelalter als Patronin des Viertels rund um die Gelderner Straße verehrt. Ihr zu Erinnerung brachte man eine Statue auf einer der früher typischen Nachbarschaftspumpen an.
- **Gartenbauzentrum Straelen**, Hans-Tenhaeff-Str. 40-42, ✆ 704-0, Besichtigung nach schriftlicher Anmeldung, Dauer ca. 1,5 Std. Auf der Besichtung erfahren Sie Wissenswertes über die Versuchsanstalt für Zierpflanzen und Gemüse.
- **Blumenversteigerung Rhein-Maas** der Landgard e. G. in Herongen, Besichtigung mit Demonstration des Versteigerungsablaufes nach Absprache unter ✆ 02837/666370, Dauer ca. 1,5 Std.
- **Keramik-Galerie Schanzhof**, Niersbroeker Weg 10, ✆ 2200, ÖZ: Mi-Mo 15-19 Uhr
- **Wasserstraelen – Das Fitnessbad**, Lingsforter Str. 100, ✆ 942460
- **Zweiradtreff Zand**, Venloer Str. 37, ✆ 944894
- **Zweiradcenter van de Stay**, Ostwall 10, ✆ 91888
- **Gasthof Zum Siegburger**, Annastr. 13, ✆ 1581
- **Hotel Straelener Hof**, Annastr. 68, ✆ 91410

Pfarrkirche St. Peter und Paul, Straelen

Straelen liegt im Donkenland und ist weit über die Grenzen als Blumenstadt bekannt. Hier werden alljährlich inmitten eines der größten Gartenanbaugebiete Europas mehr Blumen, Beet- und Gemüsepflanzen vermarktet als in anderen Gebieten Deutschlands. Diesen Erfolg hat die Stadt der Initiative des kleveren Unternehmers Hans Tenhaeff zu verdanken, dem es im

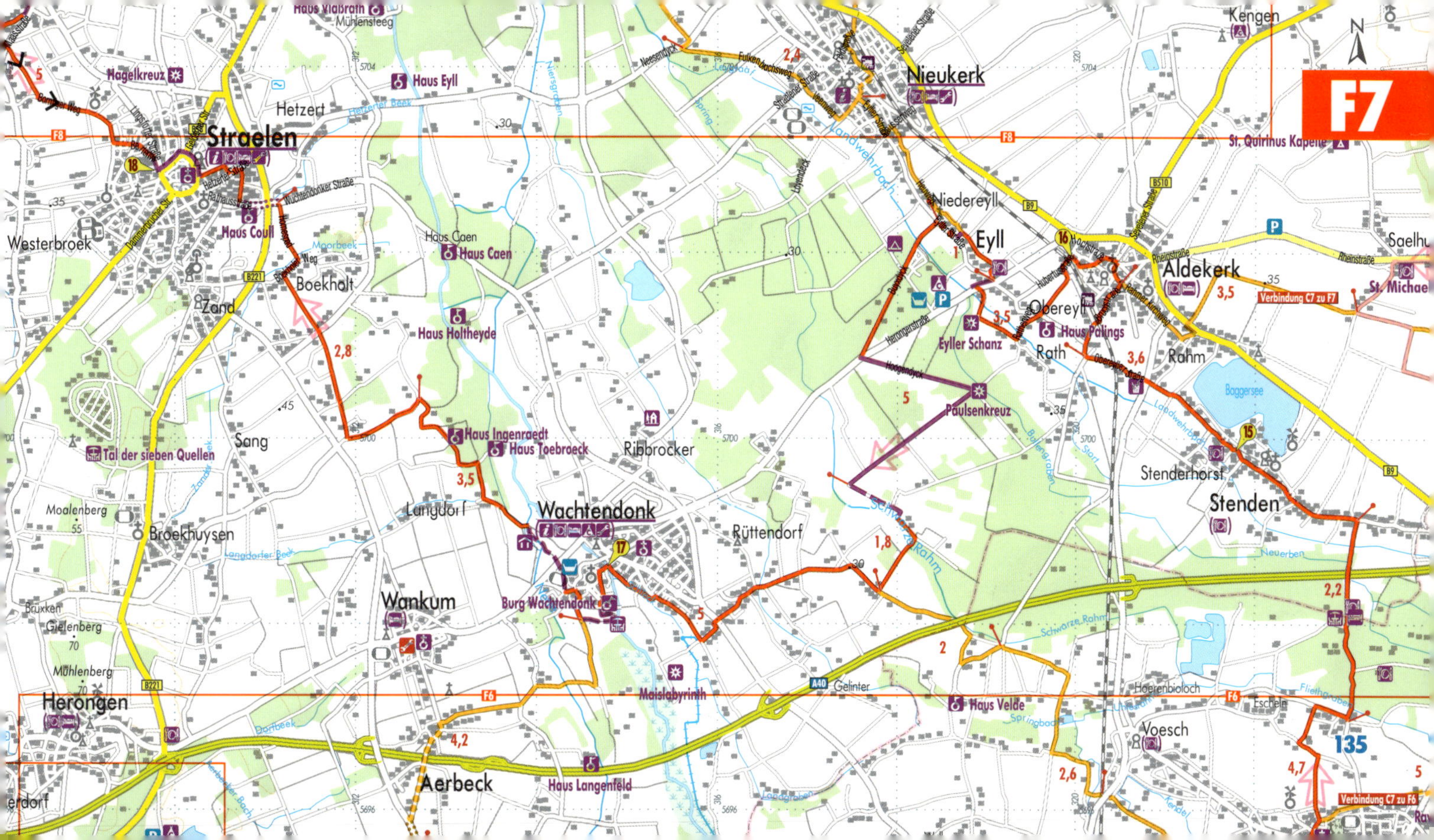
F7
Straelen
Hagelkreuz
Haus Coull
Westerbroek
Zand
Boekholt
Sang
Tal der sieben Quellen
Moalenberg
Broekhuysen
Brüxken
Gielenberg
Mühlenberg
Herongen
Hetzert
Haus Eyll
Haus Vlaßrath
Mühlensteeg
Haus Caen
Haus Holtheyde
Haus Ingenraedt
Haus Toebroeck
Ribbrocker
Langdorf
Wachtendonk
Burg Wachtendonk
Wankum
Aerbeck
Haus Langenfeld
Maislabyrinth
Rüttendorf
Gelinter
Nieukerk
Niedereyll
Eyll
Eyller Schanz
Paulsenkreuz
Obereyll
Haus Palings
Rath
St. Quirinus Kapelle
Kengen
Aldekerk
Saelhu
St. Michae
Verbindung C7 zu F7
Rahm
Baggersee
Stenderhorst
Stenden
Neuerben
Schwarze Rahm
Haus Velde
Hoerenbioloch
Voesch
Escheln
Verbindung C7 zu F6
135
Landwehrbach
Niersgraben
Moorbeek
Langdorfer Beek
Dorfbeek
Springbach
Fliethgraben
Kendel
B221
B9
B510
A40
F8
F6
2,8
3,5
5
2,4
1
3,6
2,2
1,8
2
4,2
2,6
4,7
16
15
17
18

Jahr 1914 gelang, die erste Gemüseauktion in Deutschland zu organisieren und zu etablieren. Rund um Straelen waren die ertragreichen Getreideböden und saftigen Viehgründe bereits im frühen Mittelalter gute Gründe, sich niederzulassen. Die erste urkundliche Erwähnung nennt für das Jahr 899 eine mittelalterliche Siedlung mit dem Namen „villa heringa", die dem Kloster Elnon (St. Amand, heute Nordfrankreich) gehörte und deren Besitz von dem Frankenkönig Karl III. bestätigt wurde. Aus dieser Siedlung entwickelte sich der heutige Ortsteil Herongen. Straelen wird erstmalig im 11. Jahrhundert als Besitz der Benediktinerabtei Siegburg erwähnt. Der Name Straelens leitet sich vermutlich von dem Wappen der „Ritter von Straelen" ab, die den Strahl (einen Pfeil) im Siegel führten.

Im 14. Jahrhundert wird Straelen zur Stadt erhoben. Die Stadt entwickelte sich zu einem Marktort von großer Bedeutung für die umliegenden Bauern und das Erwerbsleben der Ackerbürgerschaft, die davon profitierten, dass Straelen „wegen seines Bodens und Getreides beglückt und gesegnet" ist, wie eine flandrische Schrift aus dem 17. Jahrhundert betont. Die Stadt wird befestigt und besitzt im 16. Jahrhundert eine Stadtmauer mit neun Türmen, einen zweifachen Wassergraben und vier Stadttore, wie ein Stadtplan aus dem Jahr 1560 belegt.

Im 19. Jahrhundert profitiert die Stadt von dem Anschluss an die internationale Eisenbahnverbindung Hamburg – Wesel – Straelen – Venlo – Paris. Es entwickeln sich verschiedene Industriezweige, so die Ölverarbeitung, die Schuhherstellung und eine Stuhlfabrik. Der wichtigste Erwerbszweig war und ist jedoch die Produktion und der Handel mit Gemüse und Blumen.

19 Geldern-Walbeck

PLZ: 47608; Vorwahl: 02831

- **Stadtverwaltung Geldern**, Issumer Tor 36, ✆ 398-715, www.geldern.de
- **St. Nikolaikirche** (1432), Backsteingotik mit Glasfenstern von Joachim Klos.
- **Schloss Walbeck** (16. Jh.), dreigeschossiges Backsteingebäude nach holländischem Vorbild.
- **Kokerwindmühle**, wurde 1750-1800 in Holland gebaut und 1823 nach Walbeck versetzt.
- **Steprather Mühle**, vollfunktionstüchtige Turmwindmühle wurde um 1500 am höchsten Punkt Walbecks errichtet.
- **Spargeldorf**. Zur Spargelzeit (April-Juni) gibt es hier den vor Ort geernteten Spargel in allen erdenklichen Zubereitungsvariationen.
- **Fahrräder Erkens**, Walbecker Markt 12, ✆ 2306

Von Walbeck nach Weeze 33,5 km

20 Geldern

PLZ: 47608; Vorwahl: 02831

- **Stadtverwaltung**, Issumer Tor 36, ✆ 398-715, www.geldern.de

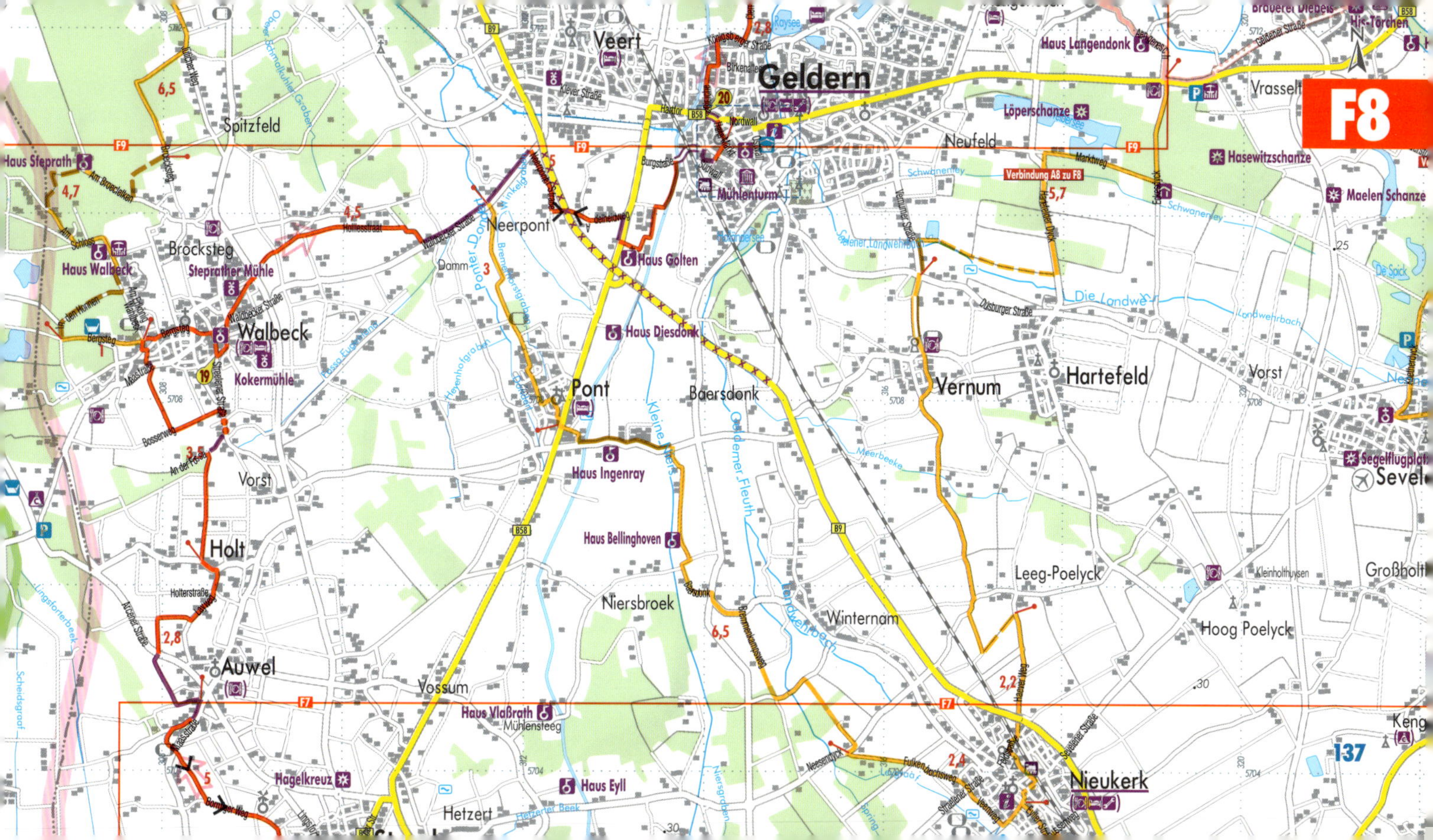

F8
Geldern
Veert
Spitzfeld
Haus Steprath
Brocksteg
Haus Walbeck
Steprather Mühle
Walbeck
Kokermühle
Neerpont
Damm
Haus Golten
Haus Diesdonk
Pont
Baersdonk
Mühlenturm
Löperschanze
Hasewitzschanze
Maelen Schanze
Haus Langendonk
Vrasselt
Neufeld
Verbindung A8 zu F8
Vernum
Hartefeld
Vorst
Segelflugplatz
Sevel
Haus Ingenray
Haus Bellinghoven
Vorst
Holt
Niersbroek
Winternam
Leeg-Poelyck
Hoog Poelyck
Großholt
Auwel
Vossum
Haus Vlaßrath
Mühlensteeg
Hagelkreuz
Haus Eyll
Hetzert
Nieukerk
Keng
137

Mühlenturm, Am Mühlenturm 6, ✆ 398-703, ÖZ: am Wochenende auf Anfrage. In dem Stadtturm finden ganzjährig Kunstausstellungen statt.

Infos zu **Theateraufführungen** erhalten Sie beim Kulturring, Isssumer Tor 34, ✆ 398-702.

Waldfreibad, Am Freibad 24, ✆ 4964, ÖZ: Mai-Sept., Beach-Volleyball

Parkbad Gelderland, Friedrich-Spee-Str. 19-21, ✆ 3752, ÖZ: Di-So

Hendrix-Fahrräder, Am Rodenbusch 1, ✆ 133433

2Rad de Jong, Brühlscher Weg 12, ✆ 2238

Stadt Geldern, Issumer Tor 36, ✆ 398-357

Fa. Kleinbielen, Markt 26, ✆ 2238

21 Wetten

22 Kevelaer

PLZ: 47623; Vorwahl: 02832

Verkehrsverein Kevelaer und Umgebung e. V., Peter-Plümpe-Pl. 12, ✆ 122151, www.kevelaer.de

Niederrheinisches Museum für Volkskunde und Kulturgeschichte e. V., Hauptstr. 18, ✆ 95410, ÖZ: Di-So 10-17 Uhr. Zu sehen sind Ausstellungen zu ackerbürgerlichem Wohnen, religiöser Volkskultur und Wallfahrt. Das Museum dokumentiert außerdem die Regional- und Ortsgeschichte, informiert über das Schützenwesen und das historische Handwerk. Zu sehen ist auch die Spielzeugsammlung Metzger.

Basilika St. Marien, Kapellenpl. 35, ✆ 9 33 80. In der Basilika finden unter dem Titel Basilikamusik ganzjährig Konzerte statt, darunter Orgelkonzerte, Oratorien und Kammerkonzerte.

Gnadenkapelle

Kerzenkapelle

Konzert- und Bühnenhaus

Kevelaer Theater & Kleinkunst, Venloer Str. 33-35, ✆ 953712, Theaterreihe, Klassische Konzertreihe und Sonderveranstaltungen.

Kevelaer ist ein großer **Wallfahrtsort**. Wer sich für die Gottesdienste und Wallfahrten interessiert, erhält Infos bei der Wallfahrtsleitung, Kapellenpl. 35, ✆ 93380

Denkmalgeschützte Häuser am Kapellenplatz

NiederRheinPark Plantaria, Am Scheidweg 1-5, ✆ 93270, ÖZ: ganzjährig, ab 10 Uhr, Kassenschluss 18 Uhr, im Winter nach Einbruch der Dämmerung. Plantaria ist ein bunter Park mit exotischen Vögeln, Kinderbauernhof und Twister, dem Indoor-Spielplatz auf vier Ebenen.

Fahrräder Michaelik, Annastr. 37, ✆ 5241

Zweirad Peters, Annastr. 4, ✆ 78978

Wenn man Kevelaer als Tourist besucht, ist man sehr wahrscheinlich Teil einer kleinen Minderheit. Denn Kevelaer ist heute der größte Wallfahrtsort im nordwestlichen Europa. Durchschnittlich eine Million Pilger jährlich besuchen die Wallfahrtsorte im Stadtzentrum. Erster Anlaufpunkt der Pilgerfahrt ist der sechsseitige Kuppelbau der Gnadenkapelle (1654), in deren Mitte das silbergerahmte „Gnadenbild", ein Marienkupferstich, ausgestellt ist. Das Bild wurde dort von Hendrik Busmann 1642 nach einer Vision zunächst noch in einem kleinen Heiligenhäuschen aufgestellt und vom Pfarrer

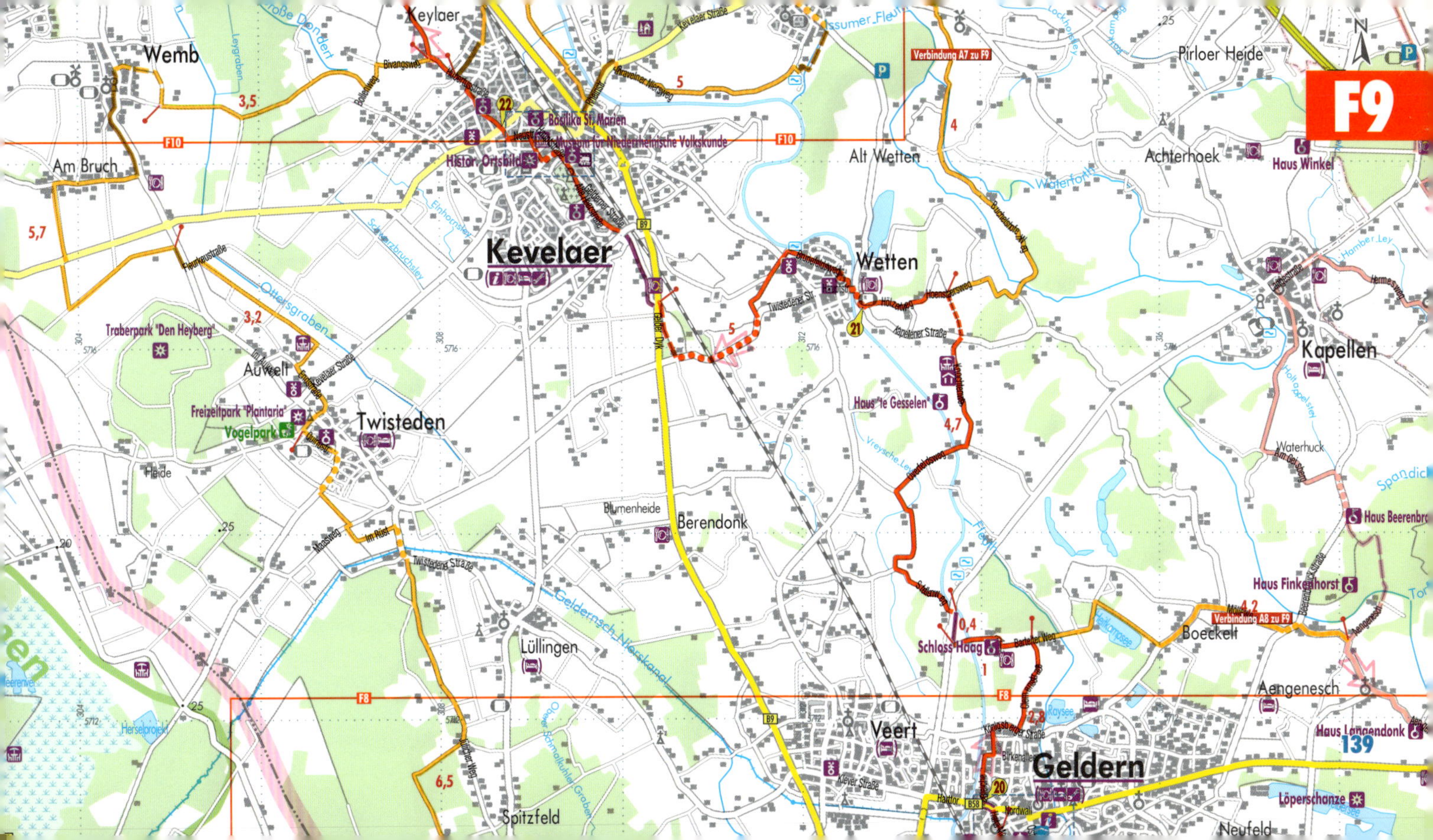
F9
Keylaer
Wemb
Verbindung A7 zu F9
Pirloer Heide
Basilika St. Marien
Museum für Niederrheinische Volkskunde
Histor. Ortsbild
Am Bruch
Alt Wetten
Achterhoek
Haus Winkel
Kevelaer
Wetten
Kapellen
Traberpark "Den Heyberg"
Auwelt
Freizeitpark "Plantaria"
Vogelpark
Twisteden
Haus "te Gesselen"
Waterhuck
Heide
Blumenheide
Berendonk
Haus Beerenbrock
Haus Finkenhorst
Boeckelt
Verbindung A8 zu F9
Schloss Haag
Lüllingen
Aengenesch
Veert
Haus Langendonk
Geldern
Löperschanze
Spitzfeld
Neufeld
Herselprojekt
Geldernsch-Nierskanal
Ottersgraben
Leygraben
Waterforth
Vreysche Ley
Fleuth
B9
B58
F10
F8

von Kevelaer geweiht. In der Folgezeit wuchs die Anzahl der Pilger jährlich an, so dass man schon 1643 begann die Kerzenkapelle zu bauen. Dieser schlichte Backsteinbau erhielt seinen Namen aufgrund des Brauchs, an der Außenseite der Kapelle die geopferten Kerzen aufzustellen.

Im Inneren findet man eine goldene Barockstatue des Heiligen Michael und Altäre aus dem 17. Jahrhundert.

Das dritte Ziel der Wallfahrer ist die Marienbasilika (1858-64), erbaut vom Kölner Dombaumeister Vincenz Statz, um die weiter steigende Pilgerzahl aufzufangen. Der Gotikbau ist im Inneren üppig schillernd mit Marien- und Heiligengeschichten ausgemalt. Zu dem Wallfahrtskomplex gehört schließlich noch das Priesterhaus (1647), das älteste Steinhaus Kevelaers, das als einziges Gebäude einer Klosteranlage der Oratorianer, die die Betreuung der Wallfahrten übernommen hatten, übrig geblieben ist.

Die Wallfahrten haben aus dem kleinen Kevelaer heute eine stattliche Stadt gemacht, in der

Schlossruine Hertefeld, Weeze

sich im Schatten der Pilger das Kunsthandwerk in seiner ganzen Vielfalt entwickeln konnte. Traditionelles Kunsthandwerkswesen, wie z. B. Bronzegießerei, Fahnen- und Paramentensticker, Glas- und Mosaikmaler, Goldschmiede, Krippenbauer und Wachszieher, ist noch heute präsent.

So liegt der Beginn der gewerblichen Paramentik in Kevelaer im Jahre 1845, als die erste Paramentenstickerei gegründet wird. Hauptsächlich wurden Fahnen für ansässige und umliegende Vereine und natürlich Messgewänder mit teilweise aufwendigen Motiven oder Ornamenten gefertigt, so dass Kevelaer schon bald über die Region hinaus bekannt für seine Paramenten wird. Bis weit ins 20. Jahrhundert hinein halten die Künstler an traditionellen Motiven und Formen fest, besonders bei kirchlichen Stücken orientierte man sich an den historischen Stilen des 19. Jahrhunderts.

Technisch war man aber durchaus auch an Neuentwicklungen interessiert, so gab es z. B. eine erfolgreiche Zusammenarbeit mit anderen Textilkünsten und -techniken, etwa der Weberei. Aber auch moderne Kunst hat inzwischen seinen Platz in Kevelaer gefunden. Während der „sculptura" werden die Straßen und Plätze von Kevelaer für mehrere Monate zu einer großen Open-Air-Galerie der modernen Kunst.

Schloss Wissen

PLZ: 47652; Vorwahl: 02837

Gemeindeverwaltung Weeze, Cyriakuspl. 13/14, ✆ 910116

Wasserburg, wurde 1850 neugotisch umgebaut, Privatbesitz, aber im Winter werden dort öffentliche Konzerte veranstaltet.

23 Weeze

PLZ: 47652; Vorwahl: 02837

- **Gemeindeverwaltung Weeze**, Cyriakuspl. 13/14, ☎ 910116, www.weeze.de
- **Katholische Pfarrkirche St. Cyriakus**, vermutlich aus dem 10. Jh. Die historische Gestalt der Kirche ist, bis auf den Chor im Osten, während des Zweiten Weltkrieges zerstört worden. Dieses gotische Relikt, heute die Taufkapelle, wurde in den 1950er Jahren durch einen Backsteinbau ergänzt. Im Inneren gibt es zahlreiche Kunstschätze zu besichtigen.
- **Schloss Wissen** (ca. 14. Jh.)
- **Schloss Kalbeck** (14. Jh.)
- **Schlossruine Hertefeld** (14. Jh.)
- **Tierpark Weeze**, nahe Schlossruine Hertefeld, ☎ 910116, ÖZ: ganzjährig, durchgehend, Führungen, Waldlehrpfad, Streichelzoo, Natur-Erlebnis-Pfad. In den Freigehegen leben niederrheinische Tierarten und vom Aussterben bedrohte landwirtschaftliche Nutztiere wie das Rotwestfälische Höhenvieh, Weiße Deutsche Edelziegen und Fuchsschafe.
- **Radhaus Wemb**, Auf der Schanz 30, OT Wemb, ☎ 95392
- Räder-Ecke, Kardinal-Galen-Str. 1, ☎ 669692
- **Freizeit Schwarz**, Holtumsweg 4, ☎ 6760
- **Gaststätte Kevins Pub**, Wasserstr. 50, ☎ 8570

Weeze wird im Jahr 1226 erstmalig erwähnt, aber einzelne Zeugnisse der frühesten Besiedlung reichen bis in die Alt- bzw. Mittelsteinzeit zu-

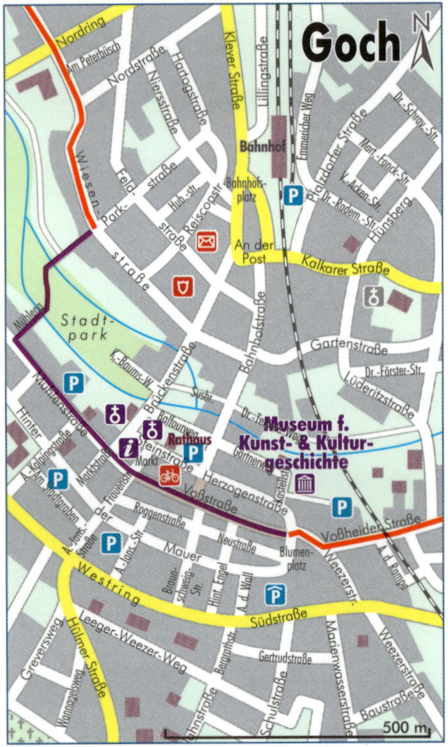

rück. Der erste urkundliche Nachweis, der sich auf einen Teil des heutigen Gemeindegebietes von Weeze bezieht, stammt aus dem Jahr 855 n. Chr., und die katholische Pfarrkirche St. Cyriakus am linken Niersufer stammt vermutlich aus dem 10. Jahrhundert. Drei Herrensitze befinden sich auf Weezer Gemeindegebiet: Das malerisch an der Niers gelegene Schloss Wissen, die Schlossruine Hertefeld direkt hinter dem Tierpark und das Schloss Kalbeck, das im herrlichen Waldgebiet im Norden der Gemeinde liegt.

Die Zerstörungen im Zweiten Weltkrieg betrafen etwa 80 % des Ortskerns, um dessen Wiederaufbau man sich in den 50er und 60er Jahren des 20. Jahrhunderts bemühte.

Alljährlich wiederkehrende Veranstaltungen wie Familienkonzerte, Schlossparkkonzerte, Straßenparty, Schreinermarkt etc. ziehen Besucher von nah und fern an. Die Umgebung von Weeze ist durch weitflächige Wiesen- und Waldlandschaften entlang der Niers geprägt, die zu Ausflügen mit dem Paddelboot oder dem Rad einladen.

Kirche St. Cyriakus, Weeze

Von Weeze nach Goch 10,5 km

24 Goch

PLZ: 47574; Vorwahl: 02823

Tourist-Information, Markt 2, ☎ 320-148

KulTOURbühne, Markt 15, ☎ 320-202, www.goch.de

Museum für Kunst & Kulturgeschichte, Kastellstr. 9, ☎ 970811, ÖZ: Di-Fr 10-12 Uhr u. 14-17 Uhr, Sa, So 11-18 Uhr. Zu sehen sind Ausstellungen zur Stadtgeschichte, zur sakralen und profanen Kunst des 16.-19. Jhs. sowie die Grammophonsammlung Tomberg und wechselnde Ausstellungen.

Arnold-Janssen-Haus, Frauenstr. 8, ÖZ: Di-Fr 10-17 Uhr, Sa, So 11-17 Uhr. Geburtshaus des Heiligen (1837) mit zahlreichen Erinnerungsstücken.

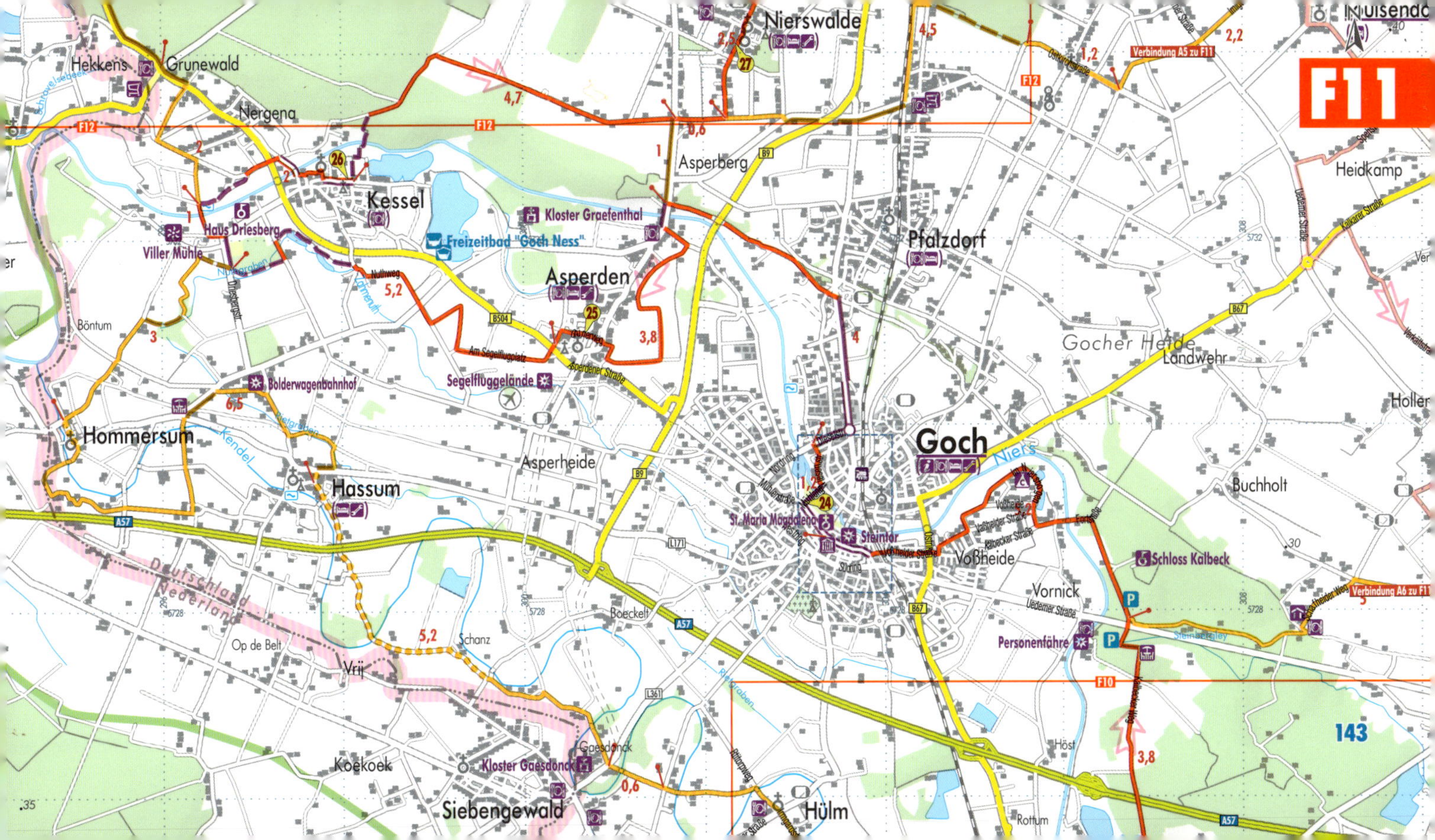
F11
Nierswalde
Hekkens
Grunewald
Nergena
Kessel
Haus Driesberg
Viller Mühle
Kloster Graefenthal
Freizeitbad "Goch Ness"
Asperden
Asperberg
Pfalzdorf
Heidkamp
Böntum
Bolderwagenbahnhof
Segelfluggelände
Hommersum
Hassum
Asperheide
Goch
Gocher Heide
Landwehr
Holler
Buchholt
St. Maria Magdalena
Steintor
Voßheide
Schloss Kalbeck
Vornick
Personenfähre
Verbindung A5 zu F11
Verbindung A6 zu F11
Deutschland
Nederland
Op de Belt
Vrij
Schanz
Boeckelt
Koekoek
Kloster Gaesdonck
Gaesdonck
Siebengewald
Hülm
Höst
Rottum
Niers
Kendel
Asperdener Straße
Am Segelflugplatz
Nuthweg
Uedemer Straße
Kalkarer Straße
Kalbecker Weg
A57
B9
B67
B504
L171
L361
F10
F12
143

Pfarrkirche St.-Maria-Magdalena (14./15. Jh.), Kirchhof 10, ✆ 7126. Spätgotischer Backsteinbau und eine der bedeutendsten Backsteinkirchen des Niederrheins. Die Kirche hat drei ungleiche Schiffe, die nach und nach dem Kirchenbau angefügt wurden.

Ev. Kirche, Markt 8, ✆ 7458. Interessanter Ziegelsteinbau mit wechselhafter Geschichte. Im 14.-17. Jh. zunächst Gasthaus „Zum heiligen Geist" und Rathaus von Goch, 1699 dann Umbau zu einer reformierten Kirche, nach der Zerstörung im Zweiten Weltkrieg dann Wiederaufbau.

Haus zu den Fünf Ringen: Imposante Patrizierhäuser aus dem 16. Jh. Dreigeschossiges Backsteingebäude mit Stufengiebeln und achtseitigen Eckwarten.

Rathaus (1775), entstanden durch Umbau aus drei alten Häusern. Es wurde 2007 durch einen gläsernen Anbau erweitert.

Steintor (14. Jh.), Wahrzeichen der Stadt. Größtes von ehemals vier Steintoren der mittelalterlichen Stadtbefestigung. Blieb als einziges erhalten, da es im 19. Jh. als Gefängnis genutzt wurde, nach 1945 u. a. als Heimatmuseum, Polizeiwache oder Stadtarchiv.

Susmühle (18. Jh.). Die Walkmühle der einstigen Wollindustrie mit ihrem roten Mühlrad, auch ein Wahrzeichen der Stadt, hat ihren Namen vom einstigen Sausen des Nierswassers am Wehr.

KulTOURbühne Goch, Markt 15, ✆ 320-202. Kindertheater, Kabarett, Musikveranstaltungen und Theater.

Goch Ness, Kranenburger Str. 20, ✆ 92000, ÖZ: ganzjährig, Di-Fr 10-22.30 Uhr, Sa, So/Fei 10-20 Uhr. Das kombinierte Frei- und Hallenbad liegt an einem Natursee mit Garten und FKK-Strand sowie einer großzügigen Wassererlebniswelt und -sportlandschaft.

Fahrräder Köppe, Dorfstr. 45, ✆ 2909

Fahrradhandel Cornelissen, Willibrordstr. 58, ✆ 849

Zweirad Flören, Klever Str. 351, ✆ 18771

G. Hoffmann, Voßstr. 17-19, ✆ 7155

Fahrradverleih Lamers, Rehmannstr. 6, ✆ 3199

Freizeitteam Niederrhein, Huckweg 12, ✆ 5766

Von Goch nach Kleve 43,5 km

25 Asperden

Haus Driesberg

PLZ: 47574; Vorwahl: 02823

KulTOURbühne Goch, Markt 15, Goch, ✆ 320-202, www.goch.de

ehemalige Wasserburg (14 Jh.)

26 Kessel

27 Nierswalde

PLZ: 47574; Vorwahl: 02823

KulTOURbühne Goch, Markt 15, ✆ 320-202, www.goch.de

W. Köppe & Sohn, Dorfstr. 45, ✆ 2909

28 Kleve s. S. 14

Sie haben nun das Ende Ihrer Radreise erreicht. Wir hoffen, Sie hatten einen erlebnisreichen und interessanten Radurlaub und freuen uns, dass Sie ein *bikeline*-Radtourenbuch als Begleiter gewählt haben.

Das gesamte *bikeline*-Team wünscht Ihnen eine gute Heimreise!

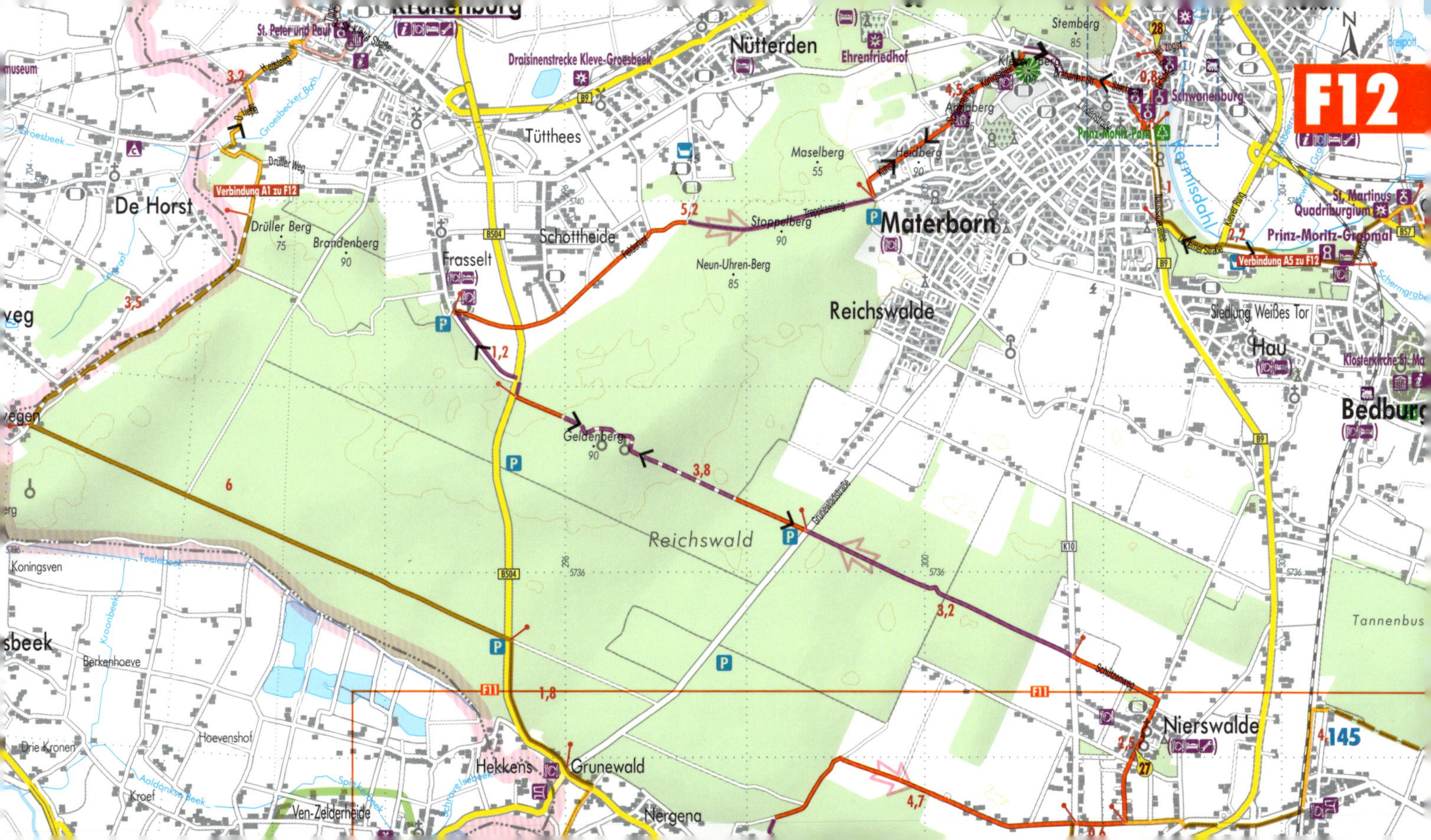
F12
Nütterden
Ehrenfriedhof
Draisinenstrecke Kleve-Groesbeek
St. Peter und Paul
Tütthees
De Horst
Verbindung A1 zu F12
Drüller Berg
Brandenberg
Frasselt
Schottheide
Stoppelberg
Neun-Uhren-Berg
Maselberg
Materborn
Reichswalde
Schwanenburg
Prinz-Moritz-Park
St. Martinus
Quadriburgium
Prinz-Moritz-Grabmal
Verbindung A5 zu F12
Siedlung Weißes Tor
Hau
Bedburg
Geldenberg
Reichswald
Koningsven
Berkenhoeve
Hoevenshof
Drie Kronen
Hekkens
Grunewald
Nergena
Ven-Zelderheide
Kroef
Nierswalde
Tannenbusch
Stemberg
Heidberg
145

Übernachtungsverzeichnis

Im Folgenden sind Hotels (H, Hg), Gasthöfe (Gh), Pensionen (P), Ferienwohnungen (Fw), private Unterkünfte (Pz) und Heuhotels (Hh), aber auch Jugendherbergen ( ) und Campingplätze ( ) der meisten Orte entlang des Radweges angeführt. Die Orte sind in alphabetischer Reihenfolge aufgelistet. Das Verzeichnis erhebt keinen Anspruch auf Vollständigkeit und stellt keine Empfehlung der einzelnen Betriebe dar.

Die römische Zahl (I–VII) nach der Telefonnummer gibt die Preisgruppe des betreffenden Betriebes an. Folgende Unterteilung liegt der Zuordnung zugrunde:

I	unter € 15,–		
II	€ 15,–	bis	€ 23,–
III	€ 23,–	bis	€ 30,–
IV	€ 30,–	bis	€ 35,–
V	€ 35,–	bis	€ 50,–
VI	€ 50,–	bis	€ 70,–
VII	über 70 €,–		

Die Preisgruppen beziehen sich auf den Preis pro Person in einem Doppelzimmer mit Dusche oder Bad incl. Frühstück. Übernachtungsbetriebe mit Zimmern ohne Bad oder Dusche, aber mit Etagenbad, sind durch das Symbol nach der Preisgruppe gekennzeichnet.

Da wir das Verzeichnis stets erweitern, sind wir für Ihre Anregungen dankbar. Die einfache Eintragung erfolgt für die Betriebe natürlich kostenfrei.

bett+bike adfc

Alle mit dem Bett & Bike-Logo ( ) gekennzeichneten Betriebe erfüllen die vom ADFC vorgeschriebenen Mindestkriterien als „Fahrradfreundliche Gastbetriebe“ und bieten darüber hinaus so manche Annehmlichkeit für Radfahrer. Detaillierte Informationen finden Sie unter *www.bettundbike.de.*

adfc Allgemeiner Deutscher Fahrrad-Club

Bedburg-Hau

PLZ: 47551; Vorwahl: 02821

Info-Center-Moyland, Am Schloss 5, ✆ 01805/669526

H Berg und Tal, Uedemer Str. 23, ✆ 6432, III

Hasselt

Pz Drushof, Holzstr. 42, ✆ 60959, II

Louisendorf

Pz Beeker, Hauptstr. 34, ✆ 02824/5249, II

Schneppenbaum

Gh Schwanenhof, Mühlenstr. 71, ✆ 60037, IV

Pz Am Bersberg, Am Bersberg 12, ✆ 60046, II-III

Till-Moyland

Vorwahl: 02824

H Till Moyland am Golfplatz, Kloster 5, ✆ 999891, V-VI

Brüggen

PLZ: 41379; Vorwahl: 02163

Tourist-Information, Burgwall 4, ✆ 5270

H Borner Mühle, Borner Mühle 18-22, ✆ 955950, V

H Brüggener Klimp, Burgwall 15, ✆ 9550, V

H Haus Neuenhofen, Klosterstr. 57, ✆ 6688, III

H Heide Camp Gastro, St. Barbara-Str. 41, ✆ 14140, III

H Zum Schiffchen, Bruchstr. 37, ✆ 5443, III

P Haus Optekamp, B.-Röttgen-Waldweg 15, ✆ 6886, III

P Haus Jaster, Borner Feld 22, ✆ 7929, III

Jugendherberge Brüggen, Auf dem Eggenberg 1, ✆ 5161

Camping-Forst am Laarer See, Postfach 1239, ✆ 8461 od. 02162/40586

Heide Camp, St.-Barbara-Str. 38, ✆ 14140

Born

Pz Gästehaus Born am See, Stapp 3a, ✆ 6782, III

Bracht

H Sittard, Königsstr. 45, ✆ 0170/7026178, III

Dinslaken

PLZ: 46535; Vorwahl: 02064

DINAMIT GmbH, Friedrich-Ebert-Str 44-46, ✆ 605304

Buchungsservice, ✆ 66222

H Art Inn Hotel, Bahnhofspl. 9, ✆ 4656560, V

H Zum Schwarzen Ferkel, Voerder Straße 79, ✆ 51120, V-VI

Hg Am Park, Althoffstraße 16, ✆ 601070, VI-VII

Hiesfeld-Oberlohberg

PLZ: 46539

H Galland, Dickerstr. 346-348, ✆ 49590, V-VI
H Zur Egerheide, Bergerstr. 440, ✆ 94028, V
H Zum Grunewald, Bergerstr. 152, ✆ 49540, V

Eppinghoven

H Gambrinus, Rotbachstr. 140-142, ✆ 604050, IV-V

Bruch

Hg An der Eissporthalle, Gerhard-Malina-Str. 115, ✆ 42300, V

Dormagen

PLZ: 41541; Vorwahl: 02133
Stadtmarketing Dormagen, Schlossstr. 2-4, ✆ 276280

Mitte

PLZ: 41539
H Höttche, Krefelder Str. 14-18, ✆ 2530, IV-VI
H Cölner Hof, Kölner Str. 14, ✆ 24850, IV
H Dormotel, Kurt-Tucholsky-Str. 4, ✆ 2467100, V
H Flora, Florastr. 49, ✆ 46011, IV-VI
H Ragusa, Marktpl. 7, ✆ 43502, V-VI
Pz Pannen, Bahnhofstr. 98a, ✆ 41133, II
Pz Röder, Weingartenstr. 29, ✆ 40573
Pz Tosetti, Florastr. 21, ✆ 49836, II

Nord

Pz Klein, Robert-Koch-Str. 25, ✆ 43752, II

Horrem

PLZ: 41540
H Knechtstedener Hof, Knechtstedener Str. 13, ✆ 44088, IV
H Weilerhof, Weilergasse 5, ✆ 42476, III
Pz Löffler, Knechtstedener Str. 16, ✆ 214033

Zons

PLZ: 41541
H Schloss Friedestrom, Parkstr. 2, ✆ 5030, V-VII
H Zum Bergischen Hof, Herrenweg 17, ✆ 43972, IV-V
Gh Matzke, Kurfürstenstr. 9, ✆ 45334, III
Gh Schloss-Destille, Mauerstr. 26a, ✆ 47658, IV-V
Gh Wolta, Goltsteinstr. 5, ✆ 46539, III
Gh Zum Feldtor, Schlossstr. 40, ✆ 24590, III
Pz Torschenke, Rheinstr. 3, ✆ 259955, V-VI

Stürzelberg

PLZ: 41541
H Stadt Dormagen, Robert-Bosch-Str. 2, ✆ 7828, III-IV
H Zum Anker, Schulstr. 82, ✆ 739120, III
Gh Vater Rhein, Oberstr. 4, ✆ 71930, V
P St. Peter, Düsseldorfer Str. 131, ✆ 70009, III
Pz Müller, Unterstr. 31, ✆ 72586, II
Pz Schiefer, Oberstr. 42, ✆ 72004
Fährhaus Jupp, Grind 6, ✆ 220122
Strandcamping, Grind 1, ✆ 71717

Nievenheim

PLZ: 41542
H Robens, Hindenburgstr. 26-28, ✆ 90277, II
Gh Zum Anker, Hindenburgstr. 5, ✆ 90264, I-II
Pz Kimmel, Auf der Hardt 60a, ✆ 90912, I

Hackenbroich

Pz Organiska, Claudiusstr. 37, ✆ 60750, II
Pz Röllgen, Claudiusstr. 33, ✆ 60523, II

Gohr

Pz Schleifer, Bricher Dorfstr. 83, ✆ 02182/6638, II

Delrath

Pz Schlösser, Mittelstr. 9, ✆ 70860, II

Duisburg

PLZ: 47051; Vorwahl: 0203
Ruhr Visitor Center Duisburg, Königstraße 39, ✆ 285440

Innenstadt

PLZ: 47051
H Am Kantpark, Gallenlampstr. 6, ✆ 282890, IV-V
H Conti, Düsseldorfer Str. 131-137, ✆ 287005, VI
H ferrotel Duisburg, Düsseldorfer Str. 122-124, ✆ 287085, VI
H Goldener Hahn, Hohe Str. 26a, ✆ 3177405, V
H Haus Hammerstein, Neue Marktstr. 13, ✆ 22063, V
H Ibis, Marcatorstr. 15, ✆ 30005-0, V
H Mamma Leone, Mercatorstr. 14, ✆ 73992-00, V
H Mercure Duisburg, Landfermannstr. 20, ✆ 30003-0, VI
H Mirage, Ulrichstr. 28, ✆ 828685-0, V-VI
H Regent, Dellpl. 1-3, ✆ 295900, V-VII
H Steigenberger Duisburger Hof, Neckarstr. 2, ✆ 3007-0, VI
H Plaza, Düsseldorfer Str. 54, ✆ 2822-0, VI
H Zum Löwen, Kremerstr. 21, ✆ 28549200, V
PLZ: 47057
H Friederichs, Neudorfer Str. 33-35, ✆ 31865-0, VI
H Zum Alten Fritz, Klöcknerstr. 10, ✆ 351486, V
PLZ: 47508
H Rheinischer Hof, Mülheimer Str. 119, ✆ 332446, V

Wanheimerort

PLZ: 47055
Hg Am Sportpark, Buchholzstr. 27, ✆ 770340, V-VI
H Am Stadion, Kalkweg 26, ✆ 721058, V-VI

Nord

PLZ: 47137
Hg Jacqueline, Westender Str. 16, ✆ 0170/7026178, IV
Jugendherberge Du-Meiderieh, Lösorter 133, ✆ 720834

Walsum

PLZ: 47178-47179
H Brücker, Theodor-Heuss-Str. 225, ✆ 491800, III-IV
H Am Rubbert, Heerstr. 63, ✆ 472150, III

Homberg

PLZ: 47198
H Rheingarten, Königstr. 78, ✆ 02066/5001, VI
Hg Langen, Mühlenstr. 79, ✆ 02066/55799, II-III

Ruhrort

PLZ: 47119
H Freihafen, Bergiusstr. 36, ✆ 8605820, IV-V
H La Vigie, Kasteelstr. 1, ✆ 800550, V

Rheinhausen

PLZ: 47229
H Mühlenberger Hof, Hohenbudbergstr. 88, ✆ 02065/41565, V
Gh Zur Linde, Sedanstr. 1, ✆ 02065/22079, V

Wedau

PLZ: 47279

Pz Haus Scheuten, Im Königsbusch 1b, ✆ 709798, IV

Jugendherberge Du-Wedau, Kalkweg 148e, ✆ 724164

Großenbaum-Rahm

PLZ: 47269

Hg Ramor, Angermunder Str. 37-41, ✆ 99806-0

Huckingen

PLZ: 47259

H Landhaus Milser, Zur Sandmühle, ✆ 7580-0, VII

H Lonac, Düsseldorfer Landstr. 337, ✆ 75862-0, V

Buchholz

PLZ: 47249

H Sittardsberg, Sittardsberger Allee 10, ✆ 700001, V

Hg Schilling, Bregenzer Str. 17, ✆ 799640, V

Emmerich am Rhein

PLZ: 46446; Vorwahl: 02822

infoCenterEmmerich, Rheinpromenade 27, ✆ 931040

H Am PAN, Baustr. 50, ✆ 975190, V

H Am Rathaus, Geistmarkt 31, ✆ 3503, II

H Gästehaus Societät, Kleiner Wall 2-4, ✆ 913080, IV

H Heering, Reeser Str. 386, ✆ 988150 od. 537909, III-IV

H Onder de Port, Rheinpromenade 24, ✆ 45265, II

H Rheinblick, Rheinpromenade 13, ✆ 4944, IV

H Rheinpromenade, Rheinpromenade 8, ✆ 981770, IV

H Stadt Emmerich, Bahnhofstraße 26-28, ✆ 537909, IV

H Zur Grenze, s'Heerenberger Str. 298, ✆ 2367, III

H Klosterberg, s'Heerenberger Str. 121, ✆ 4813, II

Pz Kunz, Zum Beerenboom 9, ✆ 52294

Elten

PLZ: 46446; Vorwahl: 02828

H Berliner Hof, Zevenaarer Str. 3, ✆ 563

H Landgut Hotel auf der Heide, Luitgardistr. 8, ✆ 91420, V-VI

H Wanders, Eltener Markt 2, ✆ 2220, III-V

Gh Vink, Lobither Str. 14, ✆ 902426, IV

P Martinus-Pension im St. Martinus-Stift, Martinusstr. 5, ✆ 22120, IV

Camping Philipoom, Wildweg 50, ✆ 2524

Praest

Pz Epping, Reeserstr. 559, ✆ 8719

Erkelenz

PLZ: 41812; Vorwahl: 02431

Stadt Erkelenz, Johannismarkt 17, ✆ 85-0

H Am Eck, Roermonder Str. 10, ✆ 806653, V

H Am Weiher, Nordpromenade 7, ✆ 96930, VII

H Rheinischer Hof, Kölner Str. 18, ✆ 2294, VI

H Zur Burg, Genenderstr. 98, ✆ 6328, V

H Zur Giftmühle, Neusser Str. 29, ✆ 947390, VI

P Licht, Kölner Str. 17, ✆ 3429, IV

Matzerath

Fw Horrichs, Homek 19, ✆ 1487, V

Bellinghoven

Gh Zum Schwanenhof, Am Kapellchen 9, ✆ 96010, VI

Lövenich

Fw Hansen, Am Nysterbach 10, ✆ 691, V

Borschemich

PLZ: 41812; Vorwahl: 02164

Jugendhaus St. Josel (nur Gruppen), Marienstiftstr. 9, ✆ 47898 (Anm. unter ✆ 02434/9812-31)

Kleinbouslar

Hg Landhaus Göddertzhof, Kleinbouslar 11, ✆ 02435/1066, IV-V

Golkrath

P Esser, Terreicken 68, ✆ 2356, III

Gangelt

PLZ: 52538; Vorwahl: 02454

Infocenter, Am Freibad 13, ✆ 936341

P Brommler Mühle, Schinvelder Str. 51, ✆ 1450, III-IV

Gh von Cleef, Freihof 1, ✆ 2276, II

P Zum Stadttor, Heinsberger Str. 20, ✆ 2225, III

P Seminar- und Gästehaus Zur alten Quelle, Quellstr. 3, ✆ 936210, III

Pz Zur Tanke, bundesstr. 150, ✆ 7458, II

Geilenkirchen

PLZ: 52511; Vorwahl: 02451

Stadtverwaltung, Markt 9, ✆ 6290

H Jabusch, Markt 3, ✆ 2725, IV-V

H App. Hotel Central, Konrad-Adenauer-Str. 84, ✆ 482010, IV-VI

Hg City-Hotel, Theodor-Heuss-Ring 15, ✆ 6270, V

Beeck

Hh Heuhotel Cremer, Am Mülenhof 29, ✆ 02453/699

Geldern

PLZ: 47608; Vorwahl: 02831

Städtische Dienste, Issumer Tor 36, ✆ 398-770

Buchungsservice, ✆ 398-770

H See Park Janssen, Danziger Str. 5, ✆ 9290, V-VI

H Engles Ratskeller, Markt 19, ✆ 87373, V

H Rheinischer Hof, Bahnhofstr. 40, ✆ 5522, III

H Zur Brille, Issumer Tor 49, ✆ 93790, IV

Pz Bereths, Grüner Weg 18, ✆ 2980

Pz Holz, Ketteler Str 11, ✆ 3693

Pz Spitzner, Harttor 20, ✆ 991813

Aengenesch

Bh Staumannshof, Aengenesch 3, ✆ 5513, II

Hartefeld

Pz Oppolzer, Hartefelder Dorfstr. 33, ✆ 8353

Kapellen

H Zum Schwan, Lange Str. 31, ✆ 02838/3828, II

Pz Kassel, Lange Str. 21, ✆ 02838/3516

Lüllingen

Gh Landgasthof Luyven, An de Klus 40, ✆ 02832/3715

Pont

Gh Zum Lüneborger, Venloer Str. 120, ✆ 4047, II-III

Veert

Pz Weide, Rayendonk 42, ✆ 87854

Vernum

Pz Straßburger, Ivensstr. 4, ✆ 86977

Walbeck
H Posthotel Haus Deckers, Walbecker Markt 1, ✆ 3080, III
Pz Haus Mühlenblick, Walbecker Str. 51, ✆ 1824

Goch
PLZ: 47574; Vorwahl: 02823
ℹ Tourist-Information, Markt 2, ✆ 320-148
ℹ KulTOURbühne, Markt 15, ✆ 320-202
H Am Kastell, Kastellstr. 6-8, ✆ 962-0, V
H De Poort, Jahnstr. 6, ✆ 960-0, V
H Litjes, Pfalzdorfer Str. 2, ✆ 9499-0, IV
H Weyers, Voßheider Str. 210, ✆ 7352, IV
H Zur Friedenseiche, Weezer Str. 1, ✆ 7358, IV
P Bed&Breakfast Buitenhof, Grenzweg 46, ✆ 9286185, IV
Pz Goemans, Thöniskamp 3, ✆ 88343, II

Asperden
H Kloster Graefenthal, Maaststr. 48-50, ✆ 928878-0, VI
H Zum Schwan, Knobenhof 15, ✆ 4648, IV
Pz Reithof Hüsch, Asperberg 89, ✆ 4701, II

Hülm
P Bed&Breakfast Martens, Kapellenweg 11, ✆ 9753444, IV

Kessel
H Ter Kelling, Klosterweg 136, ✆ 02827/9255-0, IV
P Hubertushof-Herberge, Kranenburger Str. 117, ✆ 02827/361, II

Nierswalde
H Nierswalder Landhaus, Dorfstr. 2, ✆ 9255-0, IV
Pz Reichwaldhof, Berliner Str. 87, ✆ 87377908, III
Pz Simons, Kesseler Str. 70, ✆ 4873, II

Pfalzdorf
H Auler, Hevelingstr. 238, ✆ 2250, IV
P An der Waterkuhl, Klever Str. 408, ✆ 8799733, IV
P Gästehaus Seidel, Klever Str. 407, ✆ 9760313, IV
Pz Engels, Reuterstr. 16, ✆ 1464, III
Pz Haus Erika, Kuhstr. 129
Pz Appenzeller, Radmacherstr. 14, ✆ 3522, I-II
Pz Haus Conradhof, Conradstr. 1, ✆ 9758-45, III

Grefrath
PLZ: 47929; Vorwahl: 02158
ℹ Fremdenverkehrsamt Grefrath, Rathauspl. 3, ✆ 4080-0
H Sporthotel Grefrather Hof, Am Waldrand 1-3, ✆ 4070, IV-VI
H Haffmanns, Markt 12-14, ✆ 91660, II-III
Pz Gebhardt, Am Bist 2, ✆ 4117, II-III
Pz Holthausen, Konnertzhof, ✆ 2476, II-III
Pz Just, Freventstr. 152, ✆ 4914, II-III
Pz Kreiten, Oedter Weg 3b, ✆ 800259, II-III
⛺ Campingplatz Waldfrieden, An der Paas 13, ✆ 3855

Grevenbroich
PLZ: 41515; Vorwahl: 02181
ℹ Verkehrsverein Grevenbroich e.V., Altes Rathaus - Markt 1, ✆ 608350

Stadtmitte
H Elsen, Rheydter Str. 77, ✆ 49120, IV
H Montanushof, Montanusstr. 100, ✆ 6090, VI
H Sonderfeld, Bahnhofsvorpl. 6-8, ✆ 22720, IV
H Zur Alten Schmiede, Südwall 2, ✆ 214970, V
H Zur Traube, Bahnstr. 47, ✆ 68767, VII
Gh Zur Goldenen Neun, Kirchstr. 85, ✆ 470202, I-II
P Alte Backstube, Bergheimer Str. 122, ✆ 2839452, II-III

Laach
H Haus Laach, Am Bärenbroich 42, ✆ 247400, IV

Neukirchen
PLZ: 41516; Vorwahl: 02182
H Zum guten Tröpfchen, Jakobuspl. 7, ✆ 7145
H Drei Könige, Neusser Str. 49, ✆ 812153, VI
Hg Stenbrock, Lohweg 6a, ✆ 60044, IV
Gh Kloster Langwaden, Schloss Langwaden, ✆ 88020, IV

Neuenhausen
PLZ: 41517
H Haus Kirsch, Willibrordusstr. 74, ✆ 3616, V

Hamminkeln
PLZ: 46499; Vorwahl: 02852
ℹ Stadtverwaltung Hamminkeln, Brüner Str. 9, ✆ 880
Gh Kamps, Brüner Str. 7, ✆ 4056, II

Brünen
PLZ: 46499; Vorwahl: 02856
H Hecheltjen's Hof, Raesfelder Str. 18, ✆ 2822, V
H Land-gut-Hotel Zum Hasen-Hein, Hamminkelner Str. 76, ✆ 1228, IV
Gh Majert, Weseler Str. 88, ✆ 98215, II-III

Dingden
Gh Arping, Neustr. 1, ✆ 66110, IV
⛺ Erholungsgebiet Dingdener Heide, Bußter Weg 100, ✆ 2405

Nordbrock
⛺ Alte Mühle, Melkweg 5, ✆ 02045/2857

Marienthal
PLZ: 46499; Vorwahl: 02856
H Romantik-Hotel Haus Elmer, An der Klosterkirche 12, ✆ 9110, VI-VII
H Marienthaler Gasthof, Pastor-Winkelmann-Str.2, ✆ 90990, V
P Paus (auch Heuherberge), Kirchweg 22, ✆ 708, III

Mehrhoog
Pz Leithold, Kirchstr. 15, ✆ 02857/425, II

Ringenberg
Gh Buschmann, Hauptstr. 52, ✆ 963290, IV
Pz Verhoeven, Pfarrer-Steinbach-Siedlung 11, ✆ 2273, II

Heinsberg
PLZ: 52525; Vorwahl: 02452
ℹ Heinsberger Tourist-Service e. V., Valkenburger Str. 45, ✆ 131415
ℹ Stadtverwaltung, Apfelstr. 60, ✆ 14132
H Corsten, Hochstr. 160, ✆ 1860, IV-V
H Fredo, Hochstr. 99, ✆ 1061272, IV
P Köpi-Stube, Sittarder Str. 5, ✆ 62749, III
Pz Fleischhauer, Rurtalstr. 87, ✆ 1329, II

Oberbruch
Hg Haus Nobis, Grebbener Str. 46, ✆ 64578, I-II

Unterbruch

Fw Horster Hof, Horster Hof, ✆ 67973, III

Hückelhoven

PLZ: 41836; Vorwahl: 02433

Stadtverwaltung, Parkhofstr. 76, ✆ 820

H Am Park, Jülicherstr. 11, ✆ 90990, V

Baal

Hg Justen, Bahnstr. 4-6, ✆ 02435/2220, I-II

Brachelen

Gh Kaisersaal, Hauptstr. 90, ✆ 02462/1052, V

Doveren

H Doverener Mühle, Dammweg 14, ✆ 97960, III-V

Pz Görtz, Doverhahn 45, ✆ 931101, II

Ratheim

Gh Jägerhof, Ratheimer Markt 9, ✆ 51629, III

Hünxe

PLZ: 46569; Vorwahl: 02858

Gemeindeverwaltung, Dorstener Str. 24, ✆ 69-0

H Waldhotel Hünxe-Ost, Gansenbergweg 60, ✆ 9120, V-VI

Gh Rühl, Dinslakener Str. 120, ✆ 02064/30430, V

Bh Hövelsberg, Hoher Wardweg 12a, ✆ 2139, II

Bh Schlümer, Hunsdorfer Weg 30, ✆ 1225, II

Pz Schulz, Weseler Str. 115, ✆ 836945, IV-V

Gartrop-Bühl

Gh Gartoper Hof, Gahlener Str. 151, ✆ 832928, III

Bensberg, Gahlener Str. 159, ✆ 02853/4134

Kleinsteinberg, Elsenweg 27, ✆ 7802

Kleinelsen, Scheperstr. 22, ✆ 2321

Naturfreunde Gute Laune, Elsenweg 29

Isselburg

PLZ: 46419; Vorwahl: 02874

Isselburger Verkehrsverein e.V., Markt 9, ✆ 942344

H Nienhaus, Minervastr. 26-28, ✆ 770, V

P Krasemann, Hüttenstr. 10, ✆ 0171/7500602, II

Anholt

H Brüggenhüte, Hahnerfeld 23, ✆ 91470, IV

H Legeland, Gendringer Str. 1, ✆ 837, IV

H Parkhotel Wasserburg Anholt, Klever Str., ✆ 4590, VI

Hg Alte Drogerie, Markt 19, ✆ 91350, III-IV

P Effing, Hahnerfeld 26, ✆ 1615, II

P Heister, Nadorpstr. 11, ✆ 772, II

P Hüls, Maria-Lenzenstr. 3, ✆ 859, II

P Schulz, Im Wiesengrund 38, ✆ 3208, I-II

Issum

PLZ: 47661; Vorwahl: 02835

Tourismusinformation im His-Törchen, Herrlichkeit 3, ✆ 1024

P Issumer Hotelpension, Gelderner Str. 14, ✆ 445723 , IV

P Apartment Dahlenmühle, Nieukerker Str. 32, ✆ 444709

P Apartmenthof Pauenhof, Pauenweg 68, ✆ 2290

P Bei Oma Ida, Mühlenstr. 41, ✆ 445443, IV

P Villa Issum, Kapellener Str. 82, ✆ 0031/774652905

Jüchen

PLZ: 41363; Vorwahl: 02165

Gemeindeverwaltung Jüchen, Am Rathaus 5, ✆ 915-230

H Zum Alten Fritz, Wilhelmstr. 26, ✆ 911103, I-II

H Dycker Weinhaus, Klosterstr. 1, ✆ 02182/85050, V-VI

Fw Vila Jucunda, Odenkirchener Str. 28, ✆ 02594/6639, IV

Kaarst

PLZ: 41564; Vorwahl: 02131

Stadtverwaltung Kaarst, Am Neumarkt 2, ✆ 987200

H Alt Büttgen, Kölner Str. 30, ✆ 514961, II-III

H Classic Hotel Kaarst, Friedensstr. 12, ✆ 128880, IV-V

H Holiday Inn, Königsberger Str. 20, ✆ 9690, IV-V

H Jan van Werth, Rathauspl. 20, ✆ 75880, III-VI

H InterSport-Hotel, August-Thyssen-Str. 13-15, ✆ 298520, IV-V

H TSKsports, Bruchweg 11, ✆ 79020, IV-V

H Tespo Tennis- und Sportpark, An der Wegscheider Heck 2, ✆ 51770, II-III

Hg Landhaus Michels, Kaiser-Karl-Str. 10, ✆ 76780, IV

Gh Bierhaus Stollberg, Matthiasstr. 14, ✆ 756302, I-II

P Haus Ingeburg, Jupiterstr. 2-4, ✆ 766837, II

Pz Mrozyk, Neusser Str. 9, ✆ 1617329, II-III

Kalkar

PLZ: 47546; Vorwahl: 02824

Touristik-Information, Markt 20, ✆ 13-120

H Nern, Markt 6, ✆ 2252, IV

H Siekmann, Kesselstr. 32, ✆ 92450, III-IV

H Stil(l)leben am Markt, Markt 25, ✆ 971597

Grieth

Pz Ingenbleek, Legestr. 4, ✆ 6277, III

Kehrum

H Landhaus Beckmann, Römerstr. 1, ✆ 2086, V

Pz Venhorst, Uedemer Str. 33, ✆ 2524, II

Hönnepel

H Wunderland Kalkar, Griether Str. 110-120, ✆ 910230, V-VI

Appeldorn

H Burg Boetzelaer, Reeser Str. 247, ✆ 977990, V

Wissel

Pz Keteler, Rabenhorst 39, ✆ 6722

Pz Reinders, Jägerweg 11, ✆ 6616

Mühle Wissel (nur Gruppen), Dorfstr., ✆ 51504

Wisseler See, Zum Wisseler See 20, ✆ 96310

Kamp-Lintfort

PLZ: 47475; Vorwahl: 02842

Stadtinformation Kamp-Lintfort, Am Rathaus 2, ✆ 19433

H Casino im Park, Friedrich-Heinrich-Allee 54, ✆ 96340, V

H Laguna, Moerser Str. 116, ✆ 9213950, V

H Wellings Parkhotel, Neuendickstr. 96, ✆ 21040, VI-VII

H Zur Post, Friedrich-Heinrich-Allee 1, ✆ 2211, V-VII

H Lintforter Hof, Moerser Str. 325, ✆ 9291104, V-VI

P Zum Klosterblick, Moerser Str. 31B, ✆ 55609, IV-V

Pz Dalschen, Prinzenstr. 17, ✆ 0177/6232491, II

Bh Ermen, Altfelder Str. 248, ✆ 42144, III-IV

Hoerstgen
H Landhotel zur Post, Dorfstr. 29, ✆ 921498-0, V-VI
Kamperbrück
Gh Zur Linde, Hoerstgener Str. 153, ✆ 41380, II
Niersenbruch
Pz Streup, Krähenweg 15, ✆ 41315, II

Kempen
PLZ: 47906; Vorwahl: 02152
Stadtverwaltung Kempen, Buttermarkt 1, ✆ 917-171
H Alt Kempen, Ellenstr. 1, ✆ 91890, III-IV
H Papillon, Thomasstr. 9, ✆ 14150, V
H Kempener Sport- & Tagungshotel, Schmeddersweg 4, ✆ 20190, V
H Kolpinghaus Kempen, Peterstr. 23-24, ✆ 205560, V
Hg Thomasstadt, Hülser Str. 9, ✆ 209550, V
P Praas, Greifswalder Weg 25, ✆ 54769
P Harteshof, Steeg 14, ✆ 6824, II
P Wolters, Tiefstr. 35, ✆ 3560, III
Fw Kanetzhof, Stendener Str. 24, ✆ 7389, II

Kerken
PLZ: 47647; Vorwahl: 02833
Gemeindeverwaltung Kerken, Dionysiusplatz 4, ✆ 922170
Aldekerk
H Ferdi Thoeren, Marktstr. 14, ✆ 4431, III-V
Nieukerk
Gh Wolters, Sevelener Str. 15, ✆ 2206, III-V

Kevelaer
PLZ: 47623; Vorwahl: 02832
Verkehrsverein Kevelaer und Umgebung e.V., ✆ 122151
Buchungsservice, ✆ 122152
H Alt Derp, Hauptstr. 63, ✆ 78476, III
H Am Bühnenhaus, Bury-St.-Edmuns-Str. 13, ✆ 93240, V
H Klostergarten, Klostergarten 1, ✆ 9773838, V
H Gelder Dyck, Geldender Str. 43, ✆ 1414, IV
H Goldener Apfel, Kapellenplatz 13, ✆ 93550, III
H Goldener Löwe, Amsterdamer Str. 13, ✆ 5755, IV-V
H Goldener Schwan, Hauptstr.13, ✆ 78119, III
H Parkhotel Kevelaer, Neustr. 3-15, ✆ 95330, V
H Rheinischer Hof, Basilikastr. 6, ✆ 976250, IV
H Weißes Kreuz, Kapellenpl. 21, ✆ 5409, II
H Zu den Goldenen & Silbernen Schlüsseln, Kapellenplatz 19, ✆ 5419, III-IV
H Zum Einhorn, Twistedener Str. 285, ✆ 78205, III-IV
H Zur Brücke, Bahnstr. 44, ✆ 2389, V
Gh Jacobs, Maasstr. 16, ✆ 5627, III
Gh Zum Goldenen Hammer, Busmannstr. 8, ✆ 5352, II
Pz Achten, Hüls 12, ✆ 78047
Pz Broeckmann, Twistedener Str. 64, ✆ 7650
Pz Hoffmann, Gelderner Str. 201, ✆ 505949
Pz W. Hoffmann, Weezer Str. 59, ✆ 78275
Pz Lamers, Mühlenring 11, ✆ 6361
Kervenheim
PLZ: 47627
H Landhaus VoeskenHOF, Michelsweg 19, ✆ 899910, IV
Schravelen
PLZ: 47626
H Sporthotel Schravelsche Heide, Gotendonker Str. 54-58, ✆ 80551, V
Pz Pleger, Heiligenweg 62, ✆ 899098
Jugendherberge Kevelaer, Am Michelsweg 11, ✆ 8267

Twisteden
PLZ: 47624
P Peters, Dorfstr. 51, ✆ 78783, III

Winnekendonk
PLZ: 47626
Gh Dorfschänke Kanders, Hauptstr. 34, ✆ 8566, IV
P Hirschmann, Blumenstr. 11, ✆ 8367, II
Anna Fleuth, Niersstr. 39, ✆ 899980

Kleve
PLZ: 47533; Vorwahl: 02821
Stadtmarketing Kleve, Werftstr. 1, ✆ 89509-0
H The Rilano Hotel Cleve, Tichelstr. 11, ✆ 7170, V-VII
H Akzent City Hotel Cleve, Lindenallee 37, ✆ 72630, V
H Schwanenburg, Turmstr. 53, ✆ 72480, V
H Zur Post, Hagsche Str. 44, ✆ 24579, IV
P Keglerbörse Haus Ida, Nimweger Str. 99, ✆ 23698
Pz Cellina, Stelzenweg 2, ✆ 91646, II
Pz Coenders, Materborner Allee 71, ✆ 49640
Pz Giesen, Römerstr. 31, ✆ 26838
Donsbrüggen
H Landhaus Waldschlösschen, Kranenburger Str. 1, ✆ 72640, V
Düffelward
Pz Hasenkath am Deich, Grindweide 3, ✆ 7134512
Rindern
H Schloss Gnadental, Gnadental 8, ✆ 29080, III-IV
Materborn
H Parkhotel Schweizerhaus, Materborner Allee 3, ✆ 8959450, V-VI
Pz Schübel, Hamstr. 33, ✆ 49820, II
Jugendherberge Kleve, St. Annaberg 2, ✆ 23671

Korschenbroich
PLZ: 41352; Vorwahl: 02161
Stadtverwaltung Korschenbroich, Sebastianusstr. 1, ✆ 613-161
H Bienefeld, Im Kamp 5, ✆ 998300, V
H Im Tannenhof, Pescher Str. 35, ✆ 642493, IV
H Krummen, Hohe Brücke 11, ✆ 670828, IV
H St. Andreas, Gustav-Heinemann-Str. 1, ✆ 56480, IV
H Zur alten Post, Hindenburgstr. 13, ✆ 617960, IV
Gh Zum alten Brauhaus, Raderbroich 13, ✆ 641475, II
P Gästehaus Alt Glehn, Haupstr. 24, ✆ 02182/4125, II
Pz Bleicherhaus, Am Sportplatz 2, ✆ 648712, II
Pz Privates Gästehaus, Bachstr. 65, ✆ 02182/50268, II

Kranenburg
PLZ: 41334; Vorwahl: 02826
Verkehrsverein Kranenburg e. V., Klever Str. 4, ✆ 7914

H Zur Kranengasse, Kranengasse 1-5, ✆ 9997629, V
Gh Zum Löwen, Große Str. 46, ✆ 384, III
P Alte Bahn, Alte Bahn 20a, ✆ 92248, III
Pz Derks, Große Str. 73, ✆ 7619, III
Pz Weinem, Graf-Stauffenberg-Str. 2, ✆ 5045, II
Pz Jakobs, Schillerstr. 5, ✆ 1918, II
Fw Zum Sparschwein, Große Str. 36, ✆ 916291, III
Jugendtagungsstätte Wolfsberg e.V., Wolfsbergstr. 10, ✆ 279, II

Frasselt

P Frasselter Waldpension, Gocher Str. 67, ✆ 310, III
P Bed&Breakfast Am Klinkenberg, Gocher Str. 9, ✆ 992064, III

Mehr

PLZ: 41334; Vorwahl: 02826
Gh Lindenhof, Landstr. 6, ✆ 918553, IV-V
P Maas, Wibbeltstr. 101, ✆ 254, I
Mehrer Mühle, Wibbeltstr. 16, ✆ 02821/20269

Nütterden

PLZ: 41334; Vorwahl: 02826
Gh Zu den Forellenteichen, Dorfstr. 1, ✆ 8144, III
P Landhaus Zum Dorfkrug, Lindenstr. 1, ✆ 5336, III
Pz Winkmann, Beeckscher Weg 24, ✆ 5355, IV
Fw Wiesenhof, Bruchsche Str. 2, ✆ 5138

Wyler

P Bed&Breakfast Grenzeloos, Picardie 7, ✆ 802117, III
Pz Ciconia, Zum Wyler Meer 35, ✆ 918922, III
Pz Berson, Bergweg 3, ✆ 802989, II

Krefeld

PLZ: 47798; Vorwahl: 02151
Tourist-Information, City-Center/Schwanenmarkt, ✆ 861515

Stadtmitte

H Bayerischer Hof, Hansastr. 105, ✆ 8207780, V
H Uhlen, Steinstr. 181, ✆ 778888, V
H Wilma, Oststr. 10, ✆ 858660, II-IV
PLZ: 47799
H City-Hotel, Philadelphiastr. 63, ✆ 6260, V-VI
H Etap, Hansastr. 30, ✆ 6289620, III
H Poststuben, Dampfmühlenweg 58, ✆ 85870, IV-V

Bockum

PLZ: 47800
H Alte Post, Uerdinger Str. 550a, ✆ 58840, V
H Benger, Uerdinger Str. 620, ✆ 95540, V
H Garden, Schönwasserstr. 12a, ✆ 535230, V-VI
H Krefelder Hof, Uerdinger Str. 245, ✆ 5840, VII
H Villa Medici, Schönwasserstr. 73, ✆ 50660, V

Traar

PLZ: 47802
H Mercure Hotel Krefeld, Elfrather Weg 5, ✆ 9560, V-VII
P Verberger Gästehaus, Am Flohbusch 85, ✆ 563414, IV

Inrath

PLZ: 47803
H Niederrheinischer Hof, Hülser Str. 398, ✆ 650660, IV-V

West

PLZ: 47804
H Westend, St.-Töniser-Str. 173, ✆ 713967, III-IV

Fischeln

PLZ: 47807
H Tryp, Europapark Fichtenhain A 1, ✆ 8360, V-VII

Uerdingen

PLZ: 47829
H Imperial, Bahnhofstr. 60a, ✆ 49280, V-VI
H Rhenania Quelle, Breslauer Str. 135-137, ✆ 473171, V
H Zur Brücke, Victor-Jakubowicz-Str. 11, ✆ 42666, IV-V

Hüls

PLZ: 47839
H Klings, Krefelder Str. 81, ✆ 732573, III-IV

Meerbusch

PLZ: 40667; Vorwahlen: 02132
Stadtverwaltung Meerbusch, Dorfstraße 20, ✆ 916482

Büderich

PLZ: 40667; Vorwahl: 02132
H Haus Büderich, Düsseldorfer Str. 71, ✆ 72592, III-IV
H Gut Dyckhof, Am Dyckhof 3, ✆ 9777, V
H Landsknecht, Poststr. 70, ✆ 5947, III-IV
H Schwarz, Niederdonker Str. 74, ✆ 72932, III-IV
H Zur Krone, Moerser Str. 12, ✆ 93200, III-IV
H Zum Deutschen Eck, Düsseldorfer Str. 87, ✆ 99220, IV-V
Hg Malz, Witzfeldstr. 46, ✆ 70015, V
P Gästehaus Meerbusch, Hindenburgstr. 4, ✆ 933400, IV-V
Pz Lohmann, Moerser Str. 63, ✆ 9960256, III

Langst-Kierst

PLZ: 40668; Vorwahl: 02150
H Vier Jahreszeiten, Zur Rheinfähre 14-15, ✆ 9140, V-VI
Hg Fritz Kals, Uerdinger Str. 178, ✆ 2787, II-III
Pz Merten, Am Oberen Feld 93, ✆ 206950, IV
Pz Schmidt-Günter, Schützenstr. 3, ✆ 707693, IV
Rhein Camping Meerbusch, Zur Rheinfähre 21, ✆ 911817

Lank

PLZ: 40668; Vorwahl: 02150
H Kals, Uerdinger Str. 178, ✆ 2787, V

Osterath

PLZ: 40670; Vorwahl: 02159
H Haus Bovert, Meerbuscher Str. 249, ✆ 2241, IV
H Meerbuscher Hof, Meerbuscher Str. 223, ✆ 5221, V
H Osterather Hof, Am Kirchplatz 30, ✆ 3490, IV
H Strümper Hof, Osterather Str. 78, ✆ 6253, V
P Becker-Podehl, Meerbuscher Str. 48, ✆ 911494, IV
P Münks, Krefelder Str. 71, ✆ 520780, III-IV

Mönchengladbach

PLZ: 41050; Vorwahl: 02161
Marketing Gesellschaft Mönchengladbach, Voltastr. 2, ✆ 25-2525

Stadtmitte

PLZ: 41061
H Berti, Hindenburgstr. 175, ✆ 13071, II-III
H Burgund, Kaiserstr. 85, ✆ 185970, IV-V

H Caspers, Blumenbergerstr. 24, ✆ 837023, II-III
H Amadeo, Waldhausener Str. 122-128, ✆ 926630, IV-V
H Best Western Crown Hotel, Aachener Str. 120, ✆ 3060, V-VII
H Dorint Parkhotel, Hohenzollernstr. 5, ✆ 8930, V-VI
H Holiday Inn, Speicker Str. 49, ✆ 9380, VI-VII
H Palazzo, Hindenburgstr. 286, ✆ 406030, V
Hg Gladbacher Hof, Hindenburgstr. 223, ✆ 22128, IV
Hg Oberstadt, Hindenburgstr. 20-22, ✆ 13083, II-III
Gh Kunst&Nippes, Waldhausener Str. 28, ✆ 4684210

Windberg
PLZ: 41063
H Heidehaus, Viersener Str. 285, ✆ 980820, II-III

Venn
Gh Loers, Mürrigerstr. 17, ✆ 953920, IV

Pesch
PLZ: 41065
H Buchenhof, Peter-Krall-Str. 18, ✆ 43653, I-II
H Haus Gottschalk, Pescher Str. 152, ✆ 407900, II-III

Neuwerk
PLZ: 41066
H Kastanienhof, Krefelder Str. 765, ✆ 694600, IV-V
H Neuwerkerhof, Grunewaldstr. 99, ✆ 664562, II-III

Hehn
P Rademacher, Hehn 296, ✆ 0172/6069155, III

Holt
PLZ: 41069
H Schürings, Hehnerholt 94, ✆ 540288, III-IV
H Tannenhof, Pfingstgraben 11, ✆ 596010, II-III
H Westender Hof, Luisenstr. 61, ✆ 354990, II-III
Gh Zur Börse, Tomper Str. 2, ✆ 559725

Hardt
PLZ: 41169
H Lindenhof, Vorster Str. 535, ✆ 559340, II-III
Hg Kasteel-Scholl, Vorster Str. 529, ✆ 559694, I-II
P Faaßen, Vorster Str. 233, ✆ 559182, II-III
Jugendherberge Hardter Wald, Brahmsstr. 156, ✆ 560900
Wilhelm-Kliewer-Haus, Ungermannsweg 8, ✆ 559890 (auch)

Genhülsen
PLZ: 41179
H Haus Heinen, Genhülsen 112, ✆ 58600, III-IV

Wickrath
PLZ: 41189; Vorwahl: 02166
H Frambach, Beckrather Str. 24, ✆ 5003, II-III

Rheydt
PLZ: 41236; Vorwahl: 02166
H Appartement Ruhrfeld, Ruhrfelder Str. 54, ✆ 609369
H City Hotel, Langeng. 4-8, ✆ 46018, I-II
H Parkhotel Rheydt, Hugo-Junkers-Str. 2, ✆ 998850, V
H Rheydter Residenz, Lehwalder Str. 27-29, ✆ 62960, IV-V
H Spickhofen, Dahlener Str. 88-92, ✆ 43071, III-IV
H Zur Post, Bahnhofstr. 41, ✆ 47023, II-III
Hg Haus Kaiser, Geistenbecker Str. 25, ✆ 2171810, IV
Hg Vision, Dahlener Str. 119-125, ✆ 310710, IV

Geneicken
PLZ: 41238; Vorwahl: 02166
H Coenen, Giesenkirchener Str. 41-45, ✆ 16006, III-IV
Hg André, Geneickener Str. 104, ✆ 254199, II-III

Hockstein
PLZ: 41239; Vorwahl: 02166
H Elisenhof, Klusenstr. 97, ✆ 9330
P Schieben-Gaden, Hohenbergstr. 30, ✆ 2172911, II

Moers
PLZ: 47441; Vorwahl: 02841
Stadtinformation, Neuer Wall 10, ✆ 201-777
H City Hotel Moers, Rheinberger Straße 93a, ✆ 79090, V
H Stadt Moers, Uerdinger Str. 58, ✆ 23249, III
H Zum kleinen Reichstag, Uerdingerstr. 64, ✆ 981080, V-VI
H Moers van der Valk, Krefelder Straße 169, ✆ 1460, VII
Hg Am Bahnhof, Vinzenzstr. 7, ✆ 25865, III-IV

Asberg
H Asberger Hof, Asberger Str. 199, ✆ 51170, V
H Moerser Hof, Römerstr. 464, ✆ 95210, V

Repelen
H Bürgerstuben, Rathausallee 169, ✆ 94250, V
H Wellings Hotel Zur Linde, An der Linde 2, ✆ 9760, V-VII

Schwafheim
H Schwarzer Adler, Düsseldorfer Str. 309, ✆ 3821, V
H Seerose, Waldstr. 130, ✆ 36637, V-VI

Westerbruch
H Seoul, Westerbruchstr. 27, ✆ 887770, VI

Rheinkamp
H Haus Filtmann, Rheinberger Str. 497, ✆ 97220, IV-V

Nettetal
PLZ: 41334; Vorwahl: 02153
NetteAgentur, Doerkespl. 11, ✆ 8980

Breyell
H Kreuels, Lobbericher Str. 15, ✆ 70110, I-II
H Strandhotel Quellensee, Am Quellensee 1, ✆ 70824, I-II
H Tagungshotel Leutherheide, Leutherheide 12, ✆ 739303, V
Gh Hahnestroat, Josefstr. 21, ✆ 912026
Zeltplatz Quellensee, Am Quellensee 1, ✆ 70824

Hinsbeck
H Haus Josten, Wankumer Str. 3, ✆ 91670, V
H Strandhotel Krickenbeck, Krickenbecker Allee 38, ✆ 2609, III-IV
P Zum Mühlenberg, Büschen 14, ✆ 91880, II-III
P Waldesruh, Heide 7, ✆ 2771, IV
Pz Atzrodt, Schlossstr. 41, ✆ 5700, I
Pz Oberpootenhof, Oirlich 24, ✆ 89740, I
Pz Schulze-Kump, Oirlich 17a, ✆ 6607, I
Jugendherberge Hinsbeck, Heide 1, ✆ 6492

Hombergen
PLZ: 41334; Vorwahl: 02157
P Klaashof, Hombergen 6, ✆ 4984, II-III
Pension Klaashof, Hombergen 6, ✆ 4984

Kaldenkirchen
H Zur Mühle, Kölner Str. 36a, ✆ 13860, V

H Zur Post, Bahnhofstr. 10, ✆ 02157/81570, V
Gh Poseidon, Buschstr. 49, ✆ 02157/6323, II-III

Leuth

PLZ: 41334; Vorwahl: 02157
H Leuther Mühle, Hinsbecker Str. 34, ✆ 132061, V
Gh Strandhotel Poelvennsee, Poelvenn 10, ✆ 02157/6999, I-II
De-Witt-See, Am Wittsee, ✆ 6765
Bauernhof Genent, Bruchstr. 13, ✆ 5966
Ponyhof Eickes, Plankenheide 8, ✆ 6212

Lobberich

H Haus am Rieth, Reiners Str. 5, ✆ 80100, V
H Lüthemühle, Lindenallee 50, ✆ 9583690, V
H Zum Schänzchen, Am Schänzchen 5, ✆ 915710, II-III
H Stadt Lobberich, Hochstr. 37, ✆ 5100, I-II

Neukirchen-Vluyn

PLZ: 47506; Vorwahl: 02845
Stadtverwaltung, Hans-Böckler-Straße 26, ✆ 391-229
H Atlanta Hotel International Dampfmühle, Krefelder Str. 9, ✆ 93490, V
H Friedenseiche, Niederrheinallee 57, ✆ 93320, III-V
H XXL Restaurant und Hotel, Geldernsche Str. 443, ✆ 3017, IV-V
H Landhaus Vluyner Stuben, Vluyner Südring 73, ✆ 1655, V
H Schloss Leyenburg, Schloss Leyenburg, ✆ 949921, VI-VII
Pz Schlothmann, Vorsselsweg 18, ✆ 32067, III-IV
Pz Wittfeld, Ernst-Moritz-Arndt-Str. 12, ✆ 5753, II
Fw Schardey, Alte Mühle 1, ✆ 94740, III

Neuss

PLZ: 41460; Vorwahl: 02131
Tourist-Information Neuss, Büchel 6 – Rathausarkaden, ✆ 4037795

Innenstadt

PLZ: 41460
H B&S, Krefelder Str. 27, ✆ 222280, V-VI
H Novotel Am Rosengarten, Selikumer Str. 25, ✆ 2620, VI
H Proventhotel Mirage, Krefelder Str. 1, ✆ 15103-0, III-VI
H Krüll, Sternstr. 38, ✆ 276097, II-III
H Park Hotel Victoria, Kaiser-Friedrich-Str. 2, ✆ 23990, V-VI
H Stadthotel Am Hamtorplatz, Hamtorwall 17-19, ✆ 128930, II-III
H Tulip Inn City Hotel Neuss, Adolf-Flecken-Str. 18-20, ✆ 2270, V-VI
Pz Schulze, Grünstr. 12, ✆ 0179/2145892, I-II

Hammfeld

PLZ: 41460
H Holiday Inn Düsseldorf-Neuss, Anton-Kux-Str. 1, ✆ 1840, IV-V
H Swissotel Düsseldorf, Rheinallee 1, ✆ 7700, VI
H Hansa Hotel Neuss, Krefelder Str. 22, ✆ 222081, III-IV
H all seasons, Hellersbergstr. 16, ✆ 1040, III-IV
P Gästehaus Gockel, Neustr. 23, ✆ 244486, IV

Furth-Süd

PLZ: 41462
H Further Hof, Further Str. 110, ✆ 58034, II-III
P Buffen, Kurze Str. 26, ✆ 58276, I-II
Pz Haus Heidrun, Scheidt, ✆ 530121, II-III

Vogelsang

PLZ: 41462
Pz Resch, Mühlenbachstr. 64, ✆ 545251, II-III

Dreikönigenviertel

PLZ: 41464
Hg Haus Hahn, Bergheimer Str. 125, ✆ 94180, V

Stadionviertel

PLZ: 41464
H Antik-Hotel, Rheydter Str. 41, ✆ 858036, II-III
P Cafe Restaurant Noah, Berghäuschenweg 28a, ✆ 12473-10, V
Pz Langkau, Weingartstr. 69, ✆ 44408, III
Pz Rath, Hertzstr. 45, ✆ 80111, III

Gnadenthal

PLZ: 41468
H Kolossos Hotel, Kölner Str. 454, ✆ 18690, IV-VI
H Tagungshotel Dt. Telekom, Humboldstr. 2, ✆ 702000, III-VI
Hg Marienhof, Kölner Str. 187a, ✆ 150541, V

Grimlinghausen

PLZ: 41468
H Bastion Hotel Düsseldorf-Neuss, Jagenbergstr. 2, ✆ 930004, III-IV
H Mercure Hotel Düsseldorf-Neuss, Am Derikumer Hof 1, ✆ 3180, IV-V
H Landhaus Schulte, Hüsenstr. 17, ✆ 31010, IV-V

Uedesheim

PLZ: 41468
H Haus Stüttgen, Koblenzer Str. 63, ✆ 39255, II-III
Jugendherberge Neuss-Uedesheim, Macherscheider Str. 113, ✆ 718750

Rosellen

PLZ: 41470
H Rosellerheide, Tannenstr. 10, ✆ 958000, III-IV

Niederkrüchten

PLZ: 41372; Vorwahl: 02163
Fremdenverkehrsamt Niederkrüchten, Laurentiusstraße 19, ✆ 980-128
H Lenhsen, Haupstr. 52, ✆ 984242, II-III
H Venekotensee, Venekotenweg 4, ✆ 499690, II-III
Hg Haus Hildegard, An der Heiden 1-3, ✆ 83092, II
Gh Haus Grünthal, Kapellenfeld 26, ✆ 83345, I-II
Gh Brempter Eck, Kahrstr. 71, ✆ 80583, II-III
Gh Haus Lücker, Dr.-Lindemann-Str. 18, ✆ 45855, I-II
P Haus Andrea, Karstr. 26, ✆ 82087, II-III
Campingplatz Dilborner Mühle, Dilborner Str. 133, ✆ 82763
Campingplatz Lelefeld, Lelefeld 4, ✆ 81203

Elmpt

H Lehnsen, Hauptstr. 52, ✆ 984242, II-III

Overhetfeld

Campingplatz Brempt, Kahrstr. 115, ✆ 80996
Campingplatz Diehr, Schwalmweg 38, ✆ 82800

Campingplatz Graskamp, Graskamp 19, ✆ 579579
Campingplatz Langer, Mühlrather Hof 1, ✆ 20418
Fkk Campingplatz, Varbrook 100, ✆ 1318
Fkk Campingplatz Varbrooker Heide, Varbrook 110, ✆ 2567

Ryth

Campingplatz Pannenmühle, Pannenmühle 67, ✆ 47646

Rees

PLZ: 46459; Vorwahl: 02851
Stadtinformation Rees, Markt 1, ✆ 51200
H Atlanta Hotel Rheinpark Rees, Vor dem Rheintor 15, ✆ 5880, V
H Rheinhotel Dresen, Markt 6, ✆ 1255, V
Hg Voss, Dellstr. 25, ✆ 1297, III
P Weitblick, Emmericher Landstr. 59, ✆ 965354, II
Pz B+B Plus, Groiner Kirchweg 5, ✆ 965254, III

Grietherort

H Inselgasthof Nass, Grietherort 1, ✆ 6324, IV
Grietherort, Grietherort 7, ✆ 6960
Insel-Campingplatz, Grietherort 1, ✆ 6324

Grieherbusch

Am Naturschutzgebiet, Grietherbusch 19, ✆ 0173/5435769

Haffen

Bh Reinders, Sommerskathweg 5, ✆ 02857/3299, II

Haldern

Vorwahl: 02850
H Doppeladler, Bahnhofstr. 48, ✆ 214, VI
H Lindenhof, Isselburger Str. 3, ✆ 91320, IV
Gh Tepferdt, Klosterstr. 33, ✆ 347, III
P Drostenhof, Drostendick 24, ✆ 913717, III
Strandhaus Sonsfeld, Weseler Landstr. 352, ✆ 2247

Mehr

Pz Elsenbusch, Vinzenzstr. 6, ✆ 02857/3344

Millingen

H Jonkhans, ruchstraße 69, ✆ 8240, III

Rheinberg

PLZ: 47495; Vorwahl: 02843
Stadt Rheinberg Tourismus, Kirchpl. 10, ✆ 171-114
H Rheintor, Rheinstr. 63, ✆ 959380, IV
H Rheinberger, Kirchstr. 37, ✆ 9090938
Fw art-blau, Löthstr. 10, ✆ 160182

Ossenberg

H Schloss Ossenberg, Schlossstr. 81, ✆ 160395

Budberg

H Landhaus Steinhoff, Bischof-Roß-Str. 24, ✆ 92920, IV
Pz Haus Merker, Eversaeler Str. 46, ✆ 4142

Orsoy

PLZ: 47495; Vorwahl: 02844
H Orsoyer Hof, Hafendamm 2, ✆ 2111, IV-V
P Schlafkammer Orsoy, Egerstr. 14, ✆ 901122, IV-V

Rheurdt

PLZ: 47509; Vorwahl: 02845
Gemeinde Rheurdt, Rathausstr. 35, ✆ 9633-43
Gh Haus Oermterberg, Niederend 113, ✆ 6745

Kengen

PLZ: 47509; Vorwahl: 02833
Campinplatz Forellenhof, Kengen 43, ✆ 6696
Campingplatz Lupinenhof, Kengen 47, ✆ 7650

Neufeld

Campingplatz Konijnenberg, Am Hoschenhof 2, ✆ 21820
Campingplatz Wolters, Neufelder Str. 152, ✆ 28529

Schaephuysen

Gh Hauser, Tönisberger Str. 1-3, ✆ 6202, III

Lind

P Herwix Hof, Lind 40, ✆ 6758

Rommerskirchen

PLZ: 41569; Vorwahl: 02181
Gemeindeverwaltung Rommerskirchen, Bahnstr. 51, ✆ 80056
H Zur Linde, Markt 4, ✆ 9539, I-II
Gh Kaufmann, Monschauer Weg 2, ✆ 6022, I-II

Schermbeck

PLZ: 46514; Vorwahl: 02853
Gemeindeverwaltung Schermbeck, Weseler Str. 2, ✆ 910-0
H Ecco Hotel Schermbeck, Maassenstr. 1+3, ✆ 91930, IV
H Hecheltjen, Weseler Str. 24, ✆ 2214, IV
H Zur Linde, Mittelstr. 96, ✆ 91360, V
Gh Schermbecker-Mitte, Mittelstr. 28, ✆ 2133, IV

Damm

Gh Pannebäcker, Malberger Str. 49, ✆ 2343, V
Gh Zum Fuchsbau, Üfter Weg 22, ✆ 4135, IV
Fw Dämmerwald, Brüner Weg 41, ✆ 5211, III
Wachtenbrink, Klein-Else-Weg 7, ✆ 6053

Dämmerwald

Fw Appelbongert Landferien, Dämmerwalder Str. 44, ✆ 02865/10457

Gahlen

H Zur Mühle, Kirchstr. 78, ✆ 918400, III-IV
H Op den Hövel, Kirchstr. 71, ✆ 91400, V
P Cafe Holtkamp, Kirchstr. 37, ✆ 5898, III
Hohes Ufer, Hünxer Str. 72, ✆ 2480
Im Wiesengrund, Im Aap 69, ✆ 2461

Weselerwald

H Voshövel, Am Voshövel 1, ✆ 02856/91400, V

Schwalmtal

PLZ: 41366; Vorwahl: 02163
Gemeindeverwaltung Schwalmtal-Waldniel, Markt 20, ✆ 946-122
H Rath, Marktstr. 2, ✆ 4462, IV
Gh Alt Neel, Markt 23, ✆ 31178, III
Pz Haus Jutta, Bernhard-Rösler-Str. 88, ✆ 47638, I

Amern

H Mühlrather Mühle, Mühlrather Mühle 2, ✆ 5716276, V-VI

Dilkrath

Pz Haus Toerschen, Boisheimer Str. 61, ✆ 20573, I-II

Hehler

Pz Haus Gather, Hehler 172, ✆ 4190, I-II

Vogelsrath

Pz Jacobshof, End 48, ✆ 921313

Selfkant

PLZ: 52538; Vorwahl: 02456

ℹ Gemeindeverwaltung, Am Rathaus 13, ✆ 4990

H Peters, Heerstr. 1, ✆ 1208, IV-V

P Küppers, Gertrudisstr. 21, ✆ 2976

Tüddern

Gh Vermeulen, Sittarder Str. 39, ✆ 1338, II-III

Gh Zum Savo, Neustr. 22, ✆ 1246, III

Schalbruch

P Bed&Breakfast Lange, Zur Landwehr 6, ✆ 508834, II

Sonsbeck

PLZ: 47665; Vorwahl: 02838

ℹ Gemeindeverwaltung Sonsbeck, Herrenstraße 2, ✆ 36-0

H Palast Teyan Qui, Xantener Str. 163, ✆ 02801/705406, II-III

H Specht, Dassendaler Weg 13, ✆ 9120, IV-V

P Koelmans, Herzogstr. 22, ✆ 1572, III

P Traumstation, Hochstr. 92, ✆ 96707, IV

Pz Bossmann, Dassendaler Weg 61, ✆ 910270, II

Pz Raymakershof, Xantener Str. 181, ✆ 02801/985646, II

Pz Bossenhof, Balberger Str. 153, ✆ 3834, II

Labbeck

Campingpark Kerstgenshof, Marienbaumer Str. 158, ✆ 02801/4308

Stadtveen

Bh Brammen, Neerstraße 5, ✆ 3957, II

Straelen

PLZ: 47638; Vorwahl: 02834

ℹ Tourist-Information, Rathausstr. 1, ✆ 702-212/213

H Straelener Hof, Annastr. 68, ✆ 91410, V-VI

Gh Zum Siegburger, Annastr. 13, ✆ 1581, III-IV

P Gaststätte Schaffers, Dorfstr. 2, ✆ 357

P Goumans, Kiewittstr. 1, ✆ 02839/478

Pz Horst, Niederdorfer Str. 68a, ✆ 02839/706

Pz Langer, Veenweg 38, ✆ 435

Tönisvorst

PLZ: 47918; Vorwahl: 02151

ℹ Stadtverwaltung Tönisvorst, Bahnstr. 15, ✆ 999-174

St. Tönis

H Restaurant Bayernstube, Schelthoferstr. 180, ✆ 8206790, V

H Mertenshof, Kirchstr. 14, ✆ 709010, IV

Hg Bayernstube, Schelthoferstr. 188, ✆ 79250, V

Gh Zum Schluff, Wilhelmpl. 13, ✆ 797030, V

Gh Zur Linde, Bahnstr. 1, ✆ 790784, IV

Vorst

H Haus Vorst, Kuhstr. 4, ✆ 77606, II-III

P Heinkeshof, Kehn 79, ✆ 41781, III-IV

Pz Gastzimmer Kronenstraße, Kronenstr. 13, ✆ 805465, I-II

Übach-Palenberg

PLZ: 52531; Vorwahl: 02451

ℹ Stadtverwaltung, Rathausplatz 4, ✆ 9792302

H Weydenhof, Kirchstr. 17, ✆ 41410, III-IV

H Stadthotel Werden, Freiheitstr. 8, ✆ 9111690, II

Gh Holthausen, Holthausener Str. 1, ✆ 476211

Uedem

PLZ: 47589; Vorwahl: 02825

ℹ Buchungsservice, ✆ 02832/320202

H Paessens, Lohstr. 41, ✆ 335, II

Pz Adamus, Marienstr. 49, ✆ 100232

Pz Kübel, Mosterstr. 10, ✆ 0170/8855158

Fw Poenenhof, Kirsel 111, ✆ 6729, II-III

Uedemerfeld

Bh Familie de Beauregard, Uedemerfelder Weg 39 – Thelenhof, ✆ 470, II-III

Uedemerbruch

H Haus Nachtigall, Am Hochwald 12, ✆ 360, IV

Viersen

PLZ: 41747; Vorwahl: 02162

ℹ Touristeninformation, Rathausmarkt 1, ✆ 101225

Stadtmitte

PLZ: 41747

H Wesu GmbH, Große Bruchstr. 57, ✆ 8909838, IV-V

H Zur Eisernen Hand, An der eisernen Hand 1, ✆ 12328, III-IV

Gh Kaisermühle, An der Kaisermühle 20, ✆ 249024, VI-VII

Ummer

PLZ: 41748

BAKO Spezial Tours, Neuwerker Str. 400, ✆ 350416

Dornbusch

PLZ: 41749

H Haus Berger, Lobbericher Str. 20, ✆ 6127, IV-V

Sittard

PLZ: 41749

H Haus Sittard, Rheinstr. 6, ✆ 6077, III-IV

Süchteln

PLZ: 41749

H Alte Villa Ling, Hindenburgstr. 34, ✆ 970150, VI-VII

H Hindenburg, Hindenburgstr. 65, ✆ 102920, V

H Höhen Hotel Gehring, Hindenburgstr. 67, ✆ 7277, V

Gh Gartz, Tönisvorster Str. 35, ✆ 6067, V

Pz Klassen, Weberstr. 92, ✆ 70812, II

Dülken

PLZ: 41751

H Dülkener Hof, Lange Str. 54, ✆ 58832, IV-V

H Ratsstube, Lange Str. 111, ✆ 4336, V

Hg Cornelius, Rheindahlener Str. 3a, ✆ 4303, V

Campingplatz Dülken, Boisheimer Str. 28, ✆ 60624

Voerde

PLZ: 46562; Vorwahl: 02855

ℹ Stadtverwaltung, Rathausplatz 20, ✆ 80-300

H Hinnemann-Tekaat, Bahnhofstr. 88, ✆ 2211, IV

H Niederrhein, Friedrichsfelder Str. 15, ✆ 9620, V

H Saathoff, Hindenburgstr. 93, ✆ 8291000, V

H Ulrich, Poststr. 72, ✆ 4837, III-IV

Gh Schänzer, Mehrumer Str. 74, ✆ 6841, II

Gh Röhl-Kretschmer, Bülowstr. 10, ✆ 41658, I

Gh Henn-op-den-Damm, Hindenburgstr. 214, ✆ 2674, I

Friedrichsfeld

H Am Nordturm, Am Nordturm 11, ✆ 0281/206090, IV-V

Wachtendonk
PLZ: 47669; Vorwahl: 02836
Tourist-Information „Haus Püllen", Feldstr. 35, ✆ 915565
H Bio-Hotel Flachshaus, Weinstr. 5, ✆ 8494, III-V
H Heuhotel Dümpenhof, Genenger Weg 7, ✆ 1672
Pz Wagener, Rathausstr. 1, ✆ 265, II
Fw Büskens, Weinstr. 24, ✆ 495

Waldfeucht
PLZ: 52525; Vorwahl: 02455
Gemeinde Waldfeucht, Lambertusstr. 13, ✆ 3990
Gh Braustube, Johannesstr. 10, ✆ 02452/8207, III
Gh Haus Lutgen, Paulisweg 40, ✆ 839, IV

Wassenberg
PLZ: 41849; Vorwahl: 02432
Stadt Wassenberg, Roermonder Str. 25-27, ✆ 49000
H Alt-Wassenberg, Roermonder Str. 2, ✆ 3288, IV
H Burg Wassenberg, Auf dem Burgberg 1, ✆ 9490, IV
H Graf Gerhard, Graf-Gerhard-Str. 54, ✆ 2162, IV-V
H Waldschänke, Erkelenzer Str. 64, ✆ 2536
P Goertz, Erkelenzer Str. 48, ✆ 3549, I-III

Birgelen
H Rosenhof, Rosenthaler Str. 84, ✆ 3730

Effeld
H Haus Wilms, Steinkirchener Str. 3, ✆ 3071, IV-V
H Landhaus Effeld, Dorfstr. 9, ✆ 20981, IV-V
Effelder Waldsee, Bruchstr. 30, ✆ 20940

Myhl
Gh Dreßen, Erkelenzer Str. 203, ✆ 7316, I-II

Oberstadt
Gh Zur Rennbahn, An der Rennbahn 2, ✆ 7480, IV

Orsbeck
H Zur Post, An St. Martinus 18, ✆ 3697

Weeze
PLZ: 47652; Vorwahl: 02837
Gemeindeverwaltung Weeze, Cyriakusplatz 13/14, ✆ 910116
H Alt Weeze, Bahnstr. 27, ✆ 2030, III
H Jägerhof, Bahnstr. 24, ✆ 664955, V
H Schloss Hertefeld, Haus Hertefeld, ✆ 2035, VI-VII
H Schloss Wissen, Schlossallee 21, ✆ 9619-0, VI-VII
P Gästehaus Kevins Pub – B&B Heuhotel, Wasserstr. 50, ✆ 8570, IV-V
P Rongen, Wasserstr. 12, ✆ 668525, IV
P Kirchberger, Feldstr. 2, ✆ 6067, IV

Wegberg
PLZ: 41844; Vorwahl: 02434
Stadtverwaltung, Rathauspl. 25, ✆ 830
H Burg Wegberg, Burgstr. 8, ✆ 98220, V-VII
H Molzmühle, Im Bollenberg 41, ✆ 99770, VI
Gh Pfennings, Auf dem Kirchkamp 2, ✆ 02432/7577, II-III
P Zum Thomeshof, Zum Thomeshof 27, ✆ 992230, IV
Hh Heuhotel u. Erlebnisbauernhof Böscherhof, In Venheyde 4, ✆ 992547, I
Haus St. Georg (nur Gruppen), Mühltalweg 7-11, ✆ 981231, II

Arsbeck
Pz Jacobs-Geneschen, Heidestr. 103, ✆ 02436/804, II-III

Dalheim
P Cafe Rauschen GbR, Waldweg 16, ✆ 02436/339366, III-IV

Kipshoven
H Esser, Von-Agris-Str. 43, ✆ 02161/58620, V
P Bauernhof Marga, Kreuzstr. 24, ✆ 02161/584593, II-III

Moorshoven
H Zum Alten Schlagbaum, Am Alten Schlagbaum 33, ✆ 20777, IV
Gh Haus Hofer, Am Moorhof 21, ✆ 24874, III-IV

Schwaam
H Haus Schüppen, Zum Thomeshof 1, ✆ 3383, III-IV
Gh Timmermanns, Zum Thomeshof 4, ✆ 91991, IV-V

Venheyde
Hh Böscherhof (Heuhotel), In Venheyde 4, ✆ 992547, I

Wildenrath
H Esplanade, Friedrich-List-Allee 9, ✆ 02432/4920, V

Wesel
PLZ: 46483; Vorwahl: 0281
Verkehrsverein Wesel, Großer Markt 11, ✆ 24498

Stadtmitte
PLZ: 46483
H Galland, Reeser Landstr. 2, ✆ 21570, IV
H Kaiserhof, Kaiserring 1, ✆ 339320, IV-V
H Zur Aue, Reeser Landstraße 14, ✆ 21000, III
Pz Bellevue, Jülicher Str. 1, ✆ 60593, II
Pz Offizierskasino, Friedenstr. 80, ✆ 2061858, II

Obrighoven
PLZ: 46485
H Haus Duden, Konrad-Duden-Str. 99, ✆ 96210, VI
H Hohe Mark, Am Reitplatz 9, ✆ 530777, V
Fw Häsel, Am Klosskamp 41, ✆ 51150

Flüren
PLZ: 46487
H Rheinresidenz Wesel, Rheinpromenade 10, ✆ 30000, VI-VII
H Rheinterrassen, Rheinpromenade 9, ✆ 33864-0, IV
H Tannenhäuschen, Am Tannenhäuschen 7, ✆ 96690, V-VII

Feldmark
PLZ: 46487
Pz Büttner, Sternstr. 14b, ✆ 70226, II

Bislich
PLZ: 46487; Vorwahl: 02859
H Haus Pooth, Dorfstraße 3, ✆ 235, III
Erholungszentrum Gravinsel, Gravinsel 1, ✆ 972830

Ginderich
PLZ: 46487; Vorwahl: 02803
Pz Schweers, Zur Bauernschaft 28, ✆ 4375, III

Oberemmelsum
PLZ: 46485; PLZ: 0281
H Haus Erika, Im großen Feld 4, ✆ 460679, III-IV

Willich
PLZ: 47877; Vorwahl: 02154
Stadtverwaltung Willich, Hauptstr. 6, 949-203
H Am Park, Parkstr. 28, 9230, V
H ETAP-Hotel, Jakob-Kaiser-Str. 5, 429465, III-IV
H Meyer, Dammstr. 13, 42463, IV
H Willicher Hof, Anrather Str. 1, 92690, V
H Landhotel Classhof, Neubuschweg 2, 9531780
Hg Hubertus Hamacher, Anrather Str. 4, 9180, V
P Gästehaus Räck, Fischelner Str. 15, 92550, III-V
Pz Hammas, Hardt 2, 3371, III-IV
Pz Rehrmann-Seehöfer, Industriestr. 16, 485757, IV
Pz Jörgens, Bützenweg 26, 429428, III-IV
Pz von der Heiden, Marseillestr. 8, 412806, II

Anrath
H Zur Post, Jakob-Krebs-Str. 93-95, 02156/2010, III-IV
Pz Szkopiak, Lerchenfeldstr. 68b, 02156/4284

Neersen
PLZ: 47877; Vorwahl: 02156
H Alt Stocks, Venloer Str. 1, 600460, III-V
H Noever, Hauptstr. 110, 95870, II-III
H Landgut Ramshof, Ramshof 1, 95890, V-VI
H Zum Schwarzen Pfuhl, Haupstr. 150, 5145, II-III
Pz Bürotec, Im Langenfeld 24, 600480, III
Pz Laibach, Friedrich-Ebert-Str. 6a, 5265, II-III
Pz Kresken, Kirchhofstr. 54, 6961, III-V

Schiefbahn
PLZ: 47877; Vorwahl: 02154
H Artemis, Büttgerwald 20, 5339, III-IV
H Hoster, Hubertusstr. 45, 5326, II-III
H Toplica, Willicher Str. 21, 5242, III-V
H Quartier Selders, Diepenbroich 58, 8945850, V
Hg Alte Schmiede, Tupsheide 19, 951926, IV
Pz Zur Atlaszeder, Fontanestr. 16, 951515, III-IV

Xanten
PLZ: 46509; Vorwahl: 02801
Tourist-Information Xanten (TIX), Kurfürstenstr. 9, 98300
H Nibelungen Hof, Niederstr. 1, 780, V
H van Bebber, Klever Str. 12, 6623, V-VI
H Hövelmann, Markt 31-33, 71818, V
H Neumaier, Orkstr. 19-21, 71570, IV-V
H Landhaus am Rös'chen, Philosophenweg 2, 1412, V
Hg Galerie an de Marspoort, Marsstr. 78, 1057, III-IV
Pz Danes, Am Beekschenfeld 28, 2998, II
Pz Heck, Holzweg 41, 2316, II
Pz Lorkowski, Landwehr 26, 1866, II-III
Pz Michels, Emil-Barth-Str. 18, 3229, II
Pz Nießing, Im Kornfeld 24, 4992, II
Pz Schöneck, Niederstr. 30, 3175, II
Pz Gästehaus Xanten, Poststr. 4, 776790, III-IV
Pz Lorkowski, Landwehr 26, 1866, II
Xanten, Bankscher Weg 4, 98500

Ursel
Wald-Camping Speetenkath, Urseler Str. 18, 1769
Campingplatz Bremer, Urseler Str. 10, 4730

Birten
H Benk, Weseler Str. 4, 02802/3475

Fürstenberg
H Fürstenberger Hof, Fürstenberg 11, 1613, V

Lüttingen
Pz Schleuter, An der Nettkull 28, 1579, II

Marienbaum
PLZ: 46509; Vorwahl: 02804
Hh Möhrenhof, Mörmterer Str. 7, 375, I

Mörmter
Pz Sonntag, Donkweg 6, III

Vynen
PLZ: 46509; Vorwahl: 02804
H Landhaus Spickermann, Dahmenhofweg 2, 181181, IV
Gh Zur Post, Martinstr. 17, 0178/1859772, IV
Pz Deymann, Alt-Vynscher Weg 5, 8366, IV
Pz Günther, Alt-Vynscher Weg 34, 1436, II
Pz Vehring, Alter Postweg 42, 8183, II

Wardt
Pz Ingenerf, Am Kerkend 18, 1547, II

Ortsindex

Einträge in *grüner Schrift* beziehen sich aufs Übernachtungsverzeichnis.